Report on the Branding Development of
the Third Industry in Shaanxi Province

陕西省第三产业品牌发展报告

蒋 楠 李 丹 蔡俊亚 杨浩甜／著

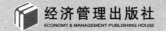
经济管理出版社
ECONOMY & MANAGEMENT PUBLISHING HOUSE

图书在版编目（CIP）数据

陕西省第三产业品牌发展报告 / 蒋楠等著 . —北京：经济管理出版社，2023.6
ISBN 978-7-5096-9113-7

Ⅰ. ①陕…　Ⅱ. ①蒋…　Ⅲ. ①第三产业 – 品牌战略 – 研究报告 – 陕西　Ⅳ. ①F727.41

中国国家版本馆 CIP 数据核字（2023）第 120598 号

组稿编辑：杨国强
责任编辑：王　洋
责任印制：黄章平
责任校对：蔡晓臻

出版发行：经济管理出版社
　　　　　（北京市海淀区北蜂窝 8 号中雅大厦 A 座 11 层　100038）
网　　　址：www.E–mp.com.cn
电　　　话：（010）51915602
印　　　刷：唐山玺诚印务有限公司
经　　　销：新华书店
开　　　本：710 mm × 1000 mm/16
印　　　张：17.75
字　　　数：236 千字
版　　　次：2023 年 6 月第 1 版　　2023 年 6 月第 1 次印刷
书　　　号：ISBN 978–7–5096–9113–7
定　　　价：98.00 元

目　录

第一章

概　述

第一节　背　景

第三产业的发展既是国家经济发展的重要标志，也是人民生活水平显著提高、生活质量明显改善的主要途径之一。第三产业是与民生及人民幸福获得感相关的产业，有专家将之定义为幸福产业，国家发展战略中明确指出，经济高质量发展必须以提高人民幸福获得感为宗旨。

自 20 世纪 90 年代以来，由于我国社会主义市场经济体制的确立以及经济增长方式的转变和产业结构升级，广大人民物质生活水平显著提高，生活方式也发生明显变化，在这种全国经济发展全面高涨的形势下，我国第三产业的发展开始拥有较为宽松的社会经济环境，并得到了迅速发展。进入 21 世纪之后，营业税改征增值税的措施在服务业快速推进，服务业税负进一步减轻，我国第三产业进入了快速发展的周期，第三产业成为经济新的增长点。

2021 年，我国已全面建成小康社会，居民收入达到一定标准，社会化服务水平和居民生活质量也都显著提高。同时，城镇居民的家务劳动逐步趋于社会化，农村消费需求逐步趋于城市化，人们在"吃"方面向方便化、营养化转变，"用"方面向电器化、高档化转变，人们的需求从单纯物质方面向精神方面转化。而这些发展趋势就要求不断开发新的消费领域，尤其是增加高层次的劳务消费，如文化教育、消遣娱乐、游览观光、医疗保健等，只有加快发展第三产业，才能适应人们的各方面消费需求。

第二节　第三产业的划分以及概念界定

根据国家统计局对中国三次产业的划分意见，第三产业包括流通和服务两大部门，具体分为四个层次：

（1）流通部门：交通运输业、邮电通信业、商业饮食业、物资供销和仓储业。

（2）为生产和生活服务的部门：金融业、保险业、地质勘查业、房地产管理业、公用事业、居民服务业、旅游业、信息咨询服务业和各类技术服务业。

（3）为提高科学文化水平和居民素质服务的部门：教育、文化、广播、电视、科学研究、卫生、体育和社会福利事业。

（4）国家机构、政党机关、社会团体、基层群众自治组织等，但在我国不计入第三产业产值和国民生产总值。

综上，第三产业基本是一种服务性产业（见表1–1）。

表 1–1　第三产业的划分

第三产业——主类	第三产业——亚类
F 批发和零售业	51. 批发业
	52. 零售业
G 交通运输、仓储和邮政业	53. 铁路运输业
	54. 道路运输业
	55. 水上运输业
	56. 航空运输业
	57. 管道运输业
	58. 多式联运和运输代理业
	59. 装卸搬运和仓储业
	60. 邮政业

续表

第三产业——主类	第三产业——亚类
H 住宿和餐饮业	61. 住宿业 62. 餐饮业
I 信息传输、计算机服务和软件业	63. 电信、广播电视和卫星传输服务 64. 互联网和相关服务 65. 软件和信息技术服务业
J 金融业	66. 货币金融服务 67. 资本市场服务 68. 保险业 69. 其他金融业
K 房地产业	70. 房地产业
L 租赁和商务服务业	71. 租赁业 72. 商务服务业
M 科学研究和技术服务业	73. 研究和试验发展 74. 专业技术服务业 75. 科技推广和应用服务业
N 水利、环境和公共设施管理业	76. 水利管理业 77. 生态保护和环境治理业 78. 公共设施管理业 79. 土地管理业
O 居民服务、修理和其他服务业	80. 居民服务业 81. 机动车、电子产品和日用产品修理业 82. 其他服务业
P 教育	83. 教育
Q 卫生和社会工作	84. 卫生 85. 社会工作
R 文化、体育和娱乐业	86. 新闻和出版业 87. 广播、电视、电影和录音制作业 88. 文化艺术业 89. 体育 90. 娱乐业

续表

第三产业——主类	第三产业——亚类
S 公共管理、社会保障和社会组织	91. 中国共产党机关
	92. 国家机构
	93. 人民政协、民主党派
	94. 社会保障
	95. 群众团体、社会团体和其他成员组织
	96. 基层群众自治组织
T 国际组织	97. 国际组织

第三节　陕西省第三产业品牌发展总况

第四次全国经济普查结果显示，第三产业的行业结构不断优化，传统服务业比重有所降低，新兴生产性服务业增势强劲，尤其是能够满足人民群众对美好生活需要的生活性服务业蓬勃发展。其中，文化产业、旅游产业、餐饮产业、住宿产业在政策引导下逐步恢复疫情前的发展水平，而养老产业以及家政产业作为新兴产业也正在稳步发展中。

从总体来看，第三产业最发达的是广州市，占比 72.5%，第三产业占比仅次于北京和上海；其次是杭州和成都，这两个省会城市的第三产业占比都在 65% 以上，并且这两个省会城市不仅关注第三产业，其他行业规模和发展水平也不低，具有很高的竞争地位。根据 2020 年西安市国民经济和社会发展统计公报，陕西省会西安第三产业占比超过 60%，第三产业增加值不断提升，同时也重视其他行业的平衡发展，发展前景可观。2020 年部分省份 GDP 总值以及第三产业占比情况如图 1-1 所示。

从产业来看，服务业深化改革成效显著，生产性服务业效率和专业化水平有效提高，生活性服务业也在不断向高品质和多样性升级，文化、旅游、住宿、餐饮等产业发展态势良好，而养老、家政等服务产业也在不断适应时

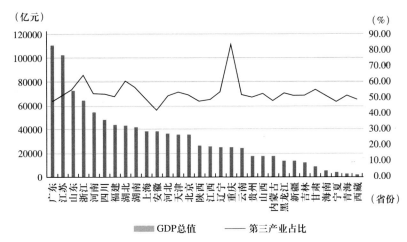

图 1-1　2020 年部分省份 GDP 总值以及第三产业占比情况

资料来源：各省份统计年鉴。

代的发展，探索新的发展模式。近年来，陕西省文化和旅游产业不断融合发展，打造了"周原文化""红都延安""两汉三国""汉江龙舟节"等文旅融合品牌，文化旅游景区也在同步建设，以关中综合文化产业带、陕北民俗及红色文化产业带、陕南自然风光生态旅游产业带为主线打造了一批精品旅游线路，发展大众旅游和乡村旅游，全面建设全域旅游示范省。并且骨干文化企业不断发展，尤其是民营文化企业健康快速发展，社会资本以多种形式参与了文化产业、文化项目和文化园区的建设，图书报刊、广播影视、演出娱乐、商标广告、动漫游戏等文化市场不断发展，文化产业聚集区规模和水平不断壮大。

养老产业中社会力量不断发挥作用，健康旅游、健康保险、生物医药、森林康养产业等不断发展，大健康产业链不断完善，医疗机构与养老机构协作的医养新模式也在不断发展，同时积极发展医药产品、医疗器械、保健用品、健康管理、健康咨询等大健康产业，推动医养康养融合发展。而家政产业也在不断充实服务内容，提升服务质量，通过实施家政培训提升从业人员素质，建设了一批以家政服务相关专业为特色的产教融合实训基地，不断进行创新以适应时代发展的要求。

第二章

陕西省特色／重点产业品牌发展现状

第一节　陕西省文化产业

一、文化产业品牌发展概述

（一）概念以及行业简介

文化产业是指为社会公众提供文化产品和文化相关产品的生产活动的集合，生产活动范围包括两部分：以文化为核心内容，为直接满足人们的精神需要而进行的创作、制造、传播、展示等文化产品（包括货物和服务）的生产活动；为实现文化产品的生产活动所需的文化辅助生产和中介服务、文化装备生产和文化消费终端生产（包括制造和销售）等活动。中国文化产业大多有政府的介入，文化产业重点项目由政府提出，重点文化企业由政府扶植或是经营。随着文化产业竞争的不断加剧，各大文化企业间的并购整合与资本运作日趋频繁，国内优秀的文化企业越来越重视对行业市场的研究，特别是对企业发展环境和客户需求趋势变化的深入研究。

（二）政策概述

2009 年以来，我国先后出台《文化产业振兴规划》《关于金融支持文化产业振兴和发展繁荣的指导意见》和《中华人民共和国国民经济和社会发展第十二个五年规划纲要》，标志着文化产业战略性地位的奠定以及金融支持文化产业发展的新趋势。党的十八届三中全会公布的《中共中央关于全面深化改革若干重大问题的决定》与 2014 年国务院印发的《关于推进文化创意和设计服务与相关产业融合发展的若干意见》《关于加快发展对外文化贸易的意见》，以及文化部、中国人民银行、财政部联合出台的《关于深入推进文化金融合作的意见》，对文化金融服务提出了明确要求，制定了具体措施。而陕西省作为文化资源大省，在发展文化产业、塑造民族文化自信方面更是义不容辞。2015年春，习近平总书记到陕西考察时提到，陕西要"追赶超越"，不断推进"五个扎实"工作的进展，加强文化产业的发展。

因此，陕西省在拥有得天独厚的文化资源的基础上，也提出要重视并大力发展文化产业，中国共产党陕西省第十一次代表大会明确提出要把陕西省建成西部文化强省。进入 21 世纪以来，陕西省相关政府部门为促进文化产业的发展，提出了一系列鼓励文化企业成长的具体政策，发布了《陕西省文化产业发展纲要》等发展规划，制定了《陕西省人民政府贯彻国务院关于非公有资本进入文化产业若干决定的实施意见》《陕西省人民政府办公厅转发省财政厅省委宣传部关于支持文化事业发展若干经济政策意见的通知》《关于加快推进文化体制改革和文化产业发展的意见》等一系列着力于规范和促进陕西省文化产业发展的文件，在一定程度上促进了陕西省文化产业的成长。

在陕西省政府的大力发展下，陕西省文化产业取得很大突破。"十三五"期间，在打造陕西省成为文化强省的进程中，不断带动文化产业更好地发展，充分提升文化体制水平，大力加强文化与科技、互联网等其他产业的融合发展，重点发展文化新兴业态。同时，结合陕西省的实际情况，带动完善涉及全省范围的产业链，充分利用陕文投、西部电影等国有企业的促进带动作用，促进民营文化公司更好更快地发展。而 2021 年以来，省内文化企业市场主体不断壮大，营收规模迅速扩张，截至 2021 年 6 月末，全省规模以上文化企业数量突破 1600 个，达到 1601 个，同比增长 3.0%；实现营业收入达到 5346.6 亿元，并且将继续保持中高速增长；规模以上文化企业从业人员120616 人，同比增加 25.7%。

目前，陕西省文化产业已涵盖国家文化产业统计体系的所有方面，其中不少产业门类特色突出、潜力巨大，在全国居于重要位置或领先水平，极大地拉动了相关产业，推动了经济社会的全面发展，品牌引领在其中发挥了不可忽视的作用。而接下来如何将拥有历史文脉、区域承载、产品内涵、时尚样貌的陕西文化品牌与其独特的品牌个性精准对接市场需求，进而拥有强大的生命力支撑，是接下来文化产业发展的重要抓手。

二、陕西省文化产业品牌发展现状

（一）文化资源

陕西省是文化大省，也是"丝绸之路"的起点，文旅资源品位高、存量大、种类多、历史文化积淀深厚。万年前，蓝田猿人就在这里繁衍生息，周、秦、汉、唐等 13 个朝代在此建都长达 1100 多年，是中国历史上多个朝代的政治、经济、文化中心，同时黄帝陵、兵马俑、延安宝塔、秦岭、华山等也是中华文明、中国革命、中华地理的精神标识和自然标识。

1. 陕西省现存文化资源

（1）陕西省史前文明。

新石器时代的老官台文化、仰韶文化、庙地沟二期文化以及客省庄二期文化等，母系氏族时代的半坡文化等，父系氏族的龙山文化等均说明陕西是华夏文明的发源地之一，并且留下了大量史前文化遗址。

（2）陕西省古代文化。

陕西曾长期是中国的政治、经济、文化中心，从西周到唐朝有 13 个王朝在这里建都，长达 1100 多年，其中对陕西省文化发展产生重大影响的时期莫过于周王朝、秦王朝、汉朝、唐朝与近代民国时期，并且周秦汉唐文明居全国引领地位。

周王朝时期出现了关中地区第一个全国政治中心和大城市——镐京，"陕西"这个名称，是在西周初年出现的；在公元前 221 年，我国历史上第一个中央集权的封建王朝——秦王朝建立，咸阳便成为当时全国的首都，成为秦文化的聚集地；在公元前 206 年，汉王朝最初驻在秦的旧都栎阳，公元前 200 年汉高祖迁都长安（今西安），长安便作为西汉国家政府所在地，西汉以后，又有新莽、西晋、前赵、前秦、后秦、西魏、北周、隋［隋文帝（581~605）］8 个王朝相继在长安建都；在公元 618 年，李渊建立了唐王朝，从唐太宗李世民的贞观元年到贞观二十二年，出现了封建社会的盛世，史称"贞观之治"，唐王朝历时近 300 年，而当时的长安，现今的西安，不仅是中国政治、经济、文化的中心，也是国际上著名的大城市。

因此，以"礼乐文明"为核心的周文化、表现出"谋强图大"特点的秦文化、在"融会贯通"基础上形成的汉文化以及全面发展的唐文化成为了陕西省的文化标杆，也是陕西省发展文化产业的强大后盾。

（3）陕西省近代文化。

进入中华民国时期，作为中国革命根据地的陕西，成为了中国红色文化的发源地之一。在 1921 年中国共产党宣布成立之后，陕西率先组织青少年建立了中国共产主义青年团，在 1925 年陕西党组织建立之后，陕西人民就在中国共产党的领导下进行一系列的斗争。在大革命时期，陕西共产党组织了多次工农运动以及反帝爱国主义革命活动。1935 年建立了西北革命根据地。而西北红军也是中国共产党建立的第一批武装革命组织，是中国共产党革命开始的标志，是我国进行反帝反封建革命的一面具有标志性的旗帜；同时，西北革命根据地是土地革命战争后期全国硕果仅存的最为完整的一块革命根据地，在中国的历史长河中占据着重要的地位。在抗日战争中，西北革命军也是不可撼动的力量，建立了陕甘宁抗日根据地，并不断向周围传播红色思想，使中国工农武装成为一个整体。与此同时，延安也成为了红色文化的中心，留下了大批宝贵的革命文物、革命纪念地和丰富的精神财富——陕北革命精神。

（4）陕西省现代文化。

陕西作为中华民族的发祥地之一，城市历史悠久，也发展出了丰富多样的现代文化，形成了独具特色的地方文化。在陕西地域文化中还具有众多富有特色的非物质文化遗产。其中秦腔、安塞腰鼓、陕北民歌、华县皮影等74项入选国家级非物质文化遗产保护名录，充分反映出陕西非物质文化遗产的悠久与丰厚。

在三秦大地上，有秦腔、碗碗腔、眉户戏、陕西道情、汉调二簧、汉调桄桄、陕南端公戏和合阳跳戏等著名戏曲品种；同时也有众多脍炙人口而又充满地方特色的传说，如沉香劈山救母、君犁沟的传说、韩愈投书苍龙岭等。民歌也是陕西的一大特色，陕西民歌的代表紫阳民歌、陕北民歌、镇巴民歌均被列入中国国家级非物质文化遗产名录。陕北是民歌荟萃之地，民歌种类很多，当地俗称"山曲"或"酸曲"，主要有信天游、小调、酒歌、小曲等二十多种；陕南民歌以汉中民歌和安康民歌为代表；关中民间音乐形成较早，历史久、品种多，有船工号子、打夯号子、搬运号子及箱夫子歌等，影响最大的是小调。陕西各地的民间舞蹈也独具特色，种类和形式较多，如安塞腰鼓、洛川蹩鼓、牛拉鼓、蛟龙转鼓、云垛、跑鼓、转鼓、牛虎斗、三山刀、霸王鞭等。而受地理、历史、政治及迁徙等因素影响，陕西各地方言从语音到词语都有很大差异，并且关中方言曾经是周秦汉唐四大朝代的官方语言，汉代的大一统格局和民族大融合更促使了西安话影响全国各地的方言，在唐代达到了鼎盛。

2. 未形成品牌的文化资源

（1）民俗文化。

非物质文化遗产作为文化遗产中的活态部分，凝结、保留和传递着一个民族的历史记忆，而陕西省民俗资源丰富，为了保护和传承这些文化，陕西省大力推进非遗事业的发展。陕西的非遗资源呈现南北融汇、东西相接、多元共生的特点，省内非遗资源数量与种类繁多，并且大多历经了千年沉淀而形成了极为丰厚的文化内涵。截至 2014 年，陕西省共有国家级非遗名录项目 74 个（见表 2-1）、省级非遗名录项目 766 个、市级非遗名录项目 1415 个、县级非遗名录项目 4150 个。其中，西安鼓乐、中国剪纸、中国皮影戏、咸阳茯茶被列入联合国教科文组织人类非物质文化遗产代表作名录。2017 年 4 月，陕西省命名了西安永兴坊文化发展有限公司等 26 家单位为陕西省第二批非遗生产性保护示范基地（单位），截至目前，陕西省共有 2 批 51 个省级非遗生产性保护示范基地（单位）（见表 2-2、表 2-3）。此外，陕西省非物质文化遗产发展也取得了一系列成果和经济效益，截至 2019 年底，陕西省非物质文化遗产及其相关产业产值占陕西省 GDP 总值超过 8%，年增速超过 20%。

表 2-1　陕西省国家级非物质文化遗产名录

申报地区	项目名称	入选批次及时间	类型
安康市紫阳县	紫阳民歌	第一批·2006 年	传统音乐
西安市	西安鼓乐	第一批·2006 年	传统音乐
西安市蓝田县	普化水会音乐	第一批·2006 年	传统音乐
榆林市绥德县	陕北秧歌	第一批·2006 年	传统舞蹈
延安市安塞区	安塞腰鼓	第一批·2006 年	传统舞蹈
延安市洛川县	洛川蹩鼓	第一批·2006 年	传统舞蹈
陕西省	秦腔	第一批·2006 年	传统戏剧
汉中市	汉调桄桄	第一批·2006 年	传统戏剧
安康市	汉调二簧	第一批·2006 年	传统戏剧

续表

申报地区	项目名称	入选批次及时间	类型
商洛市	商洛花鼓	第一批·2006 年	传统戏剧
渭南市华阴市	皮影戏	第一批·2006 年	传统戏剧
渭南市富平县	皮影戏	第一批·2006 年	传统戏剧
陕西省	木偶戏	第一批·2006 年	传统戏剧
延安市	陕北说书	第一批·2006 年	曲艺
榆林市	榆林小曲	第一批·2006 年	曲艺
宝鸡市凤翔县	凤翔木版年画	第一批·2006 年	传统美术
延安市安塞区	剪纸	第一批·2006 年	传统美术
宝鸡市凤翔县	泥塑	第一批·2006 年	传统美术
铜川市	耀州窑陶瓷烧制技艺	第一批·2006 年	传统技艺
渭南市澄城县	尧头陶瓷	第一批·2006 年	传统技艺
延安市黄陵县	黄帝陵祭典	第一批·2006 年	民俗
宝鸡市	民间社火	第一批·2006 年	民俗
榆林市延安市	陕北民歌	第二批·2008 年	传统音乐
汉中市镇巴县	镇巴民歌	第二批·2008 年	传统音乐
韩城市	锣鼓艺术	第二批·2008 年	传统音乐
榆林市佳县	道教音乐	第二批·2008 年	传统音乐
延安市宜川县	鼓舞	第二批·2008 年	传统舞蹈
榆林市横山区	鼓舞	第二批·2008 年	传统舞蹈
榆林市靖边县	靖边跑驴	第二批·2008 年	传统舞蹈
渭南市华阴市	眉户	第二批·2008 年	传统戏剧
渭南市大荔县	同州梆子	第二批·2008 年	传统戏剧
渭南市合阳县	合阳跳戏	第二批·2008 年	传统戏剧
延安市	陕北道情	第二批·2008 年	曲艺
榆林市清涧县	陕北道情	第二批·2008 年	曲艺
西安市鄠邑区	眉户曲子	第二批·2008 年	曲艺
韩城市	韩城秧歌	第二批·2008 年	曲艺
陕西省	红拳	第二批·2008 年	传统体育

续表

申报地区	项目名称	入选批次及时间	类型
延安市黄陵县	面花	第二批·2008 年	传统美术
宝鸡市	西秦刺绣	第二批·2008 年	传统美术
渭南市澄城县	澄城刺绣	第二批·2008 年	传统美术
陕西省	陕北匠艺丹青、炕围画	第二批·2008 年	传统美术
西安市长安区	楮皮纸制作技艺	第二批·2008 年	传统技艺
西安市	同盛祥牛羊肉泡馍制作技艺	第二批·2008 年	传统技艺
铜川市	民间信俗庙会	第二批·2008 年	民俗
榆林绥德县、米脂县	绥米唢呐	第一批扩展·2011 年	传统音乐
榆林市府谷县	二人台	第一批扩展·2011 年	传统戏剧
渭南市蒲城县	蒲城杆火烟花爆竹制作技艺	第一批扩展·2011 年	传统技艺
汉中市洋县	架花烟火爆竹制作技艺	第一批扩展·2011 年	传统技艺
宝鸡市	炎帝祭典	第一批扩展·2011 年	民俗
汉中市阳县	洋县悬台社火	第一批扩展·2011 年	民俗
汉中市	蔡伦造纸传说	第三批·2011 年	民间文学
安康市平利县	弦子戏	第三批·2011 年	传统戏剧
商洛市洛南县	洛南静板书	第三批·2011 年	曲艺
西安市长安区	牛郎织女传说	第三批扩展·2011 年	民间文学
延安市宝塔区	木兰传说	第三批扩展·2011 年	民间文学
西安市高陵区	高陵洞箫	第三批扩展·2011 年	传统音乐
汉中市洋县	佛教音乐	第三批扩展·2011 年	传统音乐
商洛市	商洛道情戏	第三批扩展·2011 年	传统戏剧
延安市延川县	延川剪纸	第三批扩展·2011 年	传统美术
咸阳市旬邑县	旬邑彩贴剪纸	第三批扩展·2011 年	传统美术
延安市宝塔区	陕北窑洞营造技艺	第三批扩展·2011 年	传统技艺
渭南市白水县	仓颉传说	第四批·2014 年	民间文学
商洛市洛南县	仓颉传说	第四批·2014 年	民间文学

续表

申报地区	项目名称	入选批次及时间	类型
安康市旬阳县	旬阳民歌	第四批·2014 年	传统音乐
陕西省	周华一魔术	第四批·2014 年	传统游艺与杂技
榆林市	榆林民谚	第四批扩展·2014 年	民间文学
陕西省	陕西杖头木偶戏	第四批扩展·2014 年	传统戏剧
陕西省	眉户	第四批扩展·2014 年	传统戏剧
榆林市绥德县	绥德石雕	第四批扩展·2014 年	传统美术
渭南市富平县	富平石刻	第四批扩展·2014 年	传统美术
西安市碑林区	马明仁膏药制作技艺	第四批扩展·2014 年	传统医药
咸阳市彬州市	彬县灯山会	第四批扩展·2014 年	民俗
西安市	迎城隍民间信俗	第四批扩展·2014 年	民俗
韩城市	徐村司马迁祭祀	第四批扩展·2014 年	民俗

资料来源：陕西省文物局。

表 2-2　陕西省非物质文化遗产生产性保护示范基地

单位	项目
凤翔县城关镇六营村	凤翔泥塑
华县雨田科技文化发展有限公司	华县皮影制作技艺等
扶风关中风情园	鹿羔馍等传统饮食制作技艺
西岐民俗园	岐山臊子面等传统饮食制作技艺

资料来源：陕西省文物局。

表 2-3　陕西省非物质文化遗产生产性保护示范单位

单位	项目
西安塬酒坊酒业有限公司	户县龙窝酒手工酿造技艺及习俗
西安饮食股份有限公司西安饭庄	中华老字号西安饭庄陕菜和陕西风味小吃技艺
西安饮食股份有限公司德发长酒店	中华老字号德发长饺子制作技艺
西安饮食股份有限公司同盛祥饭庄	中华老字号同盛祥牛羊肉泡馍制作技艺

续表

单位	项目
西安市德懋恭食品商店	中华老字号德懋恭水晶饼制作技艺
咸阳苏绘民间手工工艺精品专业合作社	武功土织布技艺
千阳县美苑民间艺术有限公司	西秦刺绣
宝鸡社火脸谱绘制技艺传习所	社火脸谱绘制技艺
陕西省太白酒业有限责任公司	太白酒酿造技艺
陕西西凤酒集团股份有限公司	中华老字号西凤酒酿造技艺
陕西华典民间艺术开发有限责任公司	澄城刺绣等
华县宏权皮影艺术有限公司	华县皮影制作技艺等
潼关县万盛园酱菜调味品有限责任公司	潼关万盛园酱菜制作技艺
富平县古石刻保护研究中心	富平宫里石刻技艺
陕西白水杜康酒业有限责任公司	杜康酒酿造技艺
铜川市印台区陈炉镇民间工艺瓷厂	耀州窑陶瓷烧制技艺
安塞区文化文物馆	安塞剪纸、安塞民间绘画等
绥德县武文石业有限公司	绥德石雕雕刻技艺
佳县非物质文化遗产保护中心	佳县庙宇木雕雕刻技艺
汉中秦洋长生酒业有限公司	谢村黄酒酿造技艺
上元观红豆腐厂	上元观红豆腐制作技艺

资料来源：陕西省文物局。

近年来，陕西各地在非遗扶贫实践中，将非遗扶贫列入工作计划，结合当地资源，探索非遗扶贫模式，先后形成了"非遗+旅游"、"非遗+企业+传承人+贫困户"、"非遗+传承人+合作社+贫困户"等多种灵活模式，并结合当地特色非遗项目，广泛开展技能培训，积极搭建平台，有效推进了各地的脱贫工作，陕西韩城和礼泉也先后入选全国非遗与旅游融合十大优秀案例。

在此基础上，陕西大力扶植剪纸、泥塑、刺绣以及传统饮食类等具有良好生产和品牌效应的项目。通过针对性的扶持政策，凤翔泥塑、耀州窑陶瓷等项目取得良好发展，成为带动当地经济发展的文化品牌产业。如今，包括华阴老腔、皮影戏、西安鼓乐等在内的极具陕西特色的非遗表演，已经越来越多地出现在老百姓的身边，非遗在陕西具有了鲜活的生命力，备受社会各界关注和喜爱。但是与陕西省非遗数量相比，已经具备品牌效应的项目少之又少，陕西省特色民俗的发展还停留在非遗的申请上，在申请后，还没有很好地进行产业化、品牌化发展。

（2）工业文化。

新中国成立初期，陕西工业以年均 15.7% 的速度发展，跻身于内地重要的工业基地之一。基于国家当时的政治、军事和经济形势考虑，随着一大批项目的建设，陕西省基本形成了以军工、机械、纺织、煤炭为中心，门类齐全、轻重工业基本协调的工业体系框架，并在国家的投资下建立了我国内地机械工业和纺织工业两大基地；在"文革"时期陕西省初步形成了门类齐全的现代工业体系，成为当时国家确定的重要战略后方基地之一，由此建成了我国重要的国防科技工业基地，成为全国第二位的国防科技工业基地，其他指标如技术水平、人才等均居全国第一。直到现在，工业也依旧是陕西省发展的重点产业与支柱产业，在充分发挥大企业集团榜样引领作用的基础上，工业经济注入了强劲的活力。2018 年底，延长油田和陕煤集团 2 家工业企业入围世界 500 强；延长油田、陕煤集团、有色控股、东岭工贸、建工集团和陕汽集团 6 家工业企业入围中国企业 500 强；有色控股、东岭工贸、陕汽集团、西电集团、隆基绿能科技入围 2014~2018 年中国制造业 500 强。

现有工业文化的发展重点在工业遗产的申报、保护工作层面，对于工业文化品牌的培育尚有欠缺，在 2021 年国家发布的国家工业旅游示范基地、国家工业遗产旅游基地中，陕西省均没有相关景区或工业遗产上榜，而国家工业旅游创新单位中也仅有一家上榜，为陕西省张裕瑞那城堡酒庄。并且在陕西省 A 级旅游景区中，工业旅游仅占比 3% 左右，对工业文化的发掘尚且不够。陕西省目前拥有96家省级工业遗产，但入选国家级工业遗产的只有11家（第五批新增了西安电影制片厂和西凤酒厂）（见表2-4），开发成为工业旅游景点的只有14家，其余的工业遗产均没有充分挖掘其内在价值。

表2-4　陕西省国家工业遗产名录

遗址名称	所在地
黄崖洞兵工厂（现为黄崖洞兵工厂展览馆）	陕西省黎城县东崖底镇下赤裕村
宝成铁路	陕西、四川
延长油矿	陕西省延长县城西门桥小学院内
陇秦豫海铁路（陇海铁路）	江苏、安徽、河南、陕西、甘肃
王石凹煤矿	陕西省铜川市印台区王石凹街道
红光沟航天六院旧址	陕西省宝鸡市凤县
中国科学院国家授时中心蒲城长短波授时台	陕西省渭南市蒲城县
中核504厂	陕西省榆林市定边县
耀州陶瓷工业遗产群	陕西省铜川市王益区、印台区
西安电影制片厂	陕西省西安市雁塔区
西凤酒厂	陕西省宝鸡市凤翔区

资料来源：工信部。

（3）宗教文化。

根据人口普查数据，陕西省除汉族外，有42个少数民族在全省杂居、散居，其中回族人口最多，占少数民族人口的89.1%。此外，千人以上的少数民族有满族、蒙古族、壮族、藏族；百人以上的有朝鲜族、苗族、侗族、土家族、白族、锡伯族；其他少数民族均在百人以下。因此，陕西省是宗教文化大省，佛教、道教、伊斯兰教、天主教和基督教等宗教以及民间信仰都有悠久的历史，宗教的遗址、文物和现存活动场所遍布全省，各宗教都有广泛的群众基础。

正是因为如此，陕西省能够把不同宗教文化融入城市生活中，形成独具特色的城市文化。佛教、道教的寺院宫观等成为人们业余时间去散心、休闲、凭吊、瞻拜和旅游的去处，伊斯兰教的特色饮食、特色商业、民族风情等也是陕西都市生活的特色所在，天主教、基督教的教堂建筑以及圣诞节、复活节等节日活动也独具特色。许多宗教场所都成为特色商业、餐饮、民俗、民族民间艺术等的集聚地，形成了许多特色商业街、文化街和特色广场文化等各类景区，同时陕西省也是宗教学术研究的重镇，佛教研究、道教研究、伊斯兰教研究、基督教与天主教研究和民间信仰研究在国内外学界都有重要影响。

陕西省的宗教遗存资源数量众多，其中，以佛教和道教遗存旅游资源为主。在佛教方面，佛教八大宗中，六宗的祖庭在西安，并且全国重点文物保护单位兴教寺及仙游寺也在全国有一定知名度。在道教方面，楼观台被称为"天下第一福地"，自魏晋以来一直是"道法重地"，也是道教"楼观派"的祖庭，因此，西安在道教文化方面的地位也非常突出。此外，还有西安的清真大寺、榆林的白云观等也具有一定的知名度。

虽然陕西省有众多宗教遗存资源，但是大多数宗教遗迹只是作为旅游的目的地和文物、考古以及宗教学专业人士等考察、调研、发掘等活动的场所，宗教法事活动也极其有限。目前陕西宗教文化已经开始向宗教场所之外的地方发展，如宗教艺术类，其书法、绘画、雕塑、造像、建筑、音乐、影视等在有关的文化街区都很普及，但是更深层次的文化却没有普及，如佛教的禅茶文化、禅修文化，道教的茶道文化、养生文化、易医武文化等没有与现代商业文化进行结合，还止步于信众内容的小范围文化，并且宗教方面的活动，如佛教、道教方面，由寺院组织的放生活动、供斋活动、舍粥活动、救济活动、义工活动等活动只吸引了信众的参加，没有在更大范围内引起关注。

3. 已形成品牌的文化资源

（1）历史文化品牌。

历史文化遗产是不可再生、不可替代的宝贵资源，因此在陕西省保护优先的原则指引下，充分挖掘历史文化的内在价值，打造了陕西省独具特色的历史文化品牌，发挥文化引领作用，激发了陕西省古城的活力，增强了城市综合竞争力。

一方面，陕西是华夏文明最重要的发源地，是中华民族文化的摇篮。在历史上，曾长期是全国政治、经济、文化中心，在中国历史上有重大影响。"半坡文化""仰韶文化""关学"以及周文化、秦文化、汉文化、唐文化等都在全国影响深远；西安市通过举办"西安年·最中国"、西安城墙国际马拉松赛等一系列活动，打造"世界城市，文化名都"品牌；延安市充分利用红色文化优势，打造"红色革命，圣地延安"的城市品牌；宝鸡市充分展示炎帝故里、周秦发祥地、青铜器之乡、民间工艺之乡、《诗经》发源地的风貌，打造华夏文明历史文化名城；汉中市通过广泛宣传"两汉三国，真美汉中"的城市形象，将汉文化形象不断深入人心。

另一方面，基于其文化资源的丰富性以及文物资源的完整性、至高性的特点，陕西省被誉为"天然的历史博物馆"，仅古代帝王陵墓就有70余座。陕西有博物馆160座、馆藏各类文物100万件（组），文物点密度之大、数量之多、等级之高，均居全国前列，浏览这座"天然的历史博物馆"，随处可见古代城阙遗址、宫殿遗址、古寺庙、古陵墓、古建筑等，如被誉为"世界第八大奇迹"的秦始皇兵马俑，中国历史上第一个女皇帝武则天与其丈夫唐高宗李治的合葬墓乾陵，佛教名刹法门寺，中国现存规模最大、保存最完整的古代城垣西安城墙，中国最大的石质书库西安碑林博物馆等。全省各地的博物馆内陈列的西周青铜器、秦陵铜车马、汉代石雕、唐代金银器、宋代瓷器及历代碑刻等稀世珍宝，闪烁着耀眼的历史光环，昔日的周秦风采、汉唐雄风从中可窥一斑。

（2）文化艺术品牌。

陕西省西安作为十三朝古都，拥有众多有形和无形的文化资源，为了更好地保护和发展这些文化资源，陕西省也作出了很多努力，大力进行文化基础建设。截至 2019 年，陕西省现有 1 个省级群众艺术馆，11 个市级群众艺术馆，110 个县市级文化馆，516 个艺术表演团体机构，215 个文物保护管理机构，294 个博物馆，111 个公共图书馆，1643 家文物保护单位，其中 547 家国家级文物保护单位，1098 家省级文物保护单位。

陕西省公共图书馆共有 111 个，全国排名第 17 位；从业人员 2383 人，全国排名第 8 位。其中总藏量 2096.78 万册，全国排名第 22 位，包含有图书、报刊、视听文献、缩微制品等；总流通人次 1537.82 万人次，全国排名第 22 位；举办各类讲座 1588 次，全国排名第 21 位；举办展览 1173 个，全国排名第 14 位；举办培训班 1780 个，全国排名第 15 位；图书馆网站访问量 19329137 页次，全国排名第 21 位。

陕西省拥有 329 家博物馆、纪念馆，其中 9 家一级博物馆、21 家二级博物馆、22 家三级博物馆。陕西历史博物馆馆藏文物 370000 余件，上起远古人类初始阶段使用的简单石器，下至 1840 年前社会生活中的各类器物，时间跨度长达一百多万年。其中有精美的商、周青铜器，千姿百态的历代陶俑，以及汉、唐金银器和唐墓壁画，都是陕西悠久历史和文化的象征，而陕西历史博物馆被誉为"华夏珍宝库"和"中华文明的瑰丽殿堂"。陕西省考古事业也得以繁荣发展，国家考古遗址公园建成 7 家、立项 10 家，居全国第一；25 家省级文化遗址公园，25 家优秀传统文化传承基地，44 家社区博物馆挂牌开放，并且率先将博物馆教育纳入国民教育体系，成立全国首家博物馆教育联盟和文博青年志愿者联合会，全省博物馆年均举办各类陈列展览 800 余个，先后有 10 个陈列展览获全国博物馆"十大"陈列展览精品奖。

在幸福产业建设中，文化惠民成果更加殷实。在建设文化强省的总体思路下，陕西省科学谋篇布局，着力完善现代文化产业体系和文化市场体系，使文化事业持续提升，文化惠民成果更加殷实。2020 年末，全省共有群众文化机构 1483 个；公共图书馆 117 个，比上年增加 6 个；博物馆 309 个，比上年增加 15 个；广播电台 10 座；电视台 10 座。在提升公共文化服务能力的同时，陕西省不断丰富群众文化活动。2021 年，陕西省文化艺术表演团体举办演出 460000 场，因疫情影响比上年减少 110000 场，观众 3174 万人次，因疫情影响比上年减少 1635 万人次。

陕西省不仅是一座充满历史气息的省份，同样也是极具动感的现代都市，丰富多彩的夜生活、随处可见的茶香古韵、独具情调的咖啡馆以及快速发展的脱口秀、相声、话剧、剧团、乐团等娱乐演艺品牌都显示出陕西省的年轻与活力。陕西省部分文化艺术品牌如表 2-5 所示。

表 2-5 陕西省部分文化艺术品牌

文化艺术品牌	简介
青曲社	位于陕西省西安市的一个相声社团，成立于 2007 年。社团名称蕴含"青云直上，曲故情长"的意思。主要成员为相声演员苗阜、王声。社团以西北五省资历最深的老艺人（郑文喜、郑小山、张常泰、张常锁）为首，以收纳的年轻力量为主体，在老曲艺精髓的基础上开拓创新，已在国内占有一席之地
陕西歌舞大剧院	由陕西省政府投资兴建而成，于 1998 年开业，是集唐乐舞、中华经典饮食为一体的综合性艺术饮食文化场所
陕西省京剧院	陕西省京剧院有限公司创建于 1958 年，其前身为中国人民解放军一野四军文工团。1955 年转入地方，1958 年在上海京剧院、中国京剧院支持下充实阵容组建新团
秦腔团	历史悠久，其前身可追溯至新中国成立初期本院实验剧团及 20 世纪 50 年代初重新组建后的院一团、二团。1965 年，一团、二团合并组建成秦腔剧团，之后又经过了多次调整、重组
易俗社	原名"陕西伶学社"，是著名的秦腔科班，创始人孙仁玉。易俗社与莫斯科大剧院、英国皇家剧院并称为世界艺坛三大古老剧社
三意社	七十多年来，三意社立足于古城西安，深入广大三秦故地，形成了自己的艺术风格，向来以"慷慨激昂""响遏行云"享名，深受群众欢迎

续表

文化艺术品牌	简介
唐乐宫剧院	一座融文化娱乐和餐饮为一体的综合型企业，其中尤以"歌舞剧院餐厅"最负盛名。它是当代中国唯一在原设计上按国际专业要求建造，并采用中国唐代艺术风格装潢，面积约 2000 平方米，可容纳 600 多位宾客同时用餐。丰盛的美酒佳肴，绚丽多姿、热情洋溢的唐宫乐舞，令人们重温古都西安的泱泱风采。独具匠心的风格理念，烘托出豪华典雅的艺术气氛。唐乐宫无愧为当今中国唯一的"拉斯维加斯"式国际歌舞剧院餐厅

资料来源：百度百科。

近年来，陕西省在文艺创作与表演方面的发展也取得众多优秀成果。话剧《长安第二碗》入选国家舞台艺术精品创作扶持工程，情景剧《延安保育院1946》获"红色故事会"全国大赛特等奖，8 部作品入选文旅部"百年百部"优秀剧目，"陕派话剧"继"长安画派"之后成为陕西文化又一新的标志性符号。"十三五"时期，陕西省"文华大奖"获奖数量位居全国第一，由文旅部、省政府共同举办的 2021 年中国秦腔优秀剧目汇演，20 余项活动惠及线上线下群众 600 余万人次。陕西省起草制定《秦腔艺术传承发展条例》和《深化国有文艺院团改革实施方案》，厚植传统艺术发展根基，增强了保护传承利用动能。陕西省组织横山腰鼓参加了庆祝中国共产党成立 100 周年文艺演出并承担了第十四届全国运动会和残特奥会组织协调、文艺演出等任务。

（二）品牌企业存量

截至"十三五"末，陕西省共有国家级文化产业示范园区（基地）12 个、省级文化产业示范园区（基地）183 个、省级特色文化产业示范园区（基地）51 个、国家动漫认定企业 13 个，并且在第十三届"全国文化企业 30 强"名单中，陕西省有且仅有西安曲江文化产业投资（集团）有限公司一家企业上榜，并且该企业连续 10 年入选榜单。

为了增强文化企业在全国范围内的影响力，陕西省提出了"十百千"工程，该工程是围绕文化强省建设大局，着力培育和壮大文化产业市场主体，激发文化市场活力，提升全省文化产业规模化、集约化、专业化发展水平，实现文化产业高质量发展的重大政策措施。实施文化产业"十百千"工程的主要目标是在 2019~2021 年，在全省创建 10 家文化产业示范园区和 10 家领军型文化企业，扶持 100 家文化产业重点园区（含文化产业示范基地）和 100 家骨干型文化企业，培育 1000 家高成长型文化企业（见表 2-6）。

表 2-6 2020 年陕西省文化产业"十百千"工程重点文化产业园区（基地）和企业拟认定名单

类型	名称	地点
文化产业示范园区	延安市枣园文化广场	延安
文化产业重点园区	西安市长安唐村文学艺术产业园	西安
	西咸新区昆明池·七夕公园	西安
	西咸新区沣东自贸新天地	西安
	宝鸡市岐山周文化景区	宝鸡
	宝鸡市西府老街文化产业示范园区	宝鸡
	榆林市榆阳区夫子庙文化创意产业园区	榆林
	榆林市中能文化创意产业园	榆林
	渭南市澄城好运古建文化产业园	渭南
	渭南市中华郡文化创意产业园	渭南
	铜川市耀州窑文化基地	铜川
文化产业示范基地	西安市北极星数字文化产业园	西安
	西安市高新数字创意产业园	西安
	西安市高新浙文创·数创中心	西安
	西安工程大学时尚文化创意产业园	西安
	西安市嘉汇文化产业示范基地	西安
	西咸新区国际文创小镇	西安
	西咸新区沣西新城互联网创业孵化基地	西安
	西咸新区秦汉新丝路数字文化众创空间	西安
	西咸新区空港新城中国工艺美术大师文创园	西安

类型	名称	地点
文化产业示范基地	渭南市白水和园文化产业园	渭南
	渭南市桃花源民俗文化园	渭南
	渭南市大荔县同州里特色文化街区	渭南
	延安市高新技术创业服务中心	延安
	中国传媒大学（延安）众创空间	延安
	汉中市恒健创意文化产业园	汉中
	汉中市镇巴县胡氏宣纸文化产业园	汉中
	安康市平利县马盘山茶马文化演绎示范基地	安康
	安康市汉阴地域特色富硒美食文化产业示范基地	安康
	咸阳市渭北民俗文化产业园	咸阳
	榆林市陕北古风文化园	榆林
领军型文化企业	中国建筑西北设计研究院有限公司	西安
	陕西文化产业投资控股（集团）有限公司	西安
	英雄互娱科技股份有限公司	延安
骨干型文化企业	陕西长恨歌演艺文化有限公司	西安
	陕西新动向传媒股份有限公司	西安
	西安元智系统技术有限责任公司	西安
	西安时代尚优文化传媒集团有限公司	西安
	陕西黄金集团营销有限公司	西安
	陕西飞扬书业有限责任公司	西安
	陕西文投国际贸易有限公司	西安
	陕西广信新媒体有限责任公司	西安
	西安曲江国际会展（集团）有限公司	西安
	陕西佳之易网络科技有限公司	西安
	西安金印客电子商务有限公司	西安
	中联西北工程设计研究院有限公司	西安
	陕西创景文化传播有限公司	西安
	陕西广电影视文化产业发展有限公司	西安

续表

类型	名称	地点
骨干型文化企业	西安曲江影视投资（集团）有限公司	西安
	陕西新华发行集团宝鸡市新华书店有限责任公司	宝鸡
	宝鸡广电网络传媒有限责任公司	宝鸡
	陕西太白山秦岭旅游股份有限公司	宝鸡
	陕西盛大传媒投资有限公司	宝鸡
	宝鸡雪云文化产业发展有限公司	宝鸡
	陕西保利华英包装有限公司	宝鸡
	陕西丝绸之路生态旅游（集团）股份有限公司	宝鸡
	宝鸡科达特种纸业有限责任公司	宝鸡
	丹凤县平娃手工艺品专业合作社	商洛
	柞水终南山寨旅游开发有限公司	商洛
	商洛市天宇文化传媒有限责任公司	商洛
	洛南县巧手工艺品有限公司	商洛
	陕西木王森林公园有限责任公司	商洛
	陕西照金文化旅游投资开发有限公司	铜川
	铜川市照金文化商业管理有限公司	铜川
	铜川市印台区金锁关石林旅游开发有限公司	铜川
	咸阳苏绘民间手工工艺精品专业合作社	咸阳
	陕西新华发行集团咸阳市新华书店有限责任公司	咸阳
	汉中智达彩印有限公司	汉中
	洋县凯秦仿古景观工程有限公司	汉中
	陕西省紫阳县紫诚旅游开发有限公司	安康
高成长型文化企业	陕西西影电影频道经营有限责任公司	西安
	文化艺术报社	西安
	陕西西影文化旅游发展有限公司	西安
	陕西省民间艺术剧院有限公司	西安
	陕西阳光报社有限责任公司	西安
	陕西新华发行集团平利县新华书店有限责任公司	安康

续表

类型	名称	地点
高成长型文化企业	陕西新华发行集团镇坪县新华书店有限责任公司	安康
	陕西新华发行集团石泉县新华书店有限责任公司	安康
	陕西新华发行集团岚皋县新华书店有限责任公司	安康
	陕西新华发行集团商洛市新华书店有限责任公司	商洛
	陕西新华发行集团山阳县新华书店有限责任公司	商洛
	陕西新华发行集团柞水县新华书店有限责任公司	商洛
	陕西新华发行集团武功县新华书店有限责任公司	咸阳
	陕西新华发行集团杨凌新华书店有限责任公司	咸阳
	陕西新华发行集团扶风县新华书店有限责任公司	宝鸡
	陕西文化产业（韩城）投资有限公司	韩城

资料来源：陕西省文化和旅游厅。

（三）自主品牌企业发展现状

1. 西部电影集团有限公司

西部电影集团或称"西影""西影集团"，即西部电影集团有限公司的简称。前身为西安电影制片厂，1956年4月筹建，1958年8月成立，是我国重要的电影生产基地，在国内外享有很高的声誉。而西部电影集团也是中国六大电影集团之一，是国家电影产业布局的四大集团之一，并且在全国电影制片单位中，西影是第一个在国际A级电影节获得最高奖项的企业，而获国际奖项的数量也位居国内第一，推出的影片出口量排名国内第一，代表影片《霸王别姬》《老井》《红高粱》《图雅的婚事》《美丽的大脚》《我的一九一九》《大话西游》系列等。

西部电影集团现下设西影股份有限公司、北京西影汉唐传媒有限公司、西部电影频道、西安外国语大学西影影视传媒学院、电视剧制作公司、西影音像出版社、电影院线公司、物业管理中心等成员单位，而西部电影集团也在2021年11月30日被工业和信息化部列入第五批国家工业遗产名单。

2. 西安曲江影视投资（集团）有限公司

西安曲江影视投资（集团）有限公司是经西安曲江新区管委会批准，由西安曲江文化产业投资（集团）有限公司投资设立的国有影视投资企业，成立于 2006 年 4 月。曲江影视以电影、电视剧的投资、制作、发行和电影院线投资经营为主业，兼营影视设备租赁和新媒体业务。

曲江影视拥有市场化、科学化的运营管理机制，拥有国内知名的影视产业运营团队、丰富的影视行业资源、先进的影视剧制作管理软件，企业核心竞争力已初步形成。依托西安雄厚的文化资源和曲江新区优惠的影视产业扶持政策，电视剧《大唐芙蓉园》《大商道》《天地民心》《当铺》《李白》，电影《老港正传》《纺织姑娘》《生日》《窃听风云》，纪录片《大明宫》《法门寺》《道北七十年》等优秀剧目的成功推出，使曲江影视成功跻身国内知名影视企业之列。并且曲江影视举办的"西安曲江国产电影新人新作展""西安曲江电影编剧高级研习班""西部电影产业发展论坛"等影视公益活动，与内地、香港知名影视公司联手打造的"五方电影投资联盟"，与电影频道共同推出的"新影力青年导演助推计划"等都得到了业内、媒体和社会各界的广泛关注，并取得了巨大的社会效益。

3. 西安曲江文化产业投资（集团）有限公司

西安曲江文化产业投资（集团）有限公司是西安市政府批准成立、由西安曲江新区管委会投资设立的国有独资有限公司，成立于 1995 年，前身为管委会投资设立的西安曲江旅游建设开发总公司，截止到 2009 年底，公司注册资本 42 亿元。经过多年的发展，已成为涉足多个文化产业领域的大型国有企业。

自成立以来，西安曲江文化产业投资（集团）有限公司以资本为纽带，以产业为导向，立足曲江，辐射全省，构建了以文化旅游、影视、会展、出版、传媒、演艺、动漫、重大文化开发工程为核心的文化产业集群。

西安曲江文化产业投资（集团）有限公司于 2006 年 5 月被国家文化部授予"国家文化产业示范基地"荣誉称号；2009 年被中国企业联合会、中国企业家协会评为"中国服务业企业 500 强"和"新闻、报刊、图书的出版发行与销售和广播、影视、音像、文体等文化产业 9 强"称号；2010 年集团荣膺陕西省国有企业"四好领导班子"荣誉称号；2017 年 5 月 11 日入选第九届全国"文化企业 30 强"；2019 年 9 月，中国服务业企业 500 强榜单在济南发布，西安曲江文化产业投资（集团）有限公司排名第 401 位；2019 年 12 月，陕西省企业家协会发布了 2019 陕西企业 100 强，西安曲江文化产业投资（集团）有限公司排名第 49 位，2018 年营业收入 79 亿元；2020 年 11 月入选第十二届"全国文化企业 30 强"名单；2021 年 12 月，以 2020 年营业收入1856281 万元位列"2021 陕西 100 强企业"榜单第 25 位。

4. 陕西文化产业投资控股（集团）有限公司

陕西文化产业投资控股（集团）有限公司（以下简称"陕文投集团"）成立于 2009 年 6 月，是陕西省属国有大型文化企业，是陕西实施"文化强省"战略的重要市场平台。历经 12 年发展，陕文投集团总资产超 200 亿元，构建起以影视生产、文化旅游、文化金融为核心主业，以文创艺术、文化传媒、文化商业等为支撑的产业布局，成为全国最具集群优势和发展活力的国有文化企业之一。

陕文投集团以"让陕西文化走向全国、让中华文明走向世界"为企业使命，以"挖掘历史文化的当代价值、探索传统文化的现代表达、打造陕西文化的市场平台、推动中华文化的国际传播"为发展定位，荣获中国百强旅游投资企业、中国最佳旅游投资机构奖、最具品牌价值文化企业等 50 多项荣誉。

陕文投集团投资制作或联合出品影视剧达 60 多部，摘得"全国五个一工程奖""飞天奖""金鹰奖""银熊奖"等奖项；陕文投推动文化旅游深度融合发展，开发建设的照金红色旅游小镇、延安枣园文化广场、韩城古城历史文化景区、安康瀛湖生态旅游景区、黄帝陵文化园区中华始祖堂，成为陕西文化旅游新热点。正在推进建设丝路国际电影城、统万城国家考古遗址公园、陕西考古博物馆等重大文化项目，建设运营着覆盖全省的智慧旅游综合服务平台和陕西文化旅游网。

陕文投还与省级有关单位共同发起成立"陕西中华文创研究院""陕西旅游商品研发基地"，研发了千余款文创产品，另外还独资设立陕西文化交易所有限公司（简称"陕西文交所"）。陕西文交所构建起书画艺术品从收藏、展览、拍卖、艺术衍生品到金融投资的专业化平台，创新设立"陕西省书画艺术品光谱技术实验室"。

三、陕西省文化产业品牌发展存在的问题及对策建议

（一）存在的问题

陕西区域特色文化产业的品牌发展虽在整体上较为可观，但是身处西部的陕西省受到文化资源、人才、资本、技术条件等生产性要素的制约，以及省内各地区人口、收入、物流、消费偏好等消费性要素的影响，因此当前陕西各区域文化产业不平衡现象仍然存在，区域特色文化以及产业品牌整体水平与东部沿海相比存在一定差距，具体表现在资源整合、人才创新、品牌保护、品牌协同四个方面。

1. 资源整合力不足

特色文化资源作为一个地区客观存在的社会资源禀赋，对于区域文化和旅游产业的发展起到至关重要的作用。文化资源整合是对传统文化价值进行提取、选择和重构，并根据市场需求进行深度优化，形成兼具丰富的社会与市场价值的文化资本的过程。陕西历史文化积淀深厚，秦文化、丝绸之路文化、红色革命文化与陕味餐饮文化等在这里交织，如果在资源开发过程中，

不能对这些文化元素进行有效提取与整合，并加以创意提升，将无法有效地形成文化合力，造成文化资源形态的碎片化，难以形成有价值的特色文化产业品牌。

陕西特色文化产业目前仍存在文化资源深度整合不够、产业融合与创新转化不足的问题。例如，陕西的民间传统技艺并未得到合理的传承；三秦文化资源与旅游产业、体育产业及会展经济等融合度较低，具有地方特色的文化创意企业微乎其微；具有三秦文化特色的文化产业与金融、科技、旅游、资本的融合力度还不够强劲。根据陕西省统计局数据，2017年，陕西省陕南、关中、陕北各区域的文化产业增加值在全省文化产业增加值的占比分别为8.53%、83.20%、6.62%。在陕北民族民俗文化、陕北的红色旅游文化等特色文化资源及其比较优势明显的情况下，产业增加值却远远落后于关中地区，更加体现了文化资源深度开发的重要性以及地方特色的文化创意产业的欠缺与不完整。

此外，资源整合力度不够的问题在旅游产业上表现尤为明显。从旅游产业的现状来看，旅游企业"大而不强、小而不精"；陕北地区具有发展工业旅游的基础，但是目前还没有工业旅游景点；西安景区数量占比为16.53%，接待量占比为51.96%，两者有一定差距；陕北地区景区投资额较低，为97824万元，占全省总量的9.43%，并且部分景区类型投资额太低；旅行社大多是小微企业，数量在全国虽然处于中等位置，但没有强势的带头旅行社品牌，在旅游内容方面，也没有走在全国前列，尤其陕西西安作为"一带一路"的新起点，并没有在"一带一路"旅游路线中上榜，而延安作为中国革命圣地也没有红色旅游路线上榜。

陕西要坚持以文兴业，聚焦打造万亿级文化旅游产业，全方位、全链条、全要素整合优势资源，在细化产业布局、强化载体建设、谋划项目招引、优化产品供给、深化数字赋能上下功夫，培育文旅融合的陕西品牌。要坚持以文聚力，不断提升领导组织力、改革整合力、人才支撑力和综合保障力，更好发挥有为政府和有效市场的作用，树起文旅改革的陕西样板。

2. 品牌保护力欠缺

文化产品的特殊性在于其物质和文化的双重属性，其物质属性可参照质量管理体系，但文化内容却无法以统一的产品标准去衡量。此外，因为特色文化产业定义下的所属行业精细而广泛，产品与服务也呈现多元化与多样化的态势，导致行业标准的建立和施行存在一定困难，产业经营管理趋于粗放。比如，在西安的书院门步行街上，有多家文化古玩商铺，其售卖的同类商品美观程度各异、质量不等。如果说前者属于文化艺术品的百花齐放，那么后者就是缺乏产品标准和行业监管的表现。这也是小众文化产品普遍存在的问题，需要政府、行业、协会在制定产品标准和加强市场监管方面继续进行探索，并加以改进。

3. 人才创新力不够

一方面，文化资源自身不具备商品属性，因此探究文化资源转化为文化产品的输出路径与艺术美学是特色文化产业发展的重要课题，而人们与时俱进的审美与文化价值观念也对文化产品的生产提出了更高的要求。另一方面，现代科技发展的巨大进步，在为文化遗产资源的传承、创新和产业开发提供新的手段的同时，也对文化产品的高端创意研发人才提出了更多专业化与复合化的要求。

4. 品牌协同力薄弱

品牌协同主要体现在营销管理层面。营销管理薄弱是特色文化产业发展较为普遍的问题，由于特色文化企业一般都是生产加工或服务型企业，采取前店后厂或走乡串村的营销模式，虽然能够较为快速地把握市场变化，规避风险，但在经营管理特别是营销理念和营销方式上比较传统，没有真正融入新媒体经济，缺乏现代营销手段和电子商务销售平台，与年轻的消费习惯不相适应，这亦是特色文化产品营业收益不理想、品牌知名度不高的原因。

从文旅产业的现状来看，目前陕西省博物馆数量多，但是除陕博外，其余知名度太低；非遗数量众多，还没有很好地进行产业化、品牌化发展；文物遗迹众多，深受地理条件的制约，局限于博物馆中的文物观赏；并且对工业文化、宗教文化的挖掘不够。例如，目前许多微小企业生产的特色文化商品多在大唐不夜城步行街、疏远门步行街、北院门步行街等古文化商业街之类的地方销售，在其他地方鲜有出现，品牌知名度不高。此外，许多文化企业每年的营业收益虽然丰厚，但实际运用于新产品设计与周边衍生产品与服务开发的资金却不多，这也在很大程度上制约着产业发展。例如，许多文化企业的特色产品就缺乏层次性与精品打造意识，缺乏对不同类别用户的精准定位，导致品牌的吸引力与用户黏性不高。

陕西秦始皇兵马俑作为世界文化遗产之一，并被誉为"世界第八大奇迹"，也是中国古代辉煌文明的一张金字名片，在进入 21 世纪后也抓住了市场需求带来的新机遇，积极发展文创品牌。但由于秦始皇兵马俑是一个具有典型区域特色的品牌集合群，导致文创企业不同程度地存在着规模狭小、各类品牌层出不穷、市场秩序混乱等营销管理困顿的现象。具体而言，秦始皇兵马俑文创品牌的营销问题有以下表现：首先是文创企业缺乏品牌创造能力和品牌生产机制，同时尚未有一套完整的市场准入标准，导致文创产品参差不齐。其次是营销渠道单一，营销理念未能跟上时代脚步，缺乏针对不同类群消费者的具有层次性、针对性的产品与营销策略。最后是产业的整合水平较低，难以实现文创企业产业群的集体效益。文创企业在产品设计、产品制造以及营销渠道拓展上的资金投入较少，管理也趋于疏松，企业因此难以持续发展。

（二）对策建议

1. 品牌定位：特色化创新升级品牌文化内涵

品牌定位的实质在于创造强势品牌，在消费者心中构筑鲜明的印象，从而让用户牢牢地记忆该品牌。特色文化产品悉数厚载着浓郁的历史文化底蕴，其别具一格的文化内涵是形成用户强烈印象的关键，陕西特色文化产业品牌的定位应以独特的三秦文化为基点，创新文化积淀，塑造独一无二的文化内涵。

具体而言，适用于陕西特色文化产业品牌的定位原则主要有以下方面：第一，应根据各市、县、镇的实地情况科学评估文化资源，做好以"质"为衡量中心，综合考虑"量"以及资源组合状况的分类划分标准，找准特色，精准定位其价值。例如，江苏溱潼古镇于2016年被列入第一批中国特色小镇（全国共127个）名册中，通过对溱潼特色会船文化的发掘与整合，其地方政府组织了"中国溱潼会船节"，将竹篙撑船、祭天祀坟、祈愿平安这一罕见的、极富人文内涵的民俗文化传播深远，同时这项活动也被列为全国十大民间节庆活动之一。

第二，品牌定位应秉承适当"取舍"的原则。品牌的涵盖意义如若太狭小，就不能很好地诠释该区域的文化特色与意义内涵，如若太宽泛，则无法很好地与其他区域的特色文化品牌及产品服务相区别。因此，在进行特色文化资源的科学评估之后，品牌定位应攫取陕西特色文化资源中蕴含的有价值的"文化符号"，舍去泛大众化或同质化的部分，在产品的开发生产过程中注入独特创意，通过塑造"小众化"来区分其他文化产品与服务，在消费者心中形成鲜明印象，完成品牌的意义构建。身为百戏之祖的秦腔，则很好地诠释了"小众文化可以是主流文化，且其善于接纳流行元素"的品牌文化信念。秦腔作为国家级非物质文化遗产，其艺术价值不言而喻，但由于语言的障碍与文化的差异，加之文人气太重，唱腔悠扬婉转，唱词典故冗杂，难以让大众领略其精髓。因此，要定期举办陕西"文华奖"秦腔电视大赛、"陕西文化周"等活动，推广秦腔戏文，开办陕西秦腔博物馆，让更多的人了解秦腔，理解秦腔内涵。

第三，品牌定位的创新原则。独特的创新立意是品牌定位的不二法则。

比如，文化创意通过与社区相结合，重塑社区商业形态，赋予社区高附加文化价值，实现产业与经济的跨界与融合。北京的南锣鼓巷作为旧城民居物质文化遗产的典范，明确了以创意商业和文化休闲服务为主旋律的品牌定位，凭借古韵不改、保护尚佳的历史建筑风貌和厚郁的文化街区氛围，吸引了众多海内外友人入驻，如今沿街开设店面 100 多家，单日的旅客流量有时甚至能高过故宫。

2. 品牌培育：实行"一地一品"式分类培育

根据发展业态，不同类别的特色文化产业品牌因细分产业的不同、文化认知的差异以及演化方式的特殊存在不尽相同的特征。因而不能采取"一刀切"式的培育方法，而应当依据明显的地域特征和文化认同规律采取"一地一品"的培育策略。

第一，立足特色资源优势，突出主导产业。2014 年《关于推动特色文化产业发展的指导意见》指出，以打造特色文化品牌的方式来助推产业高速成长，"鼓励各区域施行'一地一品'战略，在此基础上培育一众富有影响力和竞争力的产品品牌"。该指导文件为特色文化产业品牌的培育明确了方向。发展"一地一品"，首先要最大程度地利用区域留存完好的文化资源，通过创意倾注，提炼比较优势，建立主导性产业；其次要突出"品"，将品质作为文化生产"弯道超车"的不二法宝，着力塑造精品型生态。

河南开封的朱仙镇是深挖特色资源，突出主导产业的典型案例。每个地域或多或少都拥有一定的文化资源，但却很少将其发展成为优势产业或优势品牌。朱仙镇通过评估探索，找到了本地最富特色与差异性的文化资源——木版年画，并基于资源的创新萃取塑造了精品年画，使之成为了朱仙镇的文化金名片。

第二，深掘"一地一品"价值，塑造品牌内涵。一个优秀的文化品牌应须代表一种特定的文化或产业理念观，实行因地制宜式的"一地一品"培育模式，应当以"特色"为核心，最大限度地提炼各个区域所蕴含的文化价值，或历史遗留性建筑、或手工传承性技艺、或得天独厚的山水等。力求一个区域一个品牌，且不同区域的特色不尽相同。将"产品售卖式"向"文化售卖式"转变，从而形成品牌的独特内涵。

古城大理是从"卖景点"到"卖文化"内涵式转化的成功案例。随着竞争的加剧和消费需求的转型，大理以"南诏古邦、风花雪月、宜居适家"为核心内涵，围绕苍洱景区主体营设的环洱海文化旅游圈，以渔歌妙曼、风光月霁的姿态遂入人心，围绕苍洱核心打造的各区互补的环大理旅游圈，则以"妙香佛国""文献名都"的景象夺人眼球。在内涵式转变的品牌理念引领下，除大理古城与苍洱文化品牌外、以"三月街"、"绕三灵"、扎染、银铜器工艺品、木雕为代表的民族文化品牌，以宾川鸡足山为代表的宗教艺术品牌等一批以大理历史、自然、生态、宗教、民族为内涵的文化产业品牌也得到不断培育和提升。

第三，保护当地，构建活态文化空间。"活态文化空间"是指要尽可能地保留旅游景点的原始居民，让游客体验到当地原汁原味的生活形态。山西平遥在保护古城风貌、留存民居建筑和还原民风民俗本真性的基础上，将文化旅游与居民生活相融合，居民生活成为古城"体验式旅游"的有机内容。同时，平遥古城利用传统文化资源，深化旅游参与体验设计，努力将其打造成一个大型的"活体博物馆"，如依托区域特色风俗以旅游演艺的方式再现县衙升堂、县太爷出巡、走镖、娶亲、剪纸等情景，并设计多样化的游客参与环节，让游客真正感知和体验到古城街巷买卖、工艺品制造、地方戏曲等多样化繁荣的景象，极大地激发了游客的体验兴趣。

3. 品牌认证：科学化构建品牌认证标准体系

特色文化产业品牌认证作为独立于品牌方与用户的第三方评价方式，对于夯实特色文化产品质量、增强品牌性能与声誉、提升企业竞争能力有着显著作用，也是实现区域经济蓬勃向上，保障消费者基本权益，制约市场不良行为的有效手段。而品牌认证作为具备第三方公正性与权威性的存在，必须形成一套科学规范的认证方法系统。鉴于陕西区域特色文化产业品牌协查同管理薄弱、部分品牌知名度不高、品牌打造意识缺乏的现状，亟须形成一套科学化、透明化的品牌认证标准体系，以期形成一众特色鲜明、颇具声誉的区域特色文化产业品牌，促使产业增值提效。

首先，明确认证机构。陕西地方文化产业主管部门应严格施行《中华人民共和国认证认可条例》的系列规定，明确区域内特色文化产业品牌的专业认证机构，对企业的资质、相关技术设施水平、管理运行制度等进行严格把控。其次，规范认证流程，促进认证透明化、动态化。一方面，应将与品牌认证相关的具体政策规定、操作过程与方法、认证标准公之于众，实现认证的"全透明化"，与此同时充分发挥专家学者的力量，力求认证过程的"公平化"与"严格化"。另一方面，参考和仿效国际范围内品牌认证的先进标准，实现品牌认证的"动态化"。最后，确立科学的品牌认证体系。科学的品牌认证体系不仅涵盖该区域的资源价值、品牌的质量、性能和声誉，还包含企业的内在文化和外在影响力。

4. 品牌运作：多方合力构建利益共享模式

对于区域性的民间特色文化品牌，企业相对微小、分散，通常采取以"农户＋企业"的合作方式为主的生产经营方式。但此种运作模式趋于松散，若没有公平合理的利益机制作为依托，两相合作则无法长久维持下去，区域特色文化产业品牌的培育建设也就无法进行。联合多方主体，从道德行为约束、法律厉行监管以及政策条例规制等多方面建构起"协同营建、利益共享"的制度系统，以期达到政府、个体和企业利益的平衡均质化与公正合理化，这是保障陕西特色文化产业品牌稳健成长的基础。

5. 品牌营销：打造"互联网＋"平台营销模式

当前制约特色文化产业发展的根本原因在于，文化生产与内容创新无法适应消费需求的变化，文化消费方面有效供给不足，文化生产方面存在大量无效供给。传统文化企业须将以手工制作和大规模复制为主的生产经营方式转变为以数字科技和互联网为主的生产经营方式，以"互联网＋"为综合平台更新文化产品与服务内容，促进产业的转型升级与融合发展。

第一，场域建设＋社群运营。借助新型科技手段，通过别出心裁的创意场域建设，营造出与产品风格特征、区域特色文化等相符的消费氛围和环境，这是体验型经济下消费时代的典型特征，也是区域特色文化产业品牌表达高质美感、增强消费者吸引力的重要手段。同时，通过创意场域的构筑，能在很大程度上吸引游客、用户以及其他群体的关注，促进关联社群的形成，从而有利于产品的销售与品牌的传播。另外，场域也是呈现和表达特色文化产品内涵与调性的重要载体。例如，来自马来西亚的手工艺美术品牌在实体营销体验店中借助吉隆坡的规划布局与特色展览，搭建的摄影驻点，从而赋予品牌以吉隆坡"文化旅游金名片"的美好形象。在内部经营布局上，以产品的活态体验馆、品牌形象展览馆等方式展示企业悠深的历史文化和力臻完美的工匠精神，让到场的游客在其创意场景下都情不自禁地消费，并自发进行宣传与推广。

第二，平台借力＋生态体系。整合各种营销手段，发挥传统媒体优势，探索"互联网＋"的品牌营销推广渠道，打造优势互补的全媒体运营平台，实现营销效益的最大化。一方面，目前许多区域的特色文化资源无法依托自身的影响力吸引消费者目光和流量入驻，因此借力其他平台进行营销推广无疑成为其扩大品牌知名度的最佳选择，如政府官方平台、BAT商业平台等。另一方面，应树立在不同阶段借助不同平台的意识。例如，在品牌起始阶段重视政府官方平台的力量，在品牌培育的成熟阶段整合运用创作平台、传播平台以及社群平台的力量，以营造一个完备且健康的品牌营销生态。在该生态系统中实现平台、中小微企业以及创意提供者的互利共存，达到用户、粉丝与创意提供者的相互转化，围绕 IP 进行一源多用式开发，形成影视动漫、文学出版、主题公园、周边衍生品、工艺美术品、红色旅游等相关产业的共生发展。

第三，故事 + 人文营销。结合特色文化产业区域特色来挖掘差异化的文化内涵，通过讲故事、诉人文的"涵化"方式构建品牌营销机制。例如，2019 年巴黎欧莱雅与"国博生活"推出了 IP 联名合作的方式，通过深度挖掘历史藏品背后的故事，萃取提炼国宝藏品中的特色元素以用于文化产品的创意包装、礼赠品的创新设计，并将王昭君、西施、赵飞燕、李清照、杨玉环五位典型的中国古代美女和才女作为创作基点进行产品命名，推出了超级限量版礼盒，成功地以诉诸内涵的故事化传播方式让两大品牌深入人心，提高了品牌的知名度与美誉度。

第四，创新传播渠道。将陕西省传统文化与动漫、电竞游戏等新兴行业相结合，通过创新传播渠道来扩大陕西省传统文化的知名度与影响力。动漫作为独特而新型的艺术形式，凭借全新视觉艺术效果，完全可以做到艺术与生活的完美结合，切实可行地实现向不同受众传达高质量信息内容的作用，不但可以反映现实生活，也可以重现历史，通过夸张和拟人的表达方式，影响不同年龄层次的人。而随着雅加达亚运会上中国赢得亚运会历史上第一块电竞金牌，电竞也越来越受到国人的瞩目，电竞的规模和影响力与日俱增，电竞文化也逐渐成为城市文化的一部分。在游戏产品中植入具有陕西元素的角色、饰品道具、特色地图、NPC 语言等，对具有特色的陕西节日进行专题宣传、举办庆祝活动，将优秀文化与流行文化相结合，为全国各地的玩家了解陕西文化提供一个新窗口。例如，《王者荣耀》在 4 周年活动中通过与浙江小百花越剧团的合作，开展越剧文化跨界创作，从越剧文化中汲取灵感，设计新的皮肤，同时助力越剧走入年轻人的视线，通过游戏、音乐等生动鲜活的数字文化形式表达和传承戏曲文化，触动和激发年轻人，让他们感知、了解并热爱、参与到戏曲文化的传承和发扬中来。

第五，市场细分+跨界营销。陕西作为历史古都，其深厚的历史文化也给当代年轻人带来厚重感，而"Z世代"作为未来世界的主导者也在消费中占据了主导地位，因此陕西省文旅产业的发展也要抓住新一代年轻人这一细分领域的消费偏好，将厚重的历史文化与当下的潮流热点相结合，传达到消费者的日常生活中。例如，为了吸引广大年轻消费者的注意，故宫博物院与农夫山泉进行跨界合作，联合推行以清代帝王与后妃为主题的画面，配合突出人物性格的文案，打造出众多的新款包装，并且每款的文案与图案皆不同。例如，有的配以帝王图案，文案为"朕打下的一瓶江山"；有的配以妃子图案，文案为"本宫是水做的"；等等，文字诙谐的同时也为博物馆增添了很多的趣味性，弘扬了我国博物馆的优秀历史文化。此次跨界合作的文创产品在新媒体平台"京东"一经推出就引起了很大反响，故宫博物院一改往日高冷神秘的形象，一下就拉近了与人们之间的距离，博物馆的新形象借此得以宣传。

第六，新媒体+情景式营销。新媒体是一种具有创新形式的媒体，它依托于数字信息技术的发展，具有共享性和互动传播的特点，而情景式营销的特点就是给消费者带来身临其境的感官体验。陕西省的历史文化载体是不可移动并且具有距离感的，因此就可以借助新媒体技术，将陕西省特色文化展现在广大消费者的眼前，拉近与消费者的距离。例如，故宫工作人员将高科技的数字技术与文化创意跨界结合。早在2014年，工作人员就通过数字技术让存在于古画中的雍正皇帝"活"了起来，这组活灵活现的动画图片被命名为"雍正：感觉自己萌萌哒"。在这组动画图片中，雍正皇帝常常以不同的形象出现，有时坐在河边垂钓，有时在松下弹琴，各式各样的内容迅速引起观众的关注，可以说故宫博物院的数字文创取得了良好的效果。

第二节　陕西省旅游业

一、旅游业品牌发展概述

（一）概念以及行业简介

旅游业是以旅游资源为凭借、以旅游设施为条件，向旅游者提供旅行游览服务的行业。狭义的旅游业，在中国主要指旅行社、旅游饭店、旅游车船公司以及专门从事旅游商品买卖的旅游商业等行业；广义的旅游业，除专门从事旅游业务的部门外，还包括与旅游相关的各行各业。旅游业的发展以整个国民经济发展水平为基础并受其制约，同时又直接、间接地促进国民经济有关部门的发展，如推动商业、饮食服务业、旅馆业、民航、铁路、公路、邮电、日用轻工业、工艺美术业、园林等的发展，并促使这些部门不断改进和完善各种设施、增加服务项目，提高服务质量。

（二）政策概述

习近平总书记曾在俄罗斯中国旅游年开幕式致辞中指出："旅游是传播文明、交流文化、增进友谊的桥梁，是人民生活水平提高的一个重要指标。旅游是综合性产业，是拉动经济发展的重要动力。"并且习近平总书记在地方进行考察时也提出："要把旅游业做大做强，丰富旅游生态和人文内涵。"习近平总书记的这些指示把握了旅游业发展的关键问题，即质量就是生命力，提出要增强硬件和软件能力，以此来丰富旅游产品的生态和人文内涵，提升旅游发展的品质，夯实旅游业的基础。在此之前，习近平总书记亦多次阐述推动旅游业发展的重要作用以及创建特色旅游品牌、提高旅游品质的迫切性。国务院于2014年8月出台《关于促进旅游业改革发展的若干意见》，强调"旅游业是现代服务业的重要组成部分，带动作用大"，指出"加快旅游业改革发展，是适应人民群众消费升级和产业结构调整的必然要求，对于扩就业、增收入、推动中西部发展和贫困地区脱贫致富、促进经济平稳增长和生态环境改善意义重大，对于提高人民生活质量、培育和践行社会主义核心价值观也具有重要作用"。由此可见，随着对旅游业性质、地位和作用认识的不断深化，我国越来越重视旅游业发展的综合功能，这为旅游业带来了重大的发展机遇。

陕西省作为旅游大省，对旅游业的发展始终保持着高度重视，时刻关注习近平总书记的相关指示及国家出台的相关旅游政策，以此加快陕西省旅游业的改革，促进旅游业的发展。陕西省人民政府于 2015 年 5 月印发了《关于促进旅游业改革发展的实施意见》、2018 年 6 月印发了《陕西省人民政府办公厅关于促进全域旅游发展的实施意见》、2019 年 7 月印发了《陕西省文化和旅游规划管理办法》，以此提升全省文化和旅游规划工作科学化、规范化、制度化水平。而在 2020 年新冠疫情突发的情况下，陕西省印发了《陕西省促进旅游消费八条措施》等，以此加快推进全省旅游企业扩大复工复产，促进旅游消费和全省旅游业发展。

在陕西省政府的大力发展下，2021 年以来，全省国内旅游人数 7695.60 万人次，与 2020 年同比增长 59.68%，与 2019 年同比恢复 42.49%；国内旅游收入 496.34 亿元，与 2020 年同比增长 53.04%，与 2019 年同比恢复 36.71%。2021 年的元旦、春节、清明节、"五一"劳动节和端午节，陕西省旅游市场均呈现出良好的恢复势头。

陕西省旅游资源丰富，近些年旅游业的发展也呈现出持续上升的趋势，但现在仍然是传统的旅游产业发展模式，主要重视旅游产业"量的增长"，而忽视了"质的发展"，存在发展方式粗放、结构失衡、综合效益不高等问题，这些积累的问题将成为陕西省旅游业提质增效、转型升级的重要阻碍。

因此根据省内旅游企业"大而不强、小而不精"的弱点，陕西省可以依托其特有的优质旅游产品，打造旅游品牌、强化旅游形象，进一步提升省内旅游的影响力和吸引力。

二、陕西省旅游业品牌发展现状

（一）旅游资源

1. 陕西省旅游资源概况

陕西是我国旅游资源最富集的省份之一，资源品位高、存量大、种类多、文化积淀深厚，具有巨大的开发优势。并且陕西省也是中华民族的发祥地，先后有周、秦、汉、唐等 13 个王朝在此建都，历时 1100 余年，丰富的历史文化使得陕西拥有得天独厚的人文旅游资源，这是陕西省发展旅游产业独有的特色和优势。现如今，全省共有各类博物馆、纪念馆 329 座，其中 9 家一级博物馆、21 家二级博物馆、22 家三级博物馆；省级文化遗址公园 25 家。此外，陕西民风古朴，民俗独特，其中户县农民画、西府民间工艺、蒲城焰火、安塞腰鼓、陕北秧歌、民间剪纸等非物质文化遗产也是陕西人文旅游资源的重要组成部分。

陕西省不仅文物古迹众多，自然景观也异常丰富，且类型多样。有以黄土地貌为主的陕北自然旅游资源，如黄河壶口瀑布、黄土高原等；以山林河谷为主的陕南自然旅游资源，如金丝峡、五龙洞等；以险峻山峰为主的关中自然旅游资源，如华山、骊山等。目前省内有世界遗产 1 处，国家级风景名胜区 5 处，自然保护区 5 处，森林公园 15 处，地质公园 3 处，历史文化名城 6 个，省级风景名胜区 29 处，自然保护区 17 处，森林公园 39 处，历史文化名城 11 个。以秦岭为依托的自然旅游资源，使陕西省旅游产业蕴藏着巨大的后发优势。

同时，陕西省遵循保护和合理利用相结合的原则，努力开发独具特色、形象鲜明的旅游产品。目前省内共有中国优秀旅游城市 6 座，中国旅游强县 4 个。各类等级（A 级）旅游景区 502 处，其中 5A 级景区 11 处，4A 级景区 131 处，3A 级景区 318 处，2A 级景区 41 处，1A 级景区 1 处；国家级度假区 1 处，省级度假区 16 处；文化旅游名镇 31 个、运动休闲特色小镇 9 个；国家级全域旅游示范区 5 个，省级全域旅游示范区 17 个；历史文化名城 11 个，历史文化名镇 13 个，历史文化名村 11 个；全国乡村旅游重点村 34 个，省级旅游示范县 33 个，旅游特色名镇 150 个，乡村旅游示范村 265 个，中国乡村旅游创客示范基地 3 家，特色民宿 1063 家，农家乐 8546 家；不可移动革命文物 1224 处（1310 个点），其中全国重点文物保护单位 15 处、省级文物保护单位 239 处，可移动革命文物 10.4 万件（组）；重点红色资源 233 处，红色旅游精品线路 25 条。

2. 陕西省旅游资源分布

陕西地处中国内陆腹地，东西较窄而南北较长，全省南北长 1000 千米，东西宽 360 千米，从北至南分为陕北高原、关中平原、秦巴山区三个自然区，总土地面积 20.58 万平方千米。旅游资源几乎遍布全省，由南到北，从西向东，沿交通线路和河流分布，空间跨距大，分布密集，综合性较强。但由于南北跨度较大，故旅游资源地区差异性较大。其中北部以寺庙、红色革命遗址为主，多是纪念型和古代遗址；东部以自然景观为主，如柞水溶洞、金丝大峡谷；中部以县为中心，向四面八方呈放射状分布，多为帝王陵等具有重大历史价值、科学价值、人文价值的帝陵。

（1）陕北旅游资源。

陕北地区是革命老区，是中国黄土高原的中心部分，包括陕西省的榆林市和延安市。陕北地势西北高，东南低，总面积 92521.4 平方千米，是在中生代基岩所构成的古地形基础上，覆盖新生代红土和很厚的黄土层，再经过流水切割和土壤侵蚀而形成的。基本地貌类型是黄土塬、梁、峁、沟、塬，是黄土高原经过现代沟壑分割后留存下来的高原面。

陕北地区旅游资源以黄土地貌旅游资源、人文旅游资源和红色旅游资源为主，其中黄土地貌旅游资源是一种直观的物质旅游资源，也是人文旅游资源和红色旅游资源的基础和前提。现如今，陕北地区共有自然景观类旅游资源34个、历史文化类旅游资源26个、红色旅游资源17个、度假休闲类旅游资源7个、乡村旅游资源4个、主题游乐类旅游资源4个、博物馆1个，以及其他旅游资源4个（见表2-7）。

表2-7 陕北旅游资源

序号	旅游资源	地址	类型
1	黄帝陵景区	延安市	历史文化
2	宝塔山景区	延安市	历史文化
3	黄河乾坤湾景区	延安市	自然景观
4	黄河壶口瀑布景区	延安市	自然景观
5	黄陵国家森林公园景区	延安市	自然景观
6	吴起中央红军长征胜利纪念园景区	延安市	红色旅游
7	黄龙山景区	延安市	自然景观
8	濂水源省级旅游度假区	延安市	度假休闲
9	王家坪革命旧址景区	延安市	红色旅游
10	凤凰山旧址景区	延安市	历史文化
11	万花山景区	延安市	自然景观
12	清凉山景区	延安市	历史文化
13	洛川会议纪念馆景区	延安市	红色旅游
14	志丹九吾山森林公园景区	延安市	自然景观
15	宜川蟒头山国家森林公园景区	延安市	自然景观
16	宜川县秋林第二战区长官司令部旧址景区	延安市	红色旅游
17	安塞南沟景区	延安市	乡村旅游
18	黄陵万安禅院石窟景区	延安市	历史文化
19	刘志丹烈士陵园	延安市	红色旅游

续表

序号	旅游资源	地址	类型
20	子长龙虎山景区	延安市	自然景观
21	富县太和山景区	延安市	自然景观
22	富县直罗战役纪念馆景区	延安市	红色旅游
23	洛川苹果博览园景区	延安市	其他
24	洛川相思湖景区	延安市	自然景观
25	甘泉劳山国家森林公园景区	延安市	自然景观
26	延川路遥故居景区	延安市	其他
27	美源山水游乐谷景区	延安市	主题游乐
28	子长革命烈士陵园	延安市	红色旅游
29	吴起南沟生态度假景区	延安市	度假休闲
30	子长钟山石窟景区	延安市	历史文化
31	志丹保安革命旧址景区	延安市	红色旅游
32	南泥湾景区	延安市	红色旅游
33	甘泉大峡谷景区	延安市	自然景观
34	安塞冯家营千人腰鼓文化村景区	延安市	乡村旅游
35	洛川黄土国家地质公园	延安市	自然景观
36	富县东村会议旧址景区	延安市	红色旅游
37	延川文安驿古镇	延安市	历史文化
38	延川永坪会议旧址	延安市	红色旅游
39	黄龙瓦子街战役烈士陵园	延安市	红色旅游
40	洛川阿寺苹果第一村	延安市	乡村旅游
41	洛川黄连河	延安市	自然景观
42	黄陵索洛湾峡谷寨	延安市	自然景观
43	黄陵中华始祖堂	延安市	历史文化
44	吴起铁边城	延安市	历史文化
45	黄龙神道岭景区	延安市	自然景观
46	黄龙印象圪崂景区	延安市	自然景观
47	红石峡景区	榆林市	自然景观

序号	旅游资源	地址	类型
48	镇北台景区	榆林市	历史文化
49	红石峡生态公园景区	榆林市	自然景观
50	榆阳区补浪河女子民兵治沙连	榆林市	红色旅游
51	榆阳区季鸾公园景区	榆林市	自然景观
52	榆阳区府城隍庙景区	榆林市	历史文化
53	榆阳区军旅文化园	榆林市	红色旅游
54	榆阳区青云山景区	榆林市	自然景观
55	榆阳区麻黄梁景区	榆林市	自然景观
56	榆林市野生动物园	榆林市	主题游乐
57	榆阳区夫子庙文化旅游步行街	榆林市	历史文化
58	横山区卧龙山景区	榆林市	自然景观
59	横山区茅庐界景区	榆林市	自然景观
60	横山区波罗古堡	榆林市	历史文化
61	神木市陕北民俗文化大观园	榆林市	历史文化
62	神木市高家堡古城	榆林市	历史文化
63	神木市碧麟湾景区	榆林市	自然景观
64	神木市杨业公园	榆林市	自然景观
65	府谷县木瓜园堡	榆林市	历史文化
66	府谷县高寒岭人文森林公园	榆林市	自然景观
67	府谷县神龙山景区	榆林市	度假休闲
68	府谷县沙梁古镇	榆林市	历史文化
69	定边县石光银治沙造林示范区	榆林市	其他
70	定边县塞上森林小镇	榆林市	度假休闲
71	靖边县五台森林公园	榆林市	自然景观
72	靖边县金鸡沙景区	榆林市	度假休闲
73	靖边县小河会议旧址景区	榆林市	红色旅游
74	靖边县清凉石窟景区	榆林市	历史文化
75	绥德县疏属山景区	榆林市	自然景观

续表

序号	旅游资源	地址	类型
76	绥德县文化广场	榆林市	历史文化
77	绥德县绿源休闲生态园	榆林市	度假休闲
78	绥德县创新现代农业园区	榆林市	度假休闲
79	绥德县郭家沟影视基地景区	榆林市	主题游乐
80	绥德县郝家桥景区	榆林市	红色旅游
81	绥德县上河源景区	榆林市	乡村旅游
82	米脂县李自成行宫景区	榆林市	历史文化
83	佳县赤牛圪民俗文化村	榆林市	历史文化
84	佳县神泉堡革命纪念馆	榆林市	红色旅游
85	佳县大美石窑景区	榆林市	历史文化
86	吴堡县黄河二碛	榆林市	自然景观
87	清涧县路遥书苑景区	榆林市	其他
88	清涧县太极圣境景区	榆林市	历史文化
89	清涧县北国风光景区	榆林市	历史文化
90	子洲县西峰寺景区	榆林市	历史文化
91	子洲县南丰寨景区	榆林市	历史文化
92	榆阳区罗兀城	榆林市	历史文化
93	佳县白云山景区	榆林市	自然景观
94	红碱淖旅游景区	榆林市	自然景观
95	榆阳区黑龙潭景区	榆林市	自然景观
96	榆阳区圣都乐园	榆林市	主题游乐
97	神木市二郎山景区	榆林市	自然景观
98	榆阳区陕北民歌博物馆	榆林市	博物馆

资料来源：陕西省文化和旅游厅。

典型的黄土地貌旅游资源。陕北是中国 63 万平方千米黄土高原的主体所在，这片黄土地不仅是深厚的黄土文化积淀的重要组成，也是中华民族之根所在，孕育出了极富乡土气息的窑洞文化；同时，陕北的地质遗迹景观世界仅有，不仅是陕北旅游资源的基础和大背景，而且这种特殊的地貌景观加之黄河的侵蚀作用，还形成了黄土高原特有的黄河峡谷水体景观。目前，陕北围绕黄土地质地貌景观已建立了三家国家级地质公园，即陕西洛川黄土国家地质公园、黄河壶口瀑布国家地质公园及延川黄河蛇曲国家地质公园，这三家地质公园的建立为黄土地貌旅游资源的开发奠定了良好的基础。

厚重的人文旅游资源。陕北的人文旅游资源既包含历史文化遗产，又具有当地特有的民俗文化。其中代表性的历史文化遗产有黄帝陵及轩辕庙、延安宝塔、万凤塔、九龙泉、安塞博物馆、秦—隋长城遗迹、唯一留存至今的匈奴人国都大夏国统万城遗址、西北地区最大的道教圣地白云山道观、陕西最大的摩崖石刻红石峡等；代表性的民俗风情主要表现为窑洞建筑、民间社火、信天游、安塞腰鼓、洛川蹩鼓、宜川胸鼓、陕北农民画、布堆画、毛绣、刺绣、窑洞窗花、民间剪纸等。此外榆林市是晋陕蒙接壤地区，是举世闻名的矿产资源富集区，被誉为中国的"科威特"，具有开辟工业旅游的良好基础。

知名的红色旅游资源。陕北作为红色革命圣地在全国具有很高的知名度。近几年，红色旅游作为陕北旅游业的龙头姿态带动了该区旅游业的快速发展。代表性的有延安市的枣园、南泥湾、瓦窑堡、洛川会议会址、陕甘宁边区政府礼堂等旧址、王家湾毛主席旧居、延安革命纪念馆、延安宝塔等。红色旅游资源能给人一种精神启迪和鼓舞。借助对革命先烈们的敬仰、怀着追古怀昔的情怀，游客在这里能得到精神的净化和寄托。

（2）陕南旅游资源。

陕南地区位于陕西省南部，由汉中、安康、商洛三地市组成，北与西安市、宝鸡市、渭南市相连，南与四川省、重庆市、湖北省接壤，东与河南省毗邻，西与甘肃省为邻，是关中甚至陕北、宁夏、内蒙古等省份通往西南、东南、华南等地区的必经之地，是陕西的南大门，在全国交通网络中处于重要地位。

陕南位于暖温带向亚热带过渡地段，具备优越的气候条件，湿润多雨水，资源丰富。秦岭峰峦起伏，不同的海拔形成了不同的林带，植被覆盖度很高，且陕南由于其地质构造比较复杂，使得陕南形成了多样的地形地貌，形态各异，有喀斯特溶洞、峰林，有花岗岩形成的突兀山峰，还有红色砂岩形成的丹霞地貌等。由于陕南具有良好的自然环境条件和独特的地貌，该地区蕴含了山林型、河谷型等多种旅游资源类型。陕南的自然旅游资源占全省旅游资源总量的比例较大，并且生态旅游资源品质很高，是陕西省非常具有潜力的旅游开发区。除了拥有丰富的自然资源，陕南还具有深邃的人文景观，融合了黄河流域文明、长江流域文明（中华民族两大文明体系），荆楚、秦陇和巴蜀文化在这里交汇，形成了独特的文化形态。此外，陕南还是三国两汉历史文化的发祥地，留下了张骞墓、古汉台等三国遗存，这些都为陕南增加了文化底蕴，也留下了具有吸引力的历史文化旅游资源。该地区旅游资源主要以生态资源、水域资源和历史文化资源为主。现如今，陕南地区共有自然景观类旅游资源52个、历史文化类旅游资源30个、红色旅游资源1个、度假休闲类旅游资源19个、乡村旅游资源8个、主题游乐类旅游资源5个、博物馆2个、工业旅游资源1个、科技教育类旅游资源0个、其他旅游资源0个（见表2-8）。

表2-8 陕南旅游资源

序号	旅游资源	地址	类型
1	金丝峡景区	商洛市	自然景观
2	张良庙—紫柏山	汉中市	历史文化
3	长青华阳	汉中市	自然景观
4	黎坪	汉中市	自然景观
5	青木川	汉中市	历史文化
6	朱鹮梨园	汉中市	度假休闲

续表

序号	旅游资源	地址	类型
7	石门栈道风景区	汉中市	自然景观
8	武侯墓	汉中市	历史文化
9	武侯祠	汉中市	历史文化
10	五龙洞国家森林公园	汉中市	自然景观
11	熊猫谷	汉中市	主题游乐
12	留坝县水世界景区	汉中市	自然景观
13	骆家坝	汉中市	历史文化
14	兴汉胜境	汉中市	历史文化
15	龙头山	汉中市	自然景观
16	汉江源	汉中市	自然景观
17	南宫山景区	安康市	自然景观
18	汉江燕翔洞生态景区	安康市	历史文化
19	瀛湖旅游景区	安康市	自然景观
20	中坝大峡谷景区	安康市	自然景观
21	筒车湾休闲景区（停业）	安康市	度假休闲
22	双龙生态旅游景区	安康市	度假休闲
23	飞渡峡·黄安坝景区	安康市	自然景观
24	天书峡景区	安康市	自然景观
25	汉江石泉古城景区	安康市	自然景观
26	安康高新秦巴文化生态旅游区	安康市	度假休闲
27	石泉鬼谷岭景区	安康市	自然景观
28	白河县天宝梯彩农园景区	安康市	乡村旅游
29	汉阴凤堰古梯田景区	安康市	自然景观
30	旬阳县蜀河古镇景区	安康市	历史文化
31	牛背梁景区	商洛市	自然景观
32	天竺山景区	商洛市	自然景观
33	柞水溶洞景区	商洛市	自然景观
34	塔云山景区	商洛市	历史文化

续表

序号	旅游资源	地址	类型
35	丹江漂流景区	商洛市	自然景观
36	商於古道棣花文化旅游景区	商洛市	历史文化
37	漫川古镇景区	商洛市	历史文化
38	木王山景区	商洛市	自然景观
39	金台山文化旅游景区	商洛市	历史文化
40	九天山风景区	商洛市	自然景观
41	洛南音乐小镇景区	商洛市	度假休闲
42	江山景区	商洛市	自然景观
43	天蓬山寨景区	商洛市	自然景观
44	阳城驿景区	商洛市	历史文化
45	汉中博物馆	汉中市	博物馆
46	拜将坛	汉中市	历史文化
47	南湖	汉中市	自然景观
48	蔡伦墓祠	汉中市	历史文化
49	桔园	汉中市	主题游乐
50	南沙湖	汉中市	自然景观
51	张骞纪念馆	汉中市	历史文化
52	天台国家森林公园	汉中市	自然景观
53	午子山	汉中市	自然景观
54	红寺湖	汉中市	自然景观
55	草坝	汉中市	自然景观
56	陕钢汉钢工业旅游	汉中市	工业旅游
57	鲤鱼仙山	汉中市	自然景观
58	灵岩寺	汉中市	历史文化
59	渔渡风景区	汉中市	自然景观
60	香溪洞风景区	安康市	自然景观
61	秦岭峡谷漂流景区	安康市	自然景观
62	平利县龙头旅游村	安康市	乡村旅游

序号	旅游资源	地址	类型
63	旬阳县红军纪念馆	安康市	红色旅游
64	千层河旅游风景区	安康市	自然景观
65	紫阳文笔山景区	安康市	历史文化
66	汉阴县龙岗生态旅游区	安康市	度假休闲
67	石泉子午银滩景区	安康市	自然景观
68	安康博物馆	安康市	博物馆
69	平利县长安女娲茶镇旅游景区	安康市	历史文化
70	白河县桥儿沟文化旅游街区	安康市	历史文化
71	石泉县中坝作坊小镇景区	安康市	乡村旅游
72	岚皋县杨家院子景区	安康市	乡村旅游
73	安康酒文化旅游景区	安康市	主题游乐
74	汉阴双河口古镇景区	安康市	历史文化
75	石泉秦巴风情园景区	安康市	度假休闲
76	石泉饶峰驿站景区	安康市	度假休闲
77	紫阳大巴山茶马古道景区	安康市	历史文化
78	平利马盘山景区	安康市	自然景观
79	平利桃花溪景区	安康市	自然景观
80	金丝峡丹江漂流景区	商洛市	自然景观
81	凤冠山景区	商洛市	自然景观
82	老君山旅游景区	商洛市	自然景观
83	月亮洞景区	商洛市	自然景观
84	秦楚古道旅游区	商洛市	历史文化
85	凤凰古镇景区	商洛市	历史文化
86	桃花谷旅游景区	商洛市	自然景观
87	云盖寺古镇	商洛市	历史文化
88	童话磨石沟旅游度假村	商洛市	度假休闲
89	禹平川秦岭原乡旅游景区	商洛市	乡村旅游
90	后湾景区	商洛市	自然景观

续表

序号	旅游资源	地址	类型
91	鹿城公园	商洛市	自然景观
92	蟒岭绿道景区	商洛市	自然景观
93	玫瑰小镇	商洛市	度假休闲
94	金山旅游度假区	商洛市	度假休闲
95	太子坪景区	商洛市	乡村旅游
96	法官庙秦岭原乡农旅小镇	商洛市	乡村旅游
97	孝义小镇景区	商洛市	历史文化
98	华阳老街·花溪弄景区	商洛市	度假休闲
99	万湾乡村旅游景区	商洛市	乡村旅游
100	中国北茶小镇景区	商洛市	历史文化
101	小河口景区	商洛市	自然景观
102	木耳小镇景区	商洛市	主题游乐
103	洛南锦绣大地景区	商洛市	主题游乐
104	仓颉小镇景区	商洛市	历史文化
105	翠屏山景区	商洛市	自然景观
106	终南山寨景区	商洛市	自然景观
107	秦巴民俗村	汉中市	历史文化
108	凤凰山森林公园景区（停业）	安康市	自然景观
109	两合崖景区	安康市	自然景观
110	擂鼓台景区	安康市	历史文化
111	抚龙湖景区	商洛市	自然景观
112	秦岭佛坪国宝旅游度假区	汉中市	度假休闲
113	上坝河省级旅游度假区	安康市	度假休闲
114	悠然山省级旅游度假区	安康市	度假休闲
115	牛背梁旅游度假区度假休闲	商洛市	度假休闲
116	漫川关旅游度假区	商洛市	度假休闲
117	金丝峡旅游度假区	商洛市	度假休闲
118	木王山旅游度假区	商洛市	度假休闲

资料来源：陕西省文化和旅游厅。

丰富的生态资源。陕南三市处于南北气候过渡带，是西北独有的水资源密集区。蜿蜒的丹江、汉江、嘉陵江形成了西北的小江南景象；巍峨的秦岭、巴山绿色植被覆盖率达到了50%以上，原始森林区则接近90%。同时，独特的喀斯特地貌和温和的气候条件，是珍稀动物生存繁衍的天然乐园，除国宝级动物大熊猫、朱鹮外，还有金丝猴、猕猴、羚牛、云豹、麝鹿、金雕、棕熊等，并且佛坪还被世界旅游组织"绿色环球21"认证为最具生态旅游开发价值的地区。陕南现有多类生态旅游区，其优越的生态环境和宜人的气候条件与西北塞外的黄土沟壑和大漠风情迥然不同，旅游资源与关中、陕北乃至整个西北地区相比，具有很大的差异性、互补性。陕南正以其生物的多样性、森林的原始性、湖泊的天然性、古迹的民族性和民俗的独特性而日益受到国内外的关注。

充裕的水域资源。汉江横贯陕南，"河流密布、沟壑交织"是陕南的一个显著特点，形成汉江、丹江、旬河、岚河、红石河等数以百计的山河风光。现在落差大的河段已开发了漂流等旅游项目。商洛地跨长江、黄河两大流域，特定的地理环境形成了独特的山水风光，如柞水溶洞、金丝大峡谷等。

深厚的历史文化资源。陕南三市是秦陇文化、巴蜀文化、荆楚文化等多元文化的交汇之地。商洛的"商山四皓"、安康的汉阴"三沈"、汉中的"两汉三国"等悠久历史文化底蕴厚重，构成了陕南一道亮丽的文化风景线。尤其是陕南的民俗文化、农耕文化独具特色，承秦文化之刚阳，蓄楚文化之柔美；商洛有花鼓、道情以及民间的山歌、号子等；汉中有锣鼓草、焰火、汉调二簧、汉调桄桄等，乡土习俗如抢花灯、合食蛋、拜树王、乞巧等仍然十分盛行；安康的紫阳民歌驰名海内外，尤其是一年一度的龙舟节在全国影响很大。

（3）关中旅游资源。

关中，是指"四关"之内，即东潼关、西散关（大震关）、南武关（蓝关）、北萧关。现关中地区位于陕西省中部，包括西安、宝鸡、咸阳、渭南、铜川、杨凌五市一区，总面积55623平方千米。

关中位于秦岭山系与黄土高原南缘山脉之间，因地处古代四关之中而被称为"关中"，自古就有"田肥美，民殷富""沃野千里"的美誉，是我国境内最早有人类生存和繁衍的地区之一，千百年来，关中以其政治经济的特殊地位以及丰富的自然和人文景观受到人们的向往和青睐。关中人文旅游资源的分布呈现出区域性特征，即以西安为中心的古都城遗址人文景观、依秦岭北坡诸山脉以及沿山一带为主的宗教人文景观、以渭河两岸塬地和北部石灰岩质山脉为主的古代帝王陵墓人文景观。现如今，关中地区共有自然景观类旅游资源95个、历史文化类旅游资源92个、红色旅游资源14个、度假休闲类旅游资源29个、乡村旅游资源12个、主题游乐类旅游资源17个、博物馆30个、工业旅游资源9个、科技教育类旅游资源3个、其他旅游资源2个（见表2-9）。

表2-9 关中旅游资源

序号	旅游资源	地址	类型
1	秦始皇帝陵博物院	西安市	博物馆
2	陕西华清宫文化旅游景区	西安市	历史文化
3	大明宫国家遗址公园	西安市	历史文化
4	法门文化景区	宝鸡市	历史文化
5	太白山旅游景区	宝鸡市	自然景观
6	华山景区	渭南市	自然景观
7	陕西历史博物馆	西安市	博物馆
8	陕西翠华山国家地质公园	西安市	自然景观
9	曲江海洋极地公园	西安市	自然景观
10	陕西太平国家森林公园	西安市	自然景观
11	西安秦岭野生动物园	西安市	主题游乐
12	西安大唐西市文化景区	西安市	历史文化

续表

序号	旅游资源	地址	类型
13	西安关中民俗艺术博物院	西安市	博物馆
14	西安半坡博物馆	西安市	博物馆
15	西安博物院（小雁塔）	西安市	博物馆
16	西安世博园	西安市	主题游乐
17	西安曲江楼观道文化展示区	西安市	历史文化
18	西安汉城湖景区	西安市	自然景观
19	西安市黑河旅游景区	西安市	自然景观
20	西安浐灞国家湿地公园	西安市	自然景观
21	西安市王顺山景区	西安市	自然景观
22	西安金龙峡风景区	西安市	自然景观
23	朱雀国家森林公园	西安市	自然景观
24	陕西自然博物馆	西安市	博物馆
25	周至水街沙沙河景区	西安市	自然景观
26	白鹿原影视城景区	西安市	主题游乐
27	白鹿原·白鹿仓景区	西安市	主题游乐
28	岐山周文化景区	宝鸡市	历史文化
29	凤凰湖景区	宝鸡市	自然景观
30	通天河景区	宝鸡市	自然景观
31	中华石鼓园	宝鸡市	历史文化
32	红河谷景区	宝鸡市	自然景观
33	关山草原景区	宝鸡市	自然景观
34	青峰峡景区	宝鸡市	自然景观
35	消灾寺景区	宝鸡市	历史文化
36	龙门洞景区	宝鸡市	历史文化
37	九成宫景区	宝鸡市	历史文化
38	大水川旅游景区	宝鸡市	自然景观
39	金台太极源文化景区	宝鸡市	历史文化
40	九龙山景区	宝鸡市	自然景观

续表

序号	旅游资源	地址	类型
41	扶眉战役纪念馆	宝鸡市	红色旅游
42	野河山景区	宝鸡市	历史文化
43	乾陵博物馆	咸阳市	博物馆
44	茂陵博物馆	咸阳市	博物馆
45	马栏革命旧址	咸阳市	红色旅游
46	袁家村关中印象体验地	咸阳市	历史文化
47	马嵬驿民俗文化体验园	咸阳市	历史文化
48	郑国渠旅游景区	咸阳市	自然景观
49	云集生态园	咸阳市	度假休闲
50	侍郎湖景区	咸阳市	自然景观
51	咀头休闲体验地	咸阳市	乡村旅游
52	咸阳湖景区	咸阳市	历史文化
53	玉华宫景区	铜川市	历史文化
54	药王山景区	铜川市	自然景观
55	照金香山景区	铜川市	自然景观
56	宜君花溪谷景区	铜川市	自然景观
57	金锁石林景区	铜川市	自然景观
58	陈炉古镇景区	铜川市	历史文化
59	同州湖	渭南市	自然景观
60	洽川景区	渭南市	自然景观
61	林皋慢城旅游景区	渭南市	度假休闲
62	尧头窑文化旅游生态园区	渭南市	历史文化
63	潼关古城	渭南市	历史文化
64	蒲城桥陵景区	渭南市	历史文化
65	渭南桃花源景区	渭南市	乡村旅游
66	富平中华郡	渭南市	历史文化
67	渭南葡萄产业园	渭南市	度假休闲
68	陶艺村景区	渭南市	乡村旅游

序号	旅游资源	地址	类型
69	少华山国家森林公园	渭南市	自然景观
70	丰图义仓	渭南市	历史文化
71	渭华起义纪念馆	渭南市	红色旅游
72	西北农林科技大学博览园	杨凌示范区	主题游乐
73	杨凌现代农业创新园	杨凌示范区	历史文化
74	汉景帝阳陵博物院	西咸新区	博物馆
75	陕西张裕瑞那城堡酒庄	西咸新区	度假休闲
76	乐华城乐华欢乐世界景区	西咸新区	主题游乐
77	泾河新城茯茶镇景区	西咸新区	历史文化
78	西咸新区沣东新城昆明池·七夕公园景区	西咸新区	自然景观
79	韩城市梁带村芮国遗址博物馆	韩城市	博物馆
80	龙门钢铁景区	韩城市	工业旅游
81	司马迁祠景区	韩城市	历史文化
82	韩城市党家村景区管理处	韩城市	乡村旅游
83	韩城市博物馆	韩城市	博物馆
84	草堂寺	西安市	历史文化
85	水陆庵	西安市	历史文化
86	临潼区博物馆	西安市	博物馆
87	西安大兴善寺	西安市	历史文化
88	陕西秦岭大坝沟景区	西安市	自然景观
89	重阳宫	西安市	历史文化
90	八路军西安办事处纪念馆	西安市	红色旅游
91	西安祥峪森林公园	西安市	自然景观
92	西安常宁宫休闲山庄	西安市	度假休闲
93	蓝田猿人遗址	西安市	历史文化
94	西安广仁寺	西安市	历史文化
95	西安阎良航空科技馆	西安市	科技教育
96	杨虎城将军陵园	西安市	红色旅游

序号	旅游资源	地址	类型
97	西安高陵奇石博物馆	西安市	博物馆
98	钟馗故里民俗文化旅游景区	西安市	历史文化
99	万华山朝阳景区	西安市	历史文化
100	西安青龙寺遗址景区	西安市	历史文化
101	西安大汉上林苑（杜陵）生态景区	西安市	历史文化
102	灞桥生态湿地公园	西安市	自然景观
103	长安万华山景区	西安市	自然景观
104	西安流峪飞峡生态旅游区	西安市	自然景观
105	西安白鹿原葡萄主题公园	西安市	主题游乐
106	西安广新园民族村	西安市	乡村旅游
107	西安辋川溶洞风景区	西安市	自然景观
108	西安石羊农庄生态休闲观光园	西安市	度假休闲
109	蔡文姬纪念馆	西安市	历史文化
110	西安华南城景区	西安市	历史文化
111	西安桃花潭景区	西安市	自然景观
112	西安高陵场畔农耕文化生态观光产业园	西安市	度假休闲
113	西安贾平凹文化艺术馆	西安市	其他
114	曲江秦二世陵遗址公园景区	西安市	历史文化
115	永兴坊景区	西安市	历史文化
116	上王村景区	西安市	自然景观
117	灞渭车游湿地景区	西安市	自然景观
118	临潼奥特莱斯景区	西安市	度假休闲
119	金鼎蓝田玉文化石艺博览园	西安市	历史文化
120	鲸鱼沟竹海景区	西安市	自然景观
121	西安御品轩幸福烘焙魔法城堡景区	西安市	主题游乐
122	蓝田丝路慢城玉山景区	西安市	自然景观
123	高陵区博物馆	西安市	博物馆
124	西安高家大院	西安市	历史文化

序号	旅游资源	地址	类型
125	秦龙乳业旅游园	西安市	工业旅游
126	百跃羊乳文化景区	西安市	历史文化
127	南五台景区	西安市	自然景观
128	西安秦汉酒文化园景区	西安市	历史文化
129	亮宝楼艺术文化旅游景区	西安市	历史文化
130	秦岭国家植物园景区	西安市	自然景观
131	钓鱼台风景名胜区	宝鸡市	自然景观
132	嘉陵江源头景区	宝鸡市	自然景观
133	大唐秦王陵	宝鸡市	历史文化
134	鸡峰山景区	宝鸡市	自然景观
135	灵官峡景区	宝鸡市	自然景观
136	古大散关景区	宝鸡市	自然景观
137	东湖风景区	宝鸡市	自然景观
138	黄柏塬原生态风景区	宝鸡市	自然景观
139	西武当风景区	宝鸡市	自然景观
140	蒙牛乳业工业旅游区	宝鸡市	工业旅游
141	千湖国家湿地公园	宝鸡市	自然景观
142	紫柏山景区	宝鸡市	自然景观
143	宝鸡民俗博物馆	宝鸡市	博物馆
144	炎帝陵景区	宝鸡市	历史文化
145	关中风情园	宝鸡市	自然景观
146	西部兰花园	宝鸡市	自然景观
147	宝深逸乐生态园	宝鸡市	度假休闲
148	灵宝峡景区	宝鸡市	自然景观
149	炎帝影视基地	宝鸡市	主题游乐
150	西虢水上乐园	宝鸡市	主题游乐
151	扶风七星河湿地公园	宝鸡市	自然景观
152	五丈原风景名胜区	宝鸡市	自然景观

续表

序号	旅游资源	地址	类型
153	眉县张载祠	宝鸡市	历史文化
154	秦公 1 号大墓	宝鸡市	历史文化
155	石门山国家森林公园	咸阳市	自然景观
156	三原县博物馆	咸阳市	博物馆
157	咸阳博物馆	咸阳市	博物馆
158	大佛寺石窟博物馆	咸阳市	博物馆
159	昭陵博物馆	咸阳市	历史文化
160	古豳文化博览园	咸阳市	历史文化
161	唐杨贵妃墓博物馆	咸阳市	博物馆
162	甘泉湖旅游景区	咸阳市	自然景观
163	马家堡关中特委革命旧址	咸阳市	红色旅游
164	黄土地窑洞生态度假庄园	咸阳市	度假休闲
165	咸阳古渡遗址博物馆	咸阳市	博物馆
166	安吴青训班纪念馆	咸阳市	历史文化
167	咸阳金源山庄	咸阳市	度假休闲
168	咸阳李靖故居	咸阳市	历史文化
169	泾阳龙泉公社	咸阳市	乡村旅游
170	宏兴码头生态观光园景区	咸阳市	度假休闲
171	武功县姜嫄水乡景区	咸阳市	历史文化
172	习仲勋革命活动旧址景区	咸阳市	红色旅游
173	029 艺术区	咸阳市	历史文化
174	武功县武功古城景区	咸阳市	历史文化
175	礼泉县烽火景区	咸阳市	乡村旅游
176	青龙山景区	咸阳市	自然景观
177	乞丐酱驴乡村旅游产业园	咸阳市	乡村旅游
178	福地湖景区	铜川市	自然景观
179	耀州窑博物馆	铜川市	博物馆
180	溪山胜境景区	铜川市	自然景观

序号	旅游资源	地址	类型
181	宜君县战国魏长城景区	铜川市	历史文化
182	耀州区马咀欧洲风情小镇景区	铜川市	度假休闲
183	宜君县旱作梯田景区	铜川市	自然景观
184	药王故里景区	铜川市	历史文化
185	大荔县八鱼石墓博物馆	渭南市	博物馆
186	大荔县福佑古寨景区	渭南市	历史文化
187	大荔平罗农业公园	渭南市	主题游乐
188	大荔畅家田园综合体景区	渭南市	度假休闲
189	大荔中节能光伏农业生态园景区	渭南市	工业旅游
190	大荔新堡月季文化产业园景区	渭南市	主题游乐
191	华山御温泉景区	渭南市	自然景观
192	鸵鸟王生态园	渭南市	主题游乐
193	华阴关帝庙	渭南市	历史文化
194	华阴市城市文化公园	渭南市	自然景观
195	合阳县福山景区	渭南市	自然景观
196	仓颉庙景区	渭南市	历史文化
197	良周秦汉宫景区	渭南市	历史文化
198	龙首坝景区	渭南市	自然景观
199	城隍庙神楼景区	渭南市	历史文化
200	澄城县博物馆	渭南市	博物馆
201	杨虎城将军纪念馆	渭南市	红色旅游
202	王鼎纪念馆	渭南市	红色旅游
203	林则徐纪念馆	渭南市	红色旅游
204	巴厘岛温泉	渭南市	主题游乐
205	清代考院	渭南市	历史文化
206	唐惠陵景区	渭南市	历史文化
207	杨震廉政博物馆	渭南市	博物馆
208	万盛园酱菜博物馆	渭南市	博物馆

续表

序号	旅游资源	地址	类型
209	渭南老街	渭南市	历史文化
210	渭南航天生态园	渭南市	科技教育
211	金粟山景区	渭南市	自然景观
212	温泉河景区	渭南市	自然景观
213	石川河景区	渭南市	自然景观
214	金地景区	渭南市	自然景观
215	重泉古城	渭南市	历史文化
216	初心公园景区	渭南市	自然景观
217	渭华竹溪里风情小镇	渭南市	乡村旅游
218	尧头豆腐文化产业园	渭南市	工业旅游
219	和园景区	渭南市	历史文化
220	岳渎·牡丹园景区	渭南市	历史文化
221	圣唐乳业工业旅游园	渭南市	工业旅游
222	黑池秋千谷	渭南市	自然景观
223	秦王寨马刨泉	渭南市	历史文化
224	冬枣小镇	渭南市	乡村旅游
225	中垦华山牧	渭南市	自然景观
226	张桥文化园	渭南市	历史文化
227	渭南市博物馆	渭南市	博物馆
228	白水县杜康酒文化景区	渭南市	工业旅游
229	合阳县山水岔峪景区	渭南市	自然景观
230	临渭区植物园	渭南市	主题游乐
231	大荔新茂天地源生态农场	渭南市	自然景观
232	潼关黄河古渡口景区	渭南市	自然景观
233	杨凌渭河生态公园景区	杨凌示范区	自然景观
234	泾河新城崇文塔景区	西咸新区	历史文化
235	原点新城商贸旅游示范区	西咸新区	度假休闲
236	萧何曹参遗址公园	西咸新区	历史文化

序号	旅游资源	地址	类型
237	大石头民俗旅游度假村	西咸新区	度假休闲
238	西咸沣东沣河生态景区	西咸新区	自然景观
239	泾渭茯茶坊	西咸新区	历史文化
240	咸阳茯茶文化体验园	西咸新区	历史文化
241	西咸新区王府井·赛特奥莱旅游示范区	西咸新区	度假休闲
242	西安盛洲荷苑景区	西咸新区	自然景观
243	西咸新区沣东新城诗经里小镇景区	西咸新区	历史文化
244	西咸新区泾河新城乐华88℃温泉乐园景区	西咸新区	主题游乐
245	象山森林公园	韩城市	自然景观
246	韩城市神农现代农业园区	韩城市	度假休闲
247	韩城庆善寺景区	韩城市	历史文化
248	韩城市晋公山滑雪场	韩城市	主题游乐
249	韩城隍庙古文化街区	韩城市	历史文化
250	北营庙景区	韩城市	历史文化
251	大禹庙景区	韩城市	历史文化
252	法王庙	韩城市	历史文化
253	瀣岭休闲山庄	韩城市	度假休闲
254	状元府博物馆	韩城市	博物馆
255	王村景区	韩城市	度假休闲
256	坤元庙生态风景区	韩城市	历史文化
257	王峰景区	韩城市	历史文化
258	普照寺	韩城市	历史文化
259	秦岭九龙潭	西安市	自然景观
260	伊利集团西安乳业园景区	西安市	工业旅游
261	葛牌镇区苏维埃政府纪念馆	西安市	红色旅游
262	西安连珠潭风景区	西安市	自然景观
263	汪峰故居纪念馆	西安市	红色旅游
264	伊利集团西安工业园景区	西安市	工业旅游

序号	旅游资源	地址	类型
265	西安莲花山森林公园	西安市	自然景观
266	西安玉山蓝河风景区	西安市	自然景观
267	九华山阿姑泉牡丹苑风景区	西安市	自然景观
268	长安区杜甫纪念馆	西安市	历史文化
269	宝鸡市展览馆	宝鸡市	历史文化
270	太白县药王谷	宝鸡市	自然景观
271	桑林塬稻草艺术园	宝鸡市	历史文化
272	灵山风景区	宝鸡市	自然景观
273	雷音山风景区	宝鸡市	自然景观
274	秦皇生态园	宝鸡市	度假休闲
275	于右任书法博物馆	咸阳市	博物馆
276	金池革命旧址	咸阳市	红色旅游
277	龟蛇山自然风景区	咸阳市	自然景观
278	爷台山战地主题公园	咸阳市	红色旅游
279	昭仁寺景区	咸阳市	历史文化
280	苏武纪念馆	咸阳市	历史文化
281	周家大院民俗博物馆	咸阳市	博物馆
282	郑国渠国家水利风景区	咸阳市	自然景观
283	泾阳县博物馆	咸阳市	博物馆
284	耀州区草莓星球景区	铜川市	其他
285	孟姜女祠景区	铜川市	历史文化
286	云梦山景区	铜川市	自然景观
287	龙山公园	铜川市	自然景观
288	周陵现代农业观光园	铜川市	科技教育
289	耀州文庙景区	铜川市	历史文化
290	方山森林公园	渭南市	自然景观
291	五泉镇王上村	杨凌示范区	历史文化

序号	旅游资源	地址	类型
292	顺陵景区	西咸新区	历史文化
293	太白山温泉旅游度假区	宝鸡市	度假休闲
294	西安曲江新区旅游度假区	西安市	度假休闲
295	西安临潼旅游度假区	西安市	度假休闲
296	西安楼观生态文化旅游度假区	西安市	度假休闲
297	西安浐灞旅游度假区	西安市	度假休闲
298	太白县鳌山旅游度假区	宝鸡市	度假休闲
299	关山草原旅游度假区	宝鸡市	度假休闲
300	大水川旅游度假区	宝鸡市	度假休闲
301	洽川景区	渭南市	自然景观

资料来源：陕西省文化和旅游厅。

以西安为中心的古代都城遗址人文景观。位于秦岭与北部黄土高原之间的关中平原，由渭河及其支流冲击而成，东西长约 300 千米，西窄而东阔，总面积达 3.4 万平方千米，这里土地肥沃，自古就被认为是最适宜耕种的"上上"田，周都"丰镐"就是西安都城历史的开始。关中借助其优越的地理位置和环境，使西汉的统治者选择了关中，同时也在关中留下了众多历史人文景观，这些已成为今日陕西旅游业发展不可多得的财富。而唐长安是西安古城历史的最辉煌时期，保留至今的大、小雁塔已成为今日西安的标志性建筑，埋于地下的建筑遗址也是西安旅游业发展中具有潜力的资源。

以渭河两岸塬地和北部山系为主的帝王陵墓人文景观。渭河两岸的塬地均依山面水，地势平坦而高昂，站在塬上，渭河平原与京城长安可尽收眼底。在这里，南北塬上周秦汉唐的帝王陵墓星罗棋布，各种类型的陵墓应有尽有，堪称一部完整的中国封建社会前期的陵墓群。其中唐太宗李世民的昭陵规模宏大，以整座石灰岩质的山峰作为陵墓，其主峰海拔在 1000 米以上，整个陵区占地 30 万亩，仅今天能确定身份的陪葬墓就有 167 个，大型石雕组群"昭陵六骏"更是稀世珍品。陕西省境内的近 20 座唐陵以其巍峨的气势、精美的石雕、内涵丰富的壁画以及艺术品位极高的石碑墓志而闻名于世，成为中华陵墓文化中的瑰宝。

秦岭山脉北坡及沿山一带的宗教人文景观。宗教文化是人类文化的重要组成部分。秦岭山系东西连绵数千里，横贯整个陕西中部，太白山、终南山、骊山、华山、圭峰山、翠华山、南五台等知名度很高。秦岭诸山不但有着秀美的自然风光，而且因为有着丰富的宗教人文建筑而享誉海内外。西岳华山素以美丽的神话传说和奇巧的人文建筑而为人们所乐道，是关中地区沿秦岭山系而建造的宗教人文景观的共同特点。长安自古多名刹，沿秦岭北麓，名刹古寺、道观庵堂等寺院道观众多。

3. 与其他幸福产业的关联性

旅游业的发展与其他产业息息相关，是一个相互联系的有机体，主要由要素关联、产业关联、系统关联三部分构成。

一是要素关联，旅游活动的食、住、行、游、购、娱"六要素"之间彼此关联互动，相互依赖，互为依存，形成一个完整的要素体系。旅游活动的要素关联直接导致旅游产业的要素关联，旅游产业必须为旅游活动的每一项要素提供必需的产品与服务，否则旅游活动便无法正常进行下去。

二是产业关联，旅游产品与旅游服务的提供，除属于第三产业的旅游业外，还涉及众多行业和部门，如为旅游业提供物质支撑的农业、林业、畜牧业和渔业的相关部分属于第一产业，轻工业、重工业和建筑业等部门和行业中的相关部分属于第二产业，邮电通信业、金融业、保险业、公共服务业、卫生体育业、文化艺术业、教育事业、信息咨询服务业等行业中的相关部分，以及国家机关中与旅游相关的部门，如旅游行政管理部门、海关、边检等属于第三产业。旅游产业的发展大大带动着这些部门和行业的发展，而这些相关部门和行业的发展又为旅游产业的发展提供了强大的物质基础。

三是系统关联。作为一个系统，旅游产业的功能结构主要由旅游吸引力、服务系统、交通运输系统、市场营销和信息提供组成。各个部分之间的有机整合、协调互动，是旅游产业持续发展的必然要求。系统是有序展开旅游活动的背后支持，一旦系统开始关联，则相互协调之间便有了有力的支撑。

（二）旅游品牌

近年来，文旅融合成效显著，广告会展、数字平台、网络文化、手机动漫、现代娱乐等新兴业态不断发展，涌现出陕西旅游网、骏途网、丝路商旅、行游天下等旅游服务平台以及丝路汇文化产品跨境电商平台；打造了青木川镇等31个文化旅游名镇、营盘镇等9个运动休闲特色小镇、西安国际马拉松体育赛事等一批融合发展的典型示范；开展了5个国家级、18个省级文化和旅游公共服务机构功能融合试点。

由中国旅游研究院和中国旅游协会联合主办、凯撒集团承办的"2020中国旅游集团发展论坛"发布了"2020中国旅游集团20强及提名企业名单"，陕西旅游集团有限公司荣膺中国旅游集团20强，成为自榜单设立以来西北地区首家获此殊荣的企业，并且音乐剧《丝路之声》荣获"2020年文化和旅游融合发展十大创新项目提名"。

1. A级景区品牌

2020年陕西省5A级景区11家，在31个省区市中排名第11位，在2020年5A级景区品牌100强榜单中，陕西有3个景区上榜，分别为排名第27位的华山景区、第28位的西安大雁塔—大唐芙蓉园景区、第47位的西安秦始皇兵马俑博物馆，排名第1位的是北京故宫博物院（见图2-1）。

2020年，陕西省4A级景区数量在31个省区市中排名第14位，但在2020年4A级景区品牌100强榜单中，陕西仅有3个景区上榜，分别为排名第 1 位的壶口瀑布、第 2 位的陕西历史博物馆、第 3 位的西安秦岭野生动物园（见图 2-2）。

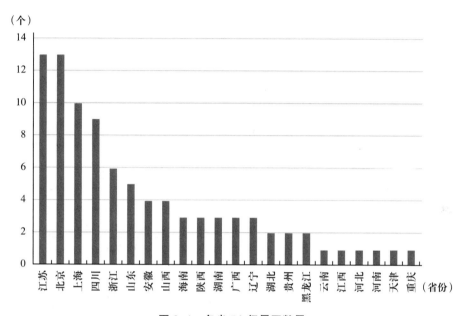

图 2-1　各省 5A 级景区数量

资料来源：迈点研究院研究数据。

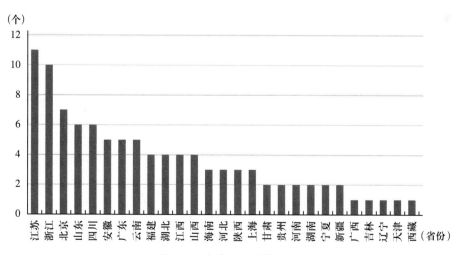

图 2-2　各省 4A 级景区数量

资料来源：迈点研究院研究数据。

（1）景区数量。

截止到2020年底，陕西省共有8个世界遗产级景区（见表2-10），502个A级景区，（其中5A级11个，见表2-11，4A级131个，3A级318个，2A级41个，1A级1个，见表2-12），1个国家级旅游度假区，16个省级旅游度假区（见表2-13），34个全国乡村旅游重点村，302个陕西省乡村旅游示范村，13个全国红色旅游景点景区。

表2-10　陕西省2020年世界文化遗产名录

景区	地区
秦始皇陵	西安市
唐长安城大明宫遗址	西安市
汉长安城未央宫遗址	西安市
大雁塔	西安市
小雁塔	西安市
兴教寺塔	西安市
张骞墓	汉中市
大佛寺石窟	咸阳市

资料来源：陕西省文化和旅游厅。

表2-11　2020年陕西省5A级旅游景区名录

景区	地区
西安市大明宫旅游景区（2020年）	西安市
延安市延安革命纪念地景区（2019年）	延安市
西安市城墙—碑林历史文化景区（2018年）	西安市
宝鸡市太白山旅游景区（2016年）	宝鸡市
商洛市金丝峡景区（2015年）	商洛市
宝鸡市法门寺佛文化景区（2014年）	宝鸡市
西安市大雁塔—大唐芙蓉园景区（2011年）	西安市
渭南市华山景区（2011年）	渭南市
延安市黄帝陵景区（2007年）	延安市

续表

景区	地区
西安市华清池景区（2007 年）	西安市
西安市秦始皇兵马俑博物馆（2007 年）	西安市

资料来源：陕西省文化和旅游厅访谈资料。

表 2-12　陕西省 2020 年 A 级旅游景区分等级数量统计表

单位：家，%

景区等级	5A	4A	3A	2A	1A	总计
数量	11	131	318	41	1	502
占比	2.2	26.1	63.4	8.1	0.2	100

资料来源：陕西省文化和旅游厅。

表 2-13　2020 年陕西省省级旅游度假区名录

度假区	地区
西安曲江度假区	西安市
西安浐灞度假区	西安市
西安临潼度假区	西安市
西安楼观道文化度假区	西安市
安康上坝河度假区	安康市
延安濂水源度假区	延安市
商洛牛背梁度假区	商洛市
商洛漫川度假区	商洛市
安康市悠然山度假区	安康市
商洛市金丝峡度假区	商洛市
商洛市木王山度假区	商洛市
宝鸡市关山草原度假区	宝鸡市
宝鸡市大水川度假区	宝鸡市
渭南市洽川度假区	渭南市
宝鸡市鳌山旅游度假区	宝鸡市
秦岭佛坪国宝旅游度假区	汉中市

资料来源：陕西省文化和旅游厅访谈资料。

　　陕西省 A 级景区总量中，3A 级景区的数量遥遥领先，其次是 4A 级景区，剩余级别的景区数量只占少数，由于高级别景区对游客的吸引力相对来说较强，因此加强高 A 级景区的申请对于增强陕西省整体的旅游吸引力有一定的作用。其中西安、渭南的景区数量位居全省前列，延安、安康、榆林与陕西省其他市区相比景区数量增幅较大，在景区建设方面取得较大成效，而韩城的 A 级景区数量出现下降的现象（见图 2-3、表 2-14、表 2-15，图 2-4）。

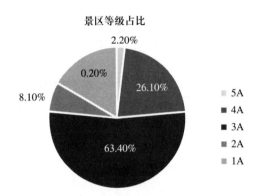

图 2-3　陕西省 A 级旅游景区分等级数量统计

资料来源：陕西省文化和旅游厅。

表 2-14　陕西省历年 A 级景区数量对比

单位：个

等级	2020 年	2019 年	2018 年	2017 年	2016 年
5A	11	10	9	8	8
4A	131	116	110	104	93
3A	318	290	288	260	192
2A	41	43	46	44	42
1A	1	1	1	2	2

表 2-15 陕西省各市 2020 年 A 级旅游景区分等级统计

单位：个，%

市区	5A	4A	3A	2A	1A	总计	占比	新增	增幅
西安	5	21	47	10	0	83	16.53	3	3.75
渭南	1	13	48	1	0	63	12.55	6	10.53
宝鸡	2	15	24	6	0	47	9.36	0	0
榆林	0	6	45	1	0	52	10.36	7	15.55
商洛	1	14	27	0	1	43	8.57	1	2.38
咸阳	0	10	23	9	0	42	8.37	4	10.52
延安	2	5	36	2	0	45	8.96	10	28.57
安康	0	14	20	3	0	37	7.37	7	23.33
汉中	0	15	15	1	0	31	6.18	2	6.90
韩城	0	5	14	0	0	19	3.78	-2	-10.53
铜川	0	6	7	6	0	19	3.78	0	0
西咸	0	5	11	1	0	17	3.39	2	13.33
杨凌	0	2	1	1	0	4	0.80	2	100
总计	11	131	318	41	1	502	100	42	9.13

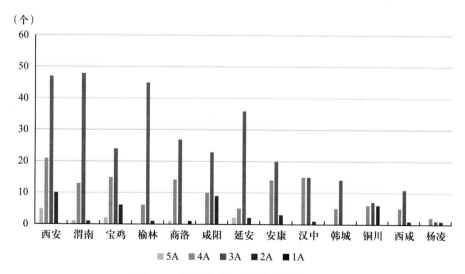

图 2-4 陕西各市 A 级景区数量概况

资料来源：陕西省文化和旅游厅。

（2）景区收入。

2019 年陕西省共有 A 级景区 460 个，排名第 10 位，占全国景区总数的 3.7%，全年 A 级景区营业收入 135.49 亿元，排名第 12 位；门票收入 37.39 亿元，排名第 12 位，门票收入占景区营业收入的 27.60%；A 级旅游景区实现综合收入 2078461.75 万元，较上年增加 85992.63 万元，增幅 4.32%；实现平均收入 4538.13 万元，较上年增加 136.38 万元，增幅 3.10%。

2017~2019 年，4A 级景区收入占比最大，其次为 3A 级景区。其中，2019 年 4A 级景区收入占全年的 45.65%，3A 级景区收入占全年的 34.58%；2018 年 4A 级景区收入占全年的 47.09%，3A 级景区收入占全年的 26.53%；2017 年 4A 级景区收入占全年的 42.93%，3A 级景区收入占全年的 39.84%。此外，5A 级景区收入占比逐年递增（见表 2-16）。

表 2-16 陕西省 A 级旅游景区综合收入占比统计

单位：%

收入占比 景区等级 年份	5A	4A	3A	2A 及以下
2019	18.36	45.65	34.58	1.14
2018	16.10	47.09	26.53	10.28
2017	15.04	42.93	39.84	2.11

资料来源：陕西省 2019 年文化和旅游发展统计报告。

（3）景区收入构成。

2018 年，陕西省景区收入中，门票收入占经营总收入的 23.04%，餐饮、商品、住宿收入占经营总收入的占比分别为 16.69%、18.44%、7.15%；交通、演艺收入相对较少，占比分别为 5.35% 和 0.65%。2019 年，全省 A 级旅游景区门票收入保持稳定，占比呈下降趋势；其他和交通收入较上年分别增长 21.26% 和 14.04%，增速明显；住宿较上年分别增长 6.27%，门票、餐饮、商品和演艺较上年分别下降4.04%、4.65%、6.46%、12.44%（见表2-17）。

表2-17 2017~2019年陕西省A级旅游景区总收入构成统计

单位：%

年份 类型	2019		2018		2017	
	占比	增幅	占比	增幅	占比	增幅
门票	21.20	-4.04	23.04	11.68	25.33	6.38
餐饮	15.26	-4.65	16.69	28.66	15.92	13.10
商品	16.54	-6.46	18.44	50.75	15.01	57.09
住宿	7.28	6.27	7.15	36.10	6.45	16.39
交通	5.58	14.04	5.35	43.18	4.59	42.45
演艺	0.54	-12.44	0.65	1.37	0.78	63.25
其他	33.33	21.26	28.68	10.29	31.91	96.56

资料来源：2019年陕西省文化和旅游发展统计报告。

（4）景区接待情况。

2019年，陕西省A级旅游景区旅游者接待总量为44293.73万人次，较上年增加8003.97万人次，增长22.06%。陕西省景区平均接待量为96.03万人次。

从分等级旅游景区接待量来看，2019年，陕西省5A级旅游景区旅游者接待量为14597.16万人次，占全省总量的32.96%，是平均接待量最大的一个群体；4A级旅游景区旅游者接待量为17078.9万人次，占全省总量的38.56%，是景区接待的中坚力量；3A级旅游景区旅游者接待量为12086.4万人次，占全省总量的27.29%；2A级旅游景区旅游者接待量为523.6万人次，占全省总量的1.19%（见表2-18）。从等级来看，5A级景区平均旅游者接待量最高。高A级旅游景区对旅游者吸引力强，是旅游者出行的主要目的地。4A级、3A级旅游景区是陕西省景区接待的中坚力量。

表 2-18 2017~2019 年陕西省 A 级旅游景区旅游者接待量统计

单位：万人次

等级	2019 年	2018 年	2017 年
5A	14597.16	5878.87	4681.43
4A	17078.9	16481.54	13366.47
3A	12086.4	13114.88	12404.34
2A	523.6	787.76	657.9
1A	7.67	26.71	25.87
总计	44293.73	36289.76	31136.01

资料来源：2019 年陕西省文化和旅游发展统计报告。

从分区域旅游景区接待情况来看，2019 年西安市 A 级景区旅游者接待量最大，共接待 23013.34 万人次，占全省 A 级景区旅游者接待量的 51.96%，随后依次为：咸阳市 5170.45 万人次，占总量的 11.67%。西安市、咸阳市的 A 级旅游景区数量多，旅游者接待量也大（见表 2-19）。

表 2-19 2019 年陕西省各市 A 级旅游景区旅游者接待量统计

单位：万人次，%

地区	5A	4A	3A	2A 以下	总计	占比
西安	12906.05	7039.27	2969.10	98.92	23013.34	51.96
咸阳	0	2928.70	2123.60	118.15	5170.45	11.67
渭南	313.10	1152.46	1703.90	0	3169.46	7.16
商洛	288.74	1241.33	869.52	132.79	2532.38	5.72
宝鸡	248.67	1095.60	748.68	85.16	2178.11	6.00
延安	209.44	1167.96	600.16	9.38	1986.94	5.48
西咸	0	230.77	1026.95	1.72	1259.44	3.47
安康	0	768.61	351.11	125.92	1245.64	3.43
榆林	0	314.02	789.62	13.00	1116.64	3.08
铜川	0	634.91	357.39	65.80	1058.10	2.92

续表

地区	5A	4A	3A	2A 以下	总计	占比
韩城	0	624.20	433.24	0	1057.44	2.91
汉中	0	444.34	216.12	6.96	667.42	1.84
杨凌	0	28.69	1.02	0	29.71	0.08
合计	5878.87	16481.54	13114.88	814.47	36289.76	100

资料来源：2019 年陕西省文化和旅游发展统计报告。

（5）景区投资情况。

2019 年陕西省 A 级旅游景区当年建设投资总额为 1037717 万元，较上年减少 44.80 亿元，降低 30.16%。A 级旅游景区平均建设投资 2266 万元。

从全省 A 级景区资金来源来看，自筹资金是 A 级景区投资的主要来源，占投资总量的 50.17% 左右。从区域投资量来看，陕南三市 A 级旅游景区建设投资额最高，达到 538791 万元，占全省 A 级旅游景区投资总额的 51.92%；其次是关中地区，投资额为 401102 万元，占全省总量的 38.65%；陕北地区投资额较低，为 97824 万元，占全省总量的 9.43%。

从分类型旅游景区投资额来看，自然景观类旅游景区投资量最高，达到 335460 万元，占全省 A 级旅游景区投资额的 32.33%；其次是历史文化类景区，投资额为 313524 万元，占全省 A 级旅游景区投资额的 30.21%。此外，乡村旅游类、休闲度假类景区投资额也迅速增长（见表 2-20）。

表 2-20　2019 年陕西省 A 级旅游景区分类型投资情况统计

类型	当年建设投资（万元）	占比（%）
自然景观	335460	32.33
历史文化	313524	30.21
乡村旅游	158741	15.30
休闲度假	83698	8.07
主题游乐	79542	7.67

续表

类型	当年建设投资（万元）	占比（%）
红色旅游	54182	5.22
其他	7786	0.75
博物馆	2659	0.26
工业旅游	2073	0.20
科技教育	52	0.00

资料来源：2019年陕西省文化和旅游发展统计报告。

2. 旅游品类延伸

（1）全域旅游。

全民休闲、大众旅游已成为人们追求美好生活的刚需，全域旅游也成为新时期满足旅游消费需求，推动旅游业转型升级，带动经济社会全面发展的重要抓手，而陕西作为文化旅游资源大省，也是全国7个全域旅游示范省创建单位之一。目前，陕西省内有5个全国全域旅游示范区，分别为西安市临潼区、渭南市华阴市、安康市石泉县、延安市黄陵县、商洛市柞水县；17个省级全域旅游示范区分别为西安市碑林区、西安市长安区、蓝田县、铜川市耀州区、眉县、凤县、大荔县、黄陵县、汉中市汉台区、留坝县、洋县、商南县、石泉县、宁陕县、柞水县、勉县、韩城市（见表2–21）。

表2–21　陕西省全域旅游示范区

全国全域旅游示范区				
西安市临潼区	延安市黄陵县	安康市石泉县	商洛市柞水县	渭南市华阴市
省级全域旅游示范区				
西安市碑林区	西安市长安区	蓝田县	石泉县	宁陕县
铜川市耀州区	汉中市汉台区	眉县	柞水县	勉县
大荔县	黄陵县	凤县	韩城市	洋县
留坝县	商南县	—	—	—

资料来源：陕西省文化和旅游发展统计报告。

（2）夜间旅游。

在夜间经济的发展中，陕西处于全国前列，西安市入选"2020夜间经济二十强城市"榜单，陕西旅游企业陕旅集团打造的《长恨歌》和《红色娘子军》荣获"2020游客喜爱的十大夜间演艺"称号，西安曲江大雁塔大唐芙蓉园景区入选"2020游客喜爱的十大夜景区"榜单。2021年7月大唐不夜城步行街也被商务部列入首批5家全国示范步行街。

2020年1~9月，在疫情影响及常态化防疫工作下，夜间经济市场规模约为2007.29亿元，夜间人流量4.53亿人次，夜间人均消费金额451元，夜间消费占全天消费比重为58.3%。从数据来看，夜间是消费的"黄金时段"，"夜游西安"成为古都旅游形象的新亮点。并且夜餐饮对拉动夜间经济发挥了重大作用，2020年1~9月，餐饮夜间营业额占全天营业额的比重为68.0%，夜间就餐人流量占全天的66.0%。此外，文娱（电影、演出、酒吧、健身会所、美发等）夜间营业额占全天比重为78.0%，电影演出夜间场次占全天比重为69.0%，夜间人流量占全天比重为75.0%。

陕西夜间旅游模式近年来不断发展，重点突出陕西特色。特色夜游街区如大唐不夜城文化商业步行街区、著名的美食文化街区回民街、酒吧一条街迷醉德福巷、西安创业咖啡街区等；特色美食街区汇集了如三秦美食的永兴坊、老城根"G park"、兴善寺东街餐饮休闲一条街、灞柳风情街等，凸显了西安美食优势，发扬传统美食文化，增强娱乐、美食、休闲体验功能（见表2-22）。

表2-22 西安夜游经济发展格局

范围	主题
永宁门至和平门：书院门至碑林	依托戏曲某吧、文房四宝、文化演艺等文化休闲资源，集文物博览、文化体验、现代商业为一体的文化旅游产业
和平门经建国门至中山门	以永兴坊为代表的地方餐饮、顺城东路的文化购物

续表

范围	主题
中山门经朝阳门至火车站：尚德门至尚武门	健身步道、亮化景观灯、民俗景观、购物街区
尚武门至玉祥门	宗教文化体验街区
玉祥门至安定门	儿童娱乐、儿童康体等
安定门至含光门	突出丝路风情的特色餐饮
含光门至永宁门：南广济街至朱雀门	购物及突出西安地方特色的餐饮
东至北大街、西至明城墙、南至西大街、北至莲湖路的回坊地区	西北民族特色餐饮、旅游纪念品
南北大街 / 东西大街	突出传统商业，延续传统文脉、商脉，具有历史记忆的西安精品商业街区
北院门至竹笆市、粉巷德福巷、湘子庙：端履门至柏树林	古城民宿街区、休闲业态、突出戏曲演艺、娱乐餐饮
环城公园	文化休闲、大众演艺和健身
灞河沿岸	全名健身步道、休闲娱乐

资料来源：陕西省文化和旅游厅。

（3）古村、古镇、古城。

陕西省目前有 11 个历史文化名城，分别为宝鸡市凤翔、咸阳市三原、咸阳市乾县、渭南市华阴、渭南市蒲城、延安市黄陵、榆林市神木、榆林市府谷、榆林市佳县、汉中市勉县、汉中市城固；13 个历史文化名镇，分别为铜川市耀州区孙塬镇、渭南市富平县美原镇、渭南市富平县宫里镇、渭南市富平县曹村镇、渭南市潼关县秦东镇、延安市宝塔区甘谷驿镇、延安市洛川县永乡镇、延安市子长县安定镇、延安市富县直罗镇、延安市洛川县旧县镇、榆林市佳县木头峪镇、商洛市山阳县漫川关镇、商洛市山阳县高坝店镇；11 个历史文化名村，分别为铜川市耀州区小丘镇移村、铜川市耀州区锦阳路街办水峪村、铜川市印台区陈炉镇立地坡村、渭南市潼关县桐峪镇善车口村、延安市延川县文安驿镇梁家河村、延安市洛川县永乡镇阿寺村、延安市洛川县旧县镇桐堤村、延安市洛川县朱牛乡贠家塬村、延安市洛川县土基镇鄜城村、榆林市府谷县新民镇新民村、榆林市佳县王家砭镇打火店村（见表2-23）。

表2-23 陕西省古村、古镇、古城

陕西省历史文化名城			
宝鸡市凤翔	咸阳市三原	咸阳市乾县	延安市黄陵
榆林市佳县	榆林市神木	榆林市府谷	汉中市城固
汉中市勉县	渭南市蒲城	渭南市华阴	
陕西省历史文化名镇			
铜川市耀州区孙塬镇	渭南市富平县美原镇	渭南市富平县宫里镇	渭南市富平县曹村镇
渭南市潼关县秦东镇	延安市宝塔区甘谷驿镇	延安市洛川县永乡镇	延安市子长县安定镇
延安市富县直罗镇	延安市洛川县旧县镇	榆林市佳县木头峪镇	商洛市山阳县漫川关镇
商洛市山阳县高坝店镇			
陕西省历史文化名村			
铜川市耀州区小丘镇移村	铜川市耀州区锦阳路街办水峪村	铜川市印台区陈炉镇立地坡村	渭南市潼关县桐峪镇善车口村
延安市延川县文安驿镇梁家河村	延安市洛川县永乡镇阿寺村	延安市洛川县旧县镇桐堤村	延安市洛川县朱牛乡贠家塬村
延安市洛川县土基镇鄜城村	榆林市府谷县新民镇新民村	榆林市佳县王家砭镇打火店村	

资料来源：陕西省文化和旅游发展统计报告。

（4）乡村旅游。

近年来，陕西省乡村旅游以国家乡村旅游重点村评选、省级旅游示范县建设、特色旅游名镇建设、旅游示范村建设、乡村旅游景区建设、农家乐民宿建设和乡村旅游扶贫为统揽，通过"十个坚持"扎实推进乡村旅游快速发展，乡村旅游已经成为陕西旅游产业发展的新动能、新标识、新高地、新形象和新示范。在转型升级中，从农民的自发行为到社会的广泛参与，形成了产业发展新动能；从粗放的自我经营到集约化的标准化管理，塑造了产业发展新标识；从简单的自我规划到顶层一体化设计，构筑了产业发展新高地；从单一的自我形象到集群化的品质体系，彰显了产业发展新形象；从农民的自我增收到乡村振兴的重要渠道，形成了产业发展新示范。目前，已建设全国乡村旅游重点村 34 个，省级旅游示范县 33 个，省级乡村旅游示范村 333 个，旅游特色名镇 150 个，乡村旅游示范村 265 个，中国乡村旅游创客示范基地 3 家，特色民宿 1063 家，农家乐 8546 家，4A 级乡村民俗类景区 15 家（见表 2-24）。

表 2-24 陕西省乡村旅游名录

陕西省全国乡村旅游重点村			
商洛市丹凤县棣花镇棣花社区	商洛市商南县金丝峡镇太子坪村	商洛市柞水县营盘镇朱家湾村	商洛市柞水县小岭镇金米村
商洛市洛南县四皓街道南沟社区	汉中市勉县勉阳街道天荡山社区	汉中市留坝县火烧店镇堰坎村	汉中市汉台区河东店镇花果村
汉中市佛坪县长角坝镇沙窝村	宝鸡市太白县黄柏塬镇黄柏塬村	宝鸡市眉县汤峪镇汤峪村	宝鸡市凤县红花铺镇永生村
韩城市西庄镇党家村	韩城市板桥镇王村	榆林市佳县坑镇赤牛坬村	榆林市绥德县满堂川镇郭家沟村
渭南市华阴市华山镇仙峪口村	渭南市白水县杜康镇和家卓村	渭南市华阴市孟塬镇司家村	渭南市临渭区桥南镇天刘村
渭南市潼关县太要镇秦王寨社区	安康市岚皋县四季镇天坪村	安康市石泉县后柳镇中坝村	安康市宁陕县筒车湾镇七里村
安康市石泉县饶峰镇胜利村	咸阳市泾阳县安吴镇龙源村延安市	咸阳市旬邑县张洪镇西头村	咸阳市礼泉县烟霞镇袁家村
杨凌示范区杨陵区五泉镇王上村	延安市延川县文安驿镇梁家河村	西安市长安区王曲街道南堡寨村	铜川市耀州区石柱镇马咀村
铜川市印台区金锁关镇何家坊村	铜川市宜君县哭泉镇淌泥河村		

续表

陕西省省级旅游示范县			
蓝田县	眉县	太白县	旬邑县
泾阳县	杨陵区	宁陕县	山阳县
西乡县	佛坪县	神木市	延川县
黄龙县	大荔县	临渭区	宜君县
陕西省省级旅游示范县			
西安市长安区	礼泉县	扶风县	铜川市耀州区
柞水县	韩城市	洋县	宜川县
石泉县	佳县	西安市临潼区	凤县
华阴市	黄陵县	留坝县	岚皋县
商南县			
陕西省中国乡村旅游创客示范基地			
礼泉袁家村·关中印象	咸阳市马嵬驿民俗文化创业园	西咸新区茯茶镇	

资料来源：陕西省文化和旅游发展统计报告。

（5）红色旅游。

陕西省境内遗存大量革命文物，登记有不可移动革命文物 1224 处（1310 个点），其中全国重点文物保护单位 15 处、省级文物保护单位 239 处，并有可移动革命文物 10.4 万件（组），233 处重点红色资源，25 条红色旅游精品线路（见表 2-25）；编制《黄河文化保护传承弘扬规划》《黄河流域非物质文化遗产保护传承弘扬专项规划》，覆盖黄河流域 10 市 82 县（区）100个重点项目；4 项黄河文化重点研究课题获文化和旅游部立项；20 多个景区（点）入选黄河主题国家级旅游线路；延安入选全国十大红色旅游目的地，位居第 5。

在全国红色旅游文创产品和红色旅游演艺创新成果现场展示活动中，红秀《延安延安》《延安保育院》《1212 西安事变》等 3 部红色旅游演艺作品入选，入选数位居全国第 1；"延安制造""红日灯""海泥塑小红军"等 18 件（套）红色旅游文创产品入选，入选数位居全国第 2，受到了文化和旅游部领导和社会各界的充分肯定。

表 2-25　25 条红色旅游精品路线

线路一： 古都西安　红色延安	西安（城墙、八路军西安办事处、西安事变旧址）
	铜川（照金、薛家寨、陕甘边革命纪念馆）
	延安（黄帝陵、宝塔山、梁家河、乾坤湾、南泥湾、西北局革命纪念馆、延安革命纪念馆、王家坪、杨家岭、枣园）
线路二： 最忆当年　红色延绵	西安（西安事变旧址）
	铜川（陕甘边革命根据地纪念馆、耀州窑博物馆、玉华宫）
	延安（黄帝陵、洛川会议旧址、黄土国家地质公园、枣园、杨家岭、延安革命纪念馆、宝塔山、瓦窑堡会议旧址、钟山石窟）
	榆林（绥德抗大旧址、三五九旅司令部旧址、米脂杨家沟革命旧址、李自成行宫、姜氏庄园、神木白求恩医院旧址）
线路三： 重温红色历史 传承奋斗精神	西安（八路军西安办事处、西安事变旧址）
	延安（中华人文始祖黄帝陵、轩辕庙、黄河壶口瀑布、枣园革命旧址、杨家岭革命旧址、宝塔山，现场教学《党中央在延安十三年》、观看《延安保育院》）
线路四： 陕南革命根据地探访	西安（蓝田葛牌苏维埃政府旧址、王顺山、水陆庵）
	商洛（商州烈士陵园、丹凤中央鄂豫陕省委旧址、红三军军部驻地旧址、金丝峡体验美丽乡村、助力乡村振兴）
线路五： 追溯凤县两当的革命故事	宝鸡（凤县灵宝峡、宝成铁路体验馆、凤县革命纪念馆，观看大型羌族历史文化史诗剧《凤飞羌舞》、嘉陵之源、两当兵变纪念馆）
线路六： 红色文化夏令营陕北行	西安（八路军西安办事处）
	韩城（八路军东渡纪念碑、司马迁祠、黄河观光路）
	延安（壶口瀑布、南泥湾、枣园革命旧址、杨家岭革命旧址、安塞学习《为人民服务》、延川梁家河、洛川会议纪念馆）
	咸阳（安吴青训班）

续表

线路七： 品味传统文化千载史，联结百年革命红色情	西安（陕西历史博物馆）
	铜川（陕甘边革命根据地纪念馆、薛家寨、秀房河湿地公园、陈家坡会议旧址）
	咸阳（马栏革命纪念馆、马家堡关中特区旧址）
	延安（黄帝陵、延安革命纪念地系列景区、梁家河、观看4D巨幕电影《阿良的长征》）
	韩城（党家村、司马迁祠、八路军东渡黄河出师抗日纪念碑）
线路八： 红色教学—葛牌镇苏维埃政府纪念馆	西安（蓝田县葛牌镇苏维埃政府纪念馆）
	商洛（棣花古镇宋金街、清风街、贾平凹文学馆、生态荷塘、西部花都、体验美丽乡村、助力乡村振兴）
线路九： 走近大国重器、放飞蓝天梦想	西安（航空职业技术学院航空科技馆、飞翔梦航空体验基地、飞鹰亚太航空旅游研学基地、功勋飞机园、战狼航空军事拓展训练基地、航空烈士陵园，以航空文化为主题，了解中国航空科技重大成就）
线路十： 红色教学—扶眉战役纪念馆	宝鸡（扶眉战役纪念馆、重温革命烈士的壮丽人生和英雄气概，参观眉县千亩荷塘，体验美丽乡村、助力乡村振兴）
线路十一： 宝鸡红色工业之旅	宝鸡（扶眉战役纪念馆、长乐塬抗战工业遗址公园、宝天铁路英烈纪念馆、凤县革命纪念馆、凤县工合运动基地、路易艾黎故居、凤县灵官峡—宝成铁路遗址景区）
线路十二： 感悟传统文化 助力乡村振兴	宝鸡（中华石鼓园、岐山周文化景区、西岐民俗北郭村，体验西岐民俗风情、领略农村田园风光；旅游扶贫样板九龙山—大水川休闲旅游目的地、西府天地—胜利村、关山草原—秋菊山庄）
线路十三： 品读咸阳红色经典	咸阳（泾阳县安吴青训班旧址，参观中国共产党在抗日战争期间培训青年干部的重要场所——安吴青训班纪念馆；旬邑红色革命根据地马栏革命纪念馆；走访乡村振兴示范地礼泉县袁家村，体验关中农村生活，参观以昭陵博物馆、唐肃宗建陵石刻等历史文化遗迹为核心的旅游目的地）

续表

线路十四： 渭南红色旅游精品线路	秦东革命星火之旅（临渭区—华州区，渭南市博物馆、王尚德烈士陵园、渭华起义纪念馆、渭华干部学院）
	红色初心之旅（富平爱国主义教育基地、富平干部学院）
	米家窑（红色交通站、八路军120师抗日誓师纪念地、康庄战斗烈士陵园）
	民族信仰感怀之旅（蒲城县林则徐纪念馆、王鼎纪念馆、杨虎城将军纪念馆、蒲城县博物馆）
	红色革命精神追寻之旅（大荔幵图义仓—荔北战役烈士陵园、蒲城永丰革命烈士陵园、澄城尧头窑生态文化园—壶梯山爱国主义教育基地、白水仓颉庙—西北野战军第一次代表会议旧址）
线路十五： 畅游革命圣地 领略陕北风光	延安（参观延安革命纪念馆、王家坪革命旧址、枣园革命旧址、宝塔山、南泥湾，在延安1938街区、圣地河谷金延安体验陕北民俗，在延川县乾坤湾景区、甘泉县雨岔大峡谷、宜川县黄河壶口瀑布领略陕北风光，观看历史舞台剧红秀《延安延安》，延安新城学习书院主题研学）
线路十六： 长征精神研学之旅（延安 红色党建培训4日行）	延安（重走长征路——甘泉圪崂至九牛塔段步行6.8千米，路途学唱红歌和陕北民歌，听红色故事，体验陕北黄土风情；参观杨家岭、王家坪革命旧址、延安革命纪念馆、南泥湾、黄河壶口瀑布，观看《黄河大合唱》，梁家河情景教学）
线路十七： 重温红色历史研学之旅	延安（吴起县中央红军长征胜利纪念园，志丹烈士陵园、保安革命旧址，抗日军政大学旧址，甘泉县象鼻子湾、下寺湾会议旧址，富县直罗镇战役纪念馆，子长县瓦窑堡会议旧址，子长烈士纪念馆）
线路十八： 重温红色历史 体验美丽乡村	延安（富县羌村，参观东村会议旧址、福严院塔；直罗战役纪念园、直罗镇胡家坡村；观赏"塞上小江南"百亩稻田，参与乡间采摘，助力乡村振兴）

续表

线路十九： 再回延安·寻味红街	延安（红街长征主题会师馆、大生产运动主题南泥湾集市、转战陕北主题馆，通过场景沉浸体验，感悟红色文化；夜游红街，打造夜经济文旅产品）
线路二十： 转战陕北胜利之旅	榆林（清涧枣林则沟会议旧址、绥德郝家桥革命旧址、榆阳区陕北民歌博物馆、佳县神泉堡革命旧址、佳县休闲旅游乡村赤牛坬民俗村、米脂杨家沟革命纪念馆、李自成行宫、吴堡黄河二碛、党中央东渡黄河纪念馆）
线路二十一： 大漠生态治理 建设美丽乡村	榆林（榆阳区中国美丽休闲乡村——"三变改革"典型赵家峁村、麻黄梁黄土地质公园、补浪河女子民兵治沙连、佳县休闲旅游乡村赤牛坬民俗村、"石雕之乡、秧歌之乡、民歌之乡"——绥德郝家桥革命旧址）
线路二十二： 汉中红色旅游经典线路	汉中（洋县朱鹮梨园、华阳古镇—红二十五军司令部华阳旧址、红二十五军政治部华阳旧址、南郑区龙头山景区——红寺湖川陕革命根据地纪念馆）
线路二十三： 探访川陕革命根据地之旅	汉中（川陕革命根据地纪念馆、何挺颖故居、美丽汉山、勉县陕南战役指挥部、武侯祠廉政教育基地、诸葛古镇观看《出师表》）
线路二十四： 安康红色旅游研学之旅	安康（参观牛蹄岭战斗遗址、三线建设纪念馆、旬阳红军纪念馆、汉阴沈氏家训展览馆、石泉革命纪念园区，在石泉金蚕之乡感受鬼谷文化、丝绸文化，在蜀河古镇体验陕南民俗文化，助力乡村振兴）
线路二十五： 重温红色历史 体验古城文化	韩城（八路军东渡黄河出师纪念碑、范家庄第一党支部旧址、龙门钢厂景区、韩城古城、司马迁祠、党家村、梁带村芮国遗址博物馆）

资料来源：陕西省文化和旅游厅。

目前，"建党百年　红色旅游百条精品线路"公布，陕西三条线路入选（见表2-26）。陕西省全国红色旅游经典景区名录如表2-27所示。

表 2-26 建党百年 红色旅游百条精品线路

"红色陕西·圣地延安"精品线路	陕西省西安市"西安事变"纪念馆—西安市八路军西安办事处纪念馆—铜川市陕甘边照金革命据地旧址—照金薛家寨革命旧址—延安市南泥湾革命旧址—延安革命纪念地景区—延安市吴起县中央红军长征胜利纪念园—延安市甘泉县中央红军和陕北红军会师地旧址—延安市安塞区王家湾革命旧址—延安市延川县永坪镇革命旧址—延安市子长市瓦窑堡会议旧址
"能源陕北·科技西安"精品线路	陕西省榆林市陕西北元化工集团—榆林市榆树湾煤矿—榆林市陕西未来能源化工—延安市延长县中国陆上第一口油井—西安市阎良航空科技馆—杨凌农业高新技术产业示范区—西安市西安交通大学西迁纪念馆
"体验中民俗·品味陕西味道"精品线路	陕西省西安市鄠邑区甘亭镇东韩村—西安市周至县周至水街—咸阳市礼泉县袁家村—咸阳市兴平市马嵬驿—咸阳市泾河县茯茶小镇—宝鸡市岐山县西岐民俗村—宝鸡市陈仓区香泉镇大水川景区

资料来源：陕西省文化和旅游厅。

表 2-27 陕西省全国红色旅游经典景区名录

1	西安市红色旅游系列景区（八路军西安办事处纪念馆，"西安事变"纪念馆）
2	汉中市川陕革命根据地纪念馆
3	延安市延安革命纪念地系列景区
4	咸阳市旬邑县马栏革命旧址
5	铜川市陕甘边照金革命根据地旧址
6	渭南市华县渭华起义纪念馆
7	榆林市红色旅游系列景区
8	宝鸡市红色旅游系列景区
9	陕南红军革命根据地系列景区
10	咸阳市泾阳县安吴青训班革命旧址
11	黄陵县陕甘边小石崖革命旧址
12	靖边县小河会议旧址
13	富平县红色旅游系列景区

资料来源：陕西省文化和旅游厅。

（三）旅行社

2019 年陕西省旅行社数量 862 家，全国排名第 19 位，利润总额为 –4477.2 万元，排名第 27 位，全国只有 5 个省份为负数，分别为天津、黑龙江、重庆、云南、陕西。截至 2020 年底，陕西省共有 930 家旅行社登记在册，分支机构 2812 家，其中具有出境旅游资质的有 86 家，但是达到规模以上的只有不到 10 家，大多数旅游企业都是小微企业。

"中国旅行社协会行业榜单"是中国旅行社行业最具权威和影响力的行业榜单，在 2018 年发布的第一届中国旅行社协会行业榜单中，分为中国旅行社品牌 20 强、优秀出境游旅行社、优秀入境游旅行社、优秀国内游旅行社、年度新锐旅行社、精品定制游旅行社、优秀在线旅游服务商、新兴"一带一路"旅游线路、红色经典旅游线路、特色旅游线路、受游客欢迎的旅游目的地/景区/城市等，其中只有陕西省韩城市在受游客欢迎的旅游城市榜单上榜。在2019 年发布的第二届中国旅行社协会行业榜单中，分为旅行社品牌 TOP20 强、研学旅行社 TOP10（陕西煜恒国际教育旅行社有限责任公司）、铁路专列旅行社 TOP10、老年与健康旅行社 TOP10、自驾与定制旅行社 TOP10、在线旅行服务商 TOP10、最具潜力旅行社 TOP30、国内游旅行社 TOP30、入境游旅行社TOP10（西安中国国际旅行社集团有限责任公司）、出境游旅行社 TOP10、研学旅行基地（营地）TOP10、景区（点）TOP10（华山景区）、优秀国内旅游目的地等，其中陕西省也仅有三个上榜。在 2020 年发布的第三届中国旅行社协会行业榜单中，以抗疫为主题，陕西省在履行社会责任榜样（陕西煜恒国际教育旅行社有限责任公司、西安中国国际旅行社集团有限责任公司）、复工复产榜样（陕西友联国际旅行社、陕西国际铁服传媒集团）方面上榜。

陕西省旅行社数量在全国虽然处于中等位置，但大多是中小企业，没有强势的带头旅行社品牌，在旅游内容方面，也没有走在全国前列，尤其陕西西安作为"一带一路"的新起点，并没有在"一带一路"旅游路线中上榜，而延安作为中国革命圣地也没有红色旅游路线上榜。

按照各地市旅行社数量及分布情况以及《旅游统计调查制度》相关规定，以各旅行社在文化和旅游部"全国旅游监管服务平台"内填报的数据为基础，侧重点为旅行社综合经营能力，在西安市行政区域选取 10 家旅行社，其余铜川市、宝鸡市、咸阳市、渭南市、延安市、汉中市、榆林市、安康市、商洛市、韩城市结合实际推荐选取 1 家，2019 年共评选出 20 家优秀旅行社（见表 2-28）。

表 2-28　2019 年陕西省优秀旅行社名单

地区	经营许可证号	旅行社名称
西安市	L-SNX-CJ00004	陕西中国旅行社有限责任公司
	L-SNX-CJ00001	西安中国国际旅行社集团有限责任公司
	L-SNX-CJ00009	西安天马国际旅行社
	L-SNX-CJ00034	陕西运通国际旅行社有限责任公司
	L-SNX-CJ00007	西安光大国际旅行社
	L-SNX-CJ00042	西安春秋国际旅行社有限公司
	L-SNX-CJ00005	西安海外旅游有限责任公司
	L-SNX-CJ00002	中国康辉西安国际旅行社有限责任公司
	L-SNX-CJ00003	陕西海外旅游有限责任公司
	L-SNX-CJ00010	西安中旅国际旅行社有限责任公司
铜川市	L-SNX00792	铜川市朝阳旅行社有限责任公司
宝鸡市	L-SNX-CJ00069	宝鸡山水国际旅行社有限责任公司
咸阳市	L-SNX-CJ00023	咸阳国际旅行社有限公司
渭南市	L-SNX000662	中旅华山旅游有限责任公司
延安市	L-SNX-CJ00067	延安国际旅行社
汉中市	L-SNX00457	汉中康辉旅行社有限责任公司
榆林市	L-SNX-CJ00029	陕西羊老大国际旅行社有限责任公司
安康市	L-SNX-CJ00078	安康旅游百事通国际旅行社有限责任公司
商洛市	L-SNX00685	商洛华夏旅行社有限公司
韩城市	L-SNX00467	韩城市文史之旅旅行社有限责任公司

资料来源：陕西省文化和旅游厅。

三、陕西省旅游业品牌发展存在的问题及对策建议

（一）存在的问题

（1）缺乏品牌意识。目前，旅游市场供过于求的现象越来越突出。一方面，大众旅游市场方兴未艾；另一方面，旅游行业的门槛较低，许多小型旅游企业进出行业都比较快，认为创造品牌是大企业的事，因而缺乏长远的经营策略与品牌意识，竞争手段不足，主要集中在价格竞争层面，服务、品牌等非价格竞争程度低。而一些具备现代经营理念的大中型旅游企业在不理性的市场竞争中疲于应对，在眼前利益和长远目标的矛盾中沉浮，或者干脆就没有意识到品牌对于旅游企业经营管理的重要性。企业对于品牌的特性没有很好的认知；对品牌的功能没有清晰的概念；对品牌的经营没有具体的措施；这些都成为阻碍创立优秀品牌的绊脚石。旅游企业只有自身意识到了品牌的真正含义及其作用，对上述主要因素有详细深入的了解，才可能增强品牌意识。

（2）注重品牌打造，忽视品牌管理。旅游品牌管理是一个长期的、动态的过程，它需要旅游企业在策划、设计、背销、传播与服务等每个环节上做出正确的决策与行动。品牌在这个过程中不断修正、完善和提升，从而创造出更大的价值。可以说，旅游品牌的经营管理过程就是旅游品牌资产的动态累积过程。品牌管理的目的是保持游客对产品的忠诚度，维持和提升品牌价值。品牌管理是品牌建设的基础，在品牌营销中起着至关重要的作用。目前，旅游服务企业在品牌管理方面的相应制度不规范、不健全，同时又缺少精通品牌管理的人才。例如，一些旅游企业在品牌建设中做了大量工作，但大多没有对旅游品牌经营进行科学规划，对品牌发展方案缺乏科学论证，闭门造车、长官意志、劳民伤财，工作脱离实际，操作过程信马由缰，活动缺乏连续性，从而导致事倍功半。再如，一些旅游企业普遍存在浓厚的推销观念，把引诱游客购买旅游产品和服务作为经营活动的中心，而不是在旅游服

务中持续推广旅游品牌，以提高游客忠诚度。因此，忽视品牌管理，对品牌资产的动态累积过程缺乏深刻认识的"品牌打造"是不符合效益原则的，也是无益于旅游业发展的。

（3）品牌形象不鲜明，品牌营销手段单一。陕西省旅游品牌形象大多数显得苍白无力，主要表现在品牌核心价值、形象定位、宣传口号、品牌的图案设计、广告传播力度等方面均存在致命的弱点。旅游品牌形象的设计尤其要注重视觉的冲击和心灵的震撼，形象一旦设计成型，就应该让游客无法忘记。在品牌营销方面，陕西省旅游企业大多仍采用降价、广告等单一的营销手段来参与市场竞争。打价格战是多数旅行社和酒店惯用的营销手段，由于价格的竞争，导致旅游企业利润走低，服务质量大打折扣。因此，旅游企业必须采取多种品牌营销手段来参与激烈的市场竞争。

（4）旅游产品缺乏创新。游客对旅游企业品牌的认识是以旅游产品体验为基础的。随着旅游消费水平的提高与游客旅游经验的丰富与品位的提升，游客已从"走马观花型"重量不重质的旅游方式，向保证体验、个性游的方式转变。旅游企业只有不断创新，提供多样化、人性化的旅游产品，才能够更好、更快地发展。然而，目前旅游市场上的旅游产品仍处于供给不足的初级阶段：旅游产品以观光型为主，资源型的多、文化提升型的少，产品供给只能满足初级化、大众化市场，个性化、舒适性明显不足，成为影响我国旅游产业提升的重要制约因素。旅游本是享受，然而传统旅游一成不变的模式，千篇一律的线路，"上车睡觉，下车拍照，回去啥也不知道"成为游客集中抱怨的焦点，游客的自我意识将越来越多地得到尊重和满足，市场需要创新的、更适合中国人的旅游产品。旅游产品的枯燥和千篇一律，使人们不再有激情，只有有效的创新，才可能走出更好的企业之路。

（5）品牌集中度低。我国旅游行业目前还没有形成全国统一的市场，旅游业品牌集中度低，尚未形成真正的集团。旅游企业小、散、弱、差的现象严重，效益低下，竞争力弱已经是一个不争的事实。近年来，一些大型旅游集团在实施规模化、网络化经营战略过程中，由于所选择的战略不同，品牌扩张后管理跟不上，如特许经营、资产并购等在发达国家常用的扩张手段在我国还处在探索阶段。旅游企业品牌扩张后管理上存在的问题给知名品牌带来了风险，甚至使品牌资产缩水。

（6）战略制定与战略执行结合度不高。国内绝大多数旅游企业尚未真正认识到品牌战略管理的重要性，视品牌战略为可有可无，视其为奢侈的游戏。因此，在品牌建设与管理过程中往往成为形同虚设的过场，未能意识到品牌战略的关键意义与实际作用。

陕西旅游品牌发展面临如下挑战：

（1）先发优势趋弱化。各地旅游资源开发强度较高，未开发旅游资源存量少。各产业对土地、自然环境等资源的激烈竞争，压缩了旅游业发展空间。

（2）区域竞争在升级。沿海省份旅游业率先进行转型升级，大项目不断落户，品牌形象逐步凸显，企业集团发展步伐加快，给陕西旅游未来发展带来巨大挑战。中西部地区旅游发展环境逐步改善，与东部地区旅游业展开竞争。

（3）产业结构待完善。观光型产品仍占主导地位，休闲度假产品较为稀缺。新型旅游资源挖掘力度不足，新型产业业态成长滞后。购物、娱乐占旅游者消费比重较低。旅游品牌企业、旅游大集团较少，效益偏低。

（二）对策建议

培育一批具有较强影响力的知名企业品牌，打造一批旅游驰名商标和中国名牌。继续引进国际饭店业50强、国内旅游集团20强品牌落户陕西省。推进主题文化酒店和特色精品酒店建设，加大旅行社品牌建设力度，到2023年全省星级旅行社达到900家，主题文化和特色精品酒店超过10家。开展陕西旅游企业年度20强评选、发布活动，形成旅行社、旅游餐饮、旅游饭店、旅游交通、旅游购物和旅游娱乐等旅游企业品牌。

（1）做大做强国有旅游企业。"十四五"期间，加快建立省级旅游产业集团，重点支持各地组建旅游产业集团，实行集团化经营，支持重点国有旅游产业集团发展。推广镇江"三山"等景区管办分高的经验，组建专业化、市场化产业平台，探索适合陕西省国有景区管理和经营的新模式。鼓励引导各类社会资本参与国有旅游资产运营。建立现代企业制度。强化资本运作，品牌经营，打造大型综合性旅游企业集团。

（2）引导社会资本投资旅游业。支持非旅游企业资本转型投资旅游业，建设、改造城市大型旅游休闲街区，建设高品质旅游度假区。投资生产、生活型乡村休闲农场。支持文创、电商等企业研制、生产和批发经营旅游商品，构建旅游商品网上销售平台。支持国内外有实力的企业以多种方式参与陕西省旅游企业改制、改组和改造，切实发挥大企业的旗舰引领作用。鼓励有条件的陕西省强企在旅游领域投资兴业。引导陕西省内大型企业集团积极参与旅游项目的投资与开发，推动陕西省内大型装备制造企业参与邮轮、游艇、旅居车、大型娱乐设备等高端旅游装备制造，推出陕西旅游必购商品，延伸强化旅游产业链条，打造跨界融合的产业集团和产业联盟。充分发挥陕西省加工制造业和房地产业发达、产业园区数量众多的优势，引导特色工业企业和加工制造业集聚区完善配套旅游功能。

支持新兴旅游企业发展。进一步扶持新兴旅游企业发展，强化旅游企业品牌建设。在旅游电子商务、旅游文化创意、海洋旅游、生态旅游、康养旅游等重点领域培育一批领军企业。

（3）支持中小型旅游企业转型升级。继续实行旅行社接待境外游客奖励政策，帮助旅行社转变经营方式，拓展旅行社经营领域，扶持重点旅行社做大做强。转变酒店业发展思路，适度发展商务酒店。重点发展城市精品酒店、主题酒店和度假酒店。鼓励利用民间资本建设城市客栈和乡村民宿，丰富陕西省旅游住宿业形态。培育酒店集团，输出管理品牌，实行连锁经营和资本运作。出台优惠政策，鼓励小微旅游企业发展，重点支持旅游文创产业、旅游商品研发和生产企业发展。

（4）将养老服务与旅游产品相结合，探索养老产业新模式，发展旅游养老基地。鼓励旅游企业集团充分发挥经营服务优势和物业管理潜力，投资建设较大规模的养老公寓，发展异地养老、分时度假养老等旅游业务，并从医疗、服务、环境、交通等方面为旅游养老提供有力的保障，提高老年人的生活质量。依托自然资源，结合气候、生态及中医理疗等优势条件，开发养老休闲度假产品，形成银龄人群为主要客源的养老休闲度假旅游产品系列。

第三节 陕西省住宿业

一、住宿业品牌发展概述

（一）概念以及行业简介

住宿业指为旅行者提供短期留宿场所的活动，有些单位只提供住宿，也有些单位提供住宿、饮食、商务、娱乐一体化的服务，并且不包括主要按月或按年长期出租房屋住所的活动。

（二）政策概述

近年来国内旅游住宿业利好政策持续推进，为身处其中的酒店及客栈民宿提供了健康发展的土壤。2016 年，财政部、国家税务总局下发《关于全面推开营业税改征增值试点的通知》，减轻了旅游住宿企业赋税，间接增加了企业经济效益，促进企业现金流动，从而实现良性循环发展；同年，《关于开展特色小镇培育工作的通知》的提出，为进一步探索、丰富旅游住宿业提供了政策支持；2017 年，国家旅游局发布了《旅游民宿基本要求与评价》等4 项行业标准，民宿发展开始有据可循，"精品旅游饭店"及"旅游民宿"标准的推出，进一步规范了精品酒店及客栈民宿的运营发展；2018 年，经济研究中心在北京发布了我国共享住宿领域首个行业自律标准《共享住宿服务规范》（以下简称《规范》），该《规范》针对目前行业发展过程中的热点问题，如城市民宿社区关系、入住身份核实登记、房源信息审核机制、卫生服务标准、用户信息保护体系、黑名单共享机制等提出对策，进一步加强行业自律、规范运营管理，同时也是共享经济领域推进协同监管的有益探索。

在国家政策的引导、支持下，陕西省也在大力发展住宿产业。2020 年，陕西省饭店协会、陕西省洗染行业协会举办新闻发布会，推出"陕西省放心住计划"，努力打造陕西旅游酒店安全、卫生、洁净、环保、健康的住宿环境；陕西省旅游住宿业协会第一届第一次会员大会暨协会成立大会在西安召开，会议审议通过《陕西省旅游住宿业协会〈章程〉》，将致力于团结住宿业各类业态企业，服务广大会员单位，增进行业内外交流学习，并做好政府和企业的桥梁，引导住宿企业规范化经营，并将对完善陕西省旅游住宿业体系，推动全域旅游建设发挥积极作用。

在相关政策的引领下，陕西省住宿产业也在稳步发展中。在 2019 中国大住宿业发展报告中，全国酒店住宿业规模最大的十个城市分别为北京、上海、杭州、重庆、西安、广州、成都、深圳、武汉、长沙，西安排名第五；以城市为单位分析酒店类住宿设施的总数，西安排名第二，重庆排名第一；从酒店类客房住宿总数来看，西安排名第六。以星级为划分标准，在酒店住宿业设施档次中，二星级及以下西安占比 70%；三星级占比最少，为 14%；四星级占比最少，为 10%；五星级占比排第九，为 6%。在酒店住宿业规模中，小规模酒店西安占比最高，为 27%，大规模酒店西安占比 17%，排名第九；从省级来看，陕西省其他住宿业设施数和客房数均排名第十，较为靠前。

虽然陕西省住宿产业发展已取得一定成果，但是在新冠疫情的影响下，还是受到一定程度的打击，如何应对外部危机也是住宿产业需要面临的一个难题。而在此情况下，陕西省蕴含的文化内涵就可以成为陕西省住宿产业发展的坚实基础，每一家酒店、民宿都可以是一个鲜活的文化载体，是展示、体验和传播陕西文化内涵的最佳窗口之一，讲好陕西故事，做好品牌传播，树立品牌形象，塑造世界级品牌，这正是陕西省住宿业发展的差异化优势。

二、陕西省住宿业品牌发展现状

（一）民宿

消费水平的提升使得个性体验化的旅游方式变得流行起来，因此民宿作为一种有情怀的旅游住宿设施顺势而起，主要形式有家庭旅馆、客栈、农家乐、青年旅舍、乡村别墅、酒店式公寓等，其与传统酒店住宿共同成为旅游市场的重要组成部分。

得益于旅游业的迅速发展，旅游人数的不断增加促使其在旅游过程中对民宿需求量也得到了提升，2014 年中国的民宿市场开始发展并逐渐繁荣，成为旅游区酒店住宿的主要竞争者。据中国旅游与民宿发展协会数据，2016~2019 年我国在线民宿房东数量和房源数量均呈逐年增长态势，其中2019 年我国在线民宿房东数量为 40 万人，房源数量为 134 万个，为民宿市场的发展奠定了较好的发展基础（见表 2-29）。而陕西省作为旅游大省，省会西安作为第九个国家中心城市，全省的旅游知名度不断提升，在这样的时代大背景下，陕西省民宿业面临着前所未有的发展机遇。

表 2-29　我国已形成的 11 个民宿群（带）

民宿群（带）名称		
滇西北民宿群	浙南闽北民宿群	京津毗连区民宿群
川藏线民宿带	客家文化圈民宿群	徽文化圈民宿群
湘黔桂民宿群	长三角毗连区民宿群	浙闽粤海岸民宿带
海南岛民宿群	珠三角毗连区民宿群	—

资料来源：王银杰 . 基于消费者行为的宁波江北区民宿旅游调查研究 ［D］. 宁波大学硕士学位论文，2017.

中国文化和旅游大数据研究院（北京第二外国语学院）统计报告显示，截至2019年，我国大陆民宿数量共计66405家，民宿数量排名前10的省份占据民宿市场半壁江山（见图2-5），其中主要为沿海和中南部省份，陕西在诸多省级行政区中位居第7，西安在诸多城市中位居第3（见图2-6）。

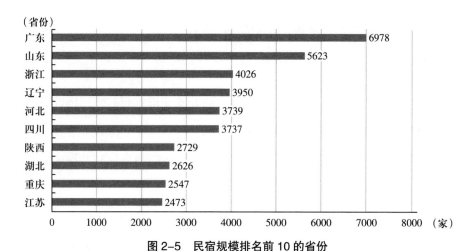

图2-5　民宿规模排名前10的省份

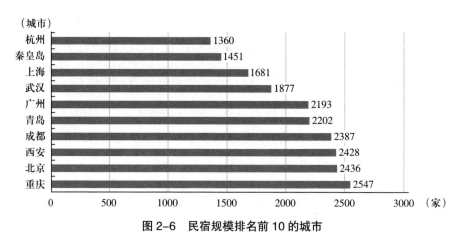

图2-6　民宿规模排名前10的城市

资料来源：中国文化和旅游大数据研究院2019中国大陆民宿业发展数据报告。

此外，我国内地各省份民宿好评率都在85%以上，表现优秀且差距较小，陕西省为94.4%，位居全国第11，而西安在城市排名中位居第29，是陕西省唯一位居前30的城市（见图2-7、图2-8）。

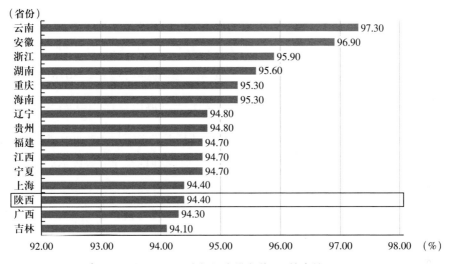

图2-7 民宿好评率排名前15的省份

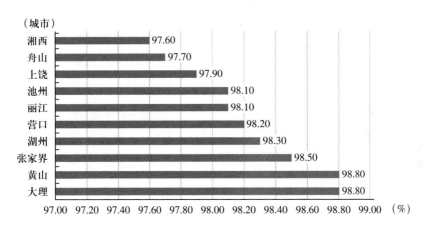

图2-8 民宿好评率排名前10的城市

资料来源：中国文化和旅游大数据研究院 2019 中国大陆民宿业发展数据报告。

2021年，文化和旅游部官网发布《全国甲级、乙级旅游民宿评定结果公示》，认定58家民宿达到甲级、乙级旅游民宿标准，其中甲级旅游民宿31家，乙级旅游民宿27家。甲级旅游民宿中，陕西省有1家上榜，为中华郡·远古部落；乙级民宿中，陕西省没有民宿品牌上榜。

陕西省作为文化遗产和旅游资源丰富的旅游大省，发展民宿产业条件得天独厚。目前陕西省拥有31个文化旅游名镇，109个旅游特色名镇，186

个旅游示范村，20000家特色农家乐和500余家民宿。途家网数据显示，2017年陕西省民宿收入超过4000万元，游客入住次数超过70000次，整体排名居全国第13位，其发展潜力巨大，发展势头强劲。2018年1月，省商务厅颁布的《陕西省特色民宿示范标准》指出，民宿经营要以地方特色为主，突出当地特色风俗文化，也可包含地方特色商品、旅游休闲商品，并提出全省规划在未来5年内，将建设和改造20家省级特色民宿项目。

2018年陕西省首次公布的"十佳特色民宿集群"被称为陕西民宿发展的领头军（见表2-30），对加快陕西省乡村休闲向"现代化、时尚化、品质化、国际化"的目标迈进发挥了推动作用。

表2-30　陕西省2018年旅游影响力"十佳特色民宿集群"

序号	名录	序号	名录
1	礼泉袁家村民宿集群	6	韩城古城民宿集群
2	留坝老街民宿集群	7	宁强青木川民宿集群
3	柞水朱家湾民宿集群	8	延川文安驿古镇民宿集群
4	丹凤棣花古镇民宿集群	9	神木陕北民俗文化大观园民宿集群
5	安康瀛湖民宿集群	10	太白县民宿集群

资料来源：央广网。

2020海峡两岸民宿品牌盛典作为民宿行业"金鸡百花奖"，在全国20个省市行业协会、民宿头部品牌主以及OTA平台的推荐下，公布了2020年度全国民宿行业诸多榜单。其中，中国最佳民宿品牌榜单中陕西共有5家上榜（见表2-31），中国民宿最佳宿集榜单中陕西袁家村上榜（见表2-32），海峡两岸最佳旅拍民宿榜单中陕西共有1家上榜（见表2-33），中国最值得投资的民宿区域榜单中陕西蓝田县上榜（见表2-34）。

表 2-31 2020 年度中国最佳民宿品牌榜单

民宿名称	地区
循美·迥訾	贵州
飞宿	福建
拾间海	福建
西坡·江山	浙江
山海观	福建
梦园彼岸	广东
桃源人家	湖北
岭里沐里度假山居	福建
南岸民宿	重庆
索居奢野民宿	福建
鼓浪屿那宅	福建
悦洱居	云南
隐邦民宿	云南
云之蓝海景花园酒店	云南
霁云上院	广西
禾肚里稻田民宿	广东
聆海酒店	福建
浮云海子	四川
过云山居	陕西汉中
西江想宿轻奢酒店	贵州
读旅	福建
先生的海	福建
过云山居	浙江
长乐区漳港名城悦海湾公寓	福建
九月民宿花溪里	福建
平潭悠岚民宿	福建
如归海墅	福建
三舍综艺民宿	广东
不舍长安里文化创意民宿	陕西西安

续表

民宿名称	地区
爱在路上	陕西周至
澜舍	陕西西安
竹风堂	陕西
右见光阴里	江苏
绍兴律行慈舍精品民宿	浙江
大理即见欢喜花园民宿	云南

资料来源：2020 海峡两岸民宿品牌盛典公布名单。

表 2-32　2020 年度中国民宿最佳宿集榜单

省份	民宿集群	省份	民宿集群
广东	万家旅社民宿集群	宁夏	黄河宿集
	较场尾民宿小镇	云南	既见·沧海宿集
	丹霞山民宿集群	陕西	袁家村宿集
广西	在野宿集	福建	曾厝垵宿集
	黄姚古镇岭南宿集		鼓浪屿宿集

资料来源：2020 海峡两岸民宿品牌盛典公布名单。

表 2-33　2020 年度海峡两岸最佳旅拍民宿榜单

民宿名称	地区
漳北禾肚里	广东
武汉市大隐至乐旅行民宿	湖北
南岸—华正文旅	宁夏
小城外	福建
融山居	福建
云缦观海度假民宿	福建
鼓浪屿船屋老别墅旅馆	福建
贵州行驿云舍度假别苑	贵州
竹风堂	陕西
过云山居三山岛	江苏

资料来源：2020 海峡两岸民宿品牌盛典公布名单。

表 2-34　2020 年度中国最值得投资的民宿区域榜单

序号	名录	归属
1	佛山市南海区	佛山市南海区文化广电旅游体育局
2	广西崇左"边城宿集"	广西崇左德怡天境文旅集团
3	福建省霞浦县	霞浦县文体和旅游局
4	福建省漳州市	南靖土楼
5	福建省莆田市湄洲岛	湄洲岛管委会旅游文体局
6	广西崇左	广西崇左市文化和旅游局
7	北京市延庆区	北方民宿联盟
8	陕西蓝田县	陕西蓝田县
9	福建永定土楼奥杳宿集群	土楼奥杳宿集

资料来源：2020 海峡两岸民宿品牌盛典公布名单。

（二）酒店类住宿

由中国饭店协会发布的中国酒店集团报告中，2020 年中国酒店集团规模前 50 名中西安的晗月酒店集团上榜，排名第 41 位，其余榜单均未上榜，上榜企业所在城市均为沿海较为发达地区或者一线城市。

从酒店住宿来看，2015~2019 年，陕西省星级酒店数量整体呈现下降趋势。根据文旅部数据，2019 年陕西省共有 287 家星级酒店，比上一年减少 17 家，全国排名第 18 位，其中五星级酒店 16 家，排名第 18 位，四星级酒店 48 家，排名第 21 位，三星级酒店 178 家，排名第 9 位，二星级酒店 45 家，排名第 15 位。星级酒店营业收入共 44.49 亿元，排名第 14 位，营业利润 -0.04 亿元，排名第 15 位，其中五星级酒店营业收入 14.17 亿元，排名第 13 位，营业利润 1.89 亿元，排名第 8 位。截至 2020 年底，陕西省共有 325 家星级酒店，其中五星级 16 家，四星级以上 51 家（见图 2-9）。

从星级酒店构成来看，三星级酒店占据陕西省星级酒店较大市场，2019 年陕西共有 178 家三星级酒店，48 家四星级酒店，16 家五星级酒店，另外一星级酒店及二星级酒店分别为 0 家和 45 家（见图 2-10）。

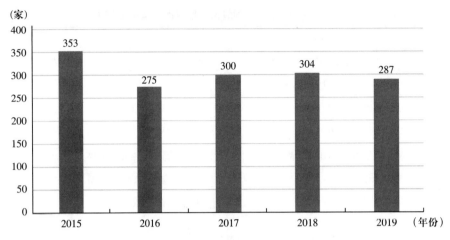

图 2-9　2015~2019 年陕西省星级酒店数量统计

资料来源：根据文旅部、中商产业研究院整理。

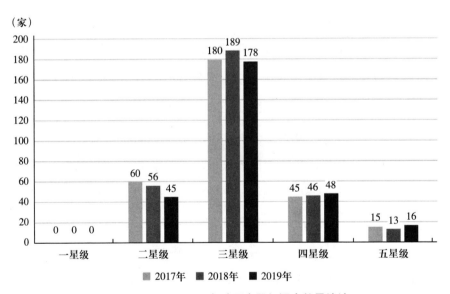

图 2-10　2017~2019 年陕西省星级酒店数量统计

资料来源：根据文旅部、中商产业研究院整理。

从经营情况来看，2019 年陕西省星级酒店实现营业收入 44.49 亿元，全国排名第 14 位，其中餐饮收入占比 44.43%，客房收入占比 46.51%（见图 2-11）。

2019 年，陕西省星级酒店利润总额亏损 0.04 亿元（见图 2-12）。

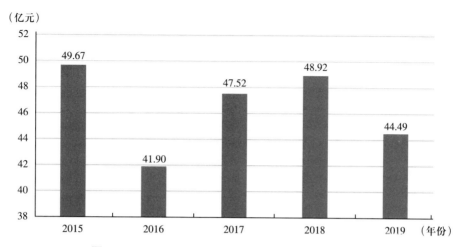

图2-11　2015~2019年陕西省星级酒店营业收入统计

资料来源：根据文旅部、中商产业研究院整理。

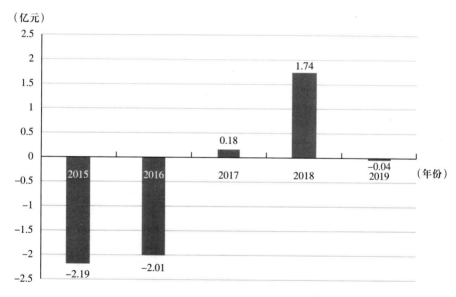

图2-12　2015~2019年陕西省星级酒店利润总额统计

资料来源：根据文旅部、中商产业研究院整理。

如图2-13所示，在平均房价上，2019年陕西省星级酒店平均房价为276.37元/间夜，平均房价低于全国平均水平（353元/间夜）。

（元/间夜）

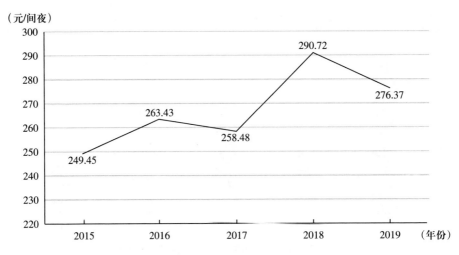

图 2-13 2015~2019 年陕西省星级酒店平均房价变化趋势

资料来源：根据文旅部、中商产业研究院整理。

如图 2-14 所示，在平均出租率上，2019 年陕西省星级酒店出租率为 55.11%，平均出租率略低于全国平均水平（55.18%），在全国 31 个省份中，陕西省酒店入住率排在第 11 位。陕西省住宿业其他相关情况如表 2-35、图 2-15 和图 2-16 所示。

（%）

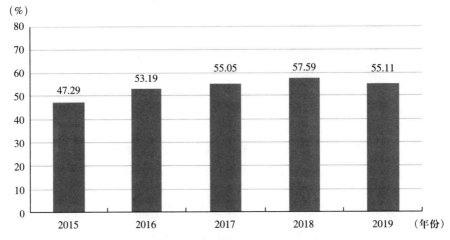

图 2-14 2015~2019 年陕西省星级酒店平均出租率

资料来源：根据文旅部、中商产业研究院整理。

表 2-35　2019 年陕西省主要星级酒店基本情况

五星级	
饭店名称	地址
喜来登大酒店	西安市沣镐东路 262 号
西安君乐城堡酒店	西安市环城南路西段 12 号
索菲特人民大厦	西安市东新街 319 号
西安香格里拉大酒店	西安市科技路 28 号乙
天域凯莱大酒店	西安市雁塔北路 15 号
西安建国饭店	西安市互助路 2 号
陕西世纪金源大饭店	西安市建工路 19 号
西安高新希尔顿酒店	西安市高新区沣惠南路 22 号
西安阳光国际大酒店	西安市解放路 177 号
西安赛瑞喜来登大酒店	西安市未央路 32 号
西安富力希尔顿酒店	西安市东新街 199 号
西安皇冠假日酒店	西安市朱雀路中段 1 号
西安威斯汀酒店	西安市慈恩路 66 号
西安悦豪酒店	西安市二环南路西段 180 号
西安西藏大厦	西安市友谊东路 333 号
永昌国际大酒店	榆林市高新技术产业园区朝阳路

四星级	
饭店名称	地址
古都文化大酒店	西安市莲湖路 172 号
西安宾馆	西安市长安北路 58 号
西安丽苑大酒店	西安市劳动南路 8 号
唐城宾馆	西安市含光路南段 229 号
陕西皇城豪门酒店	西安市东大街 334 号
东方大酒店	西安市朱雀大街 393 号
润天宾馆	西安市阎良区润天大道 15 号
高速神州酒店	西安市环城东路南段 8 号
陕西奥罗国际大酒店	西安市南新街 30 号
西京国际饭店	西安市西大街 135 号
西安天翼新商务酒店	西安市西二环南段 281 号

四星级	
饭店名称	地址
西安美居人民大厦	西安市东新街 319 号
西安志诚丽柏酒店	西安市高新路 46 号
西安延长石油时代大酒店	西安市文景路南段 18 号
西安皇后大酒店	西安市兴庆路 45 号
西安美丽豪国际酒店	西安市西大街 79 号
西安绿地假日酒店	西安市锦业路 5 号
陕西华山国际酒店	西安市北大街 199 号
长庆宾馆	西安市未央路 151 号
西安长征国际酒店	西安市高新区西部大道 1 号
西安新都酒店	西安市长安区郭杜北街 58 号
西安富海明都酒店	西安市文艺北路 228 号
陕西省止园饭店	西安市青年路 111 号
西安名都国际酒店	西安市未央路 140 号
西安米拉梭酒店	西安市纺西街 222 号
道温泉酒店	周至县楼观台
怡和酒店	宝鸡市火炬路 10 号
高新君悦国际酒店	宝鸡市高新区高新大道 69 号
红螺湾假日酒店	咸阳市渭阳西路中段
国贸大酒店	咸阳市渭阳中路
正阳国际大酒店	铜川新区正阳路 16 号
宜君迎宾馆	宜君县宜阳中街 88 号
延安旅游大厦	延安市中心街十字
延安丽森酒店	延安市双拥大道丽森路
延安高第华苑大酒店	延安市大桥街 6 号
延安维也纳国际大酒店	延安市火车站南侧
延安龙飞盛世国际酒店	延安市双拥大道 3333 号
延安隆华花园酒店	延安市西沟隆华路 1 号
延安圣通大酒店	延安市东滨路 103 号
黄陵桥山滨湖酒店	黄陵县黄帝陵西侧

续表

四星级	
饭店名称	地址
延飞丽柏酒店	延安市七里铺街与南桥交汇处东南角
亚华商务酒店	神木市东兴街南段
天丰国际酒店	神木市中兴街中段
五洲国际大饭店	神木市东兴街北段
邮政大酒店	汉中市天汉大道中段
红叶大酒店	汉中市劳动东路中段 33 号
金江大酒店	汉中市人民路北段 123 号
明江国际酒店	安康市滨江大道 4 号
京康国际酒店	安康市金堂路 3 号
正阳大酒店	白河县城关镇狮子山新区
天鹿酒店	商南县塘坝广场西南角
杨凌国际会展中心酒店	杨凌示范区新桥北路 1 号

资料来源：《陕西统计年鉴》（2020）。

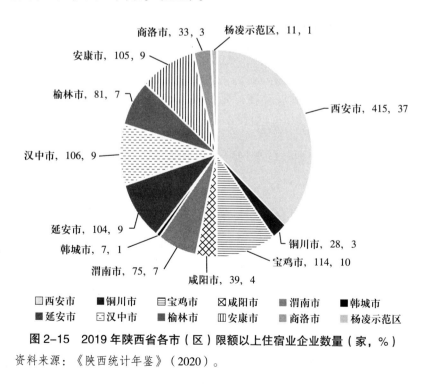

图 2-15　2019 年陕西省各市（区）限额以上住宿业企业数量（家，%）

资料来源：《陕西统计年鉴》（2020）。

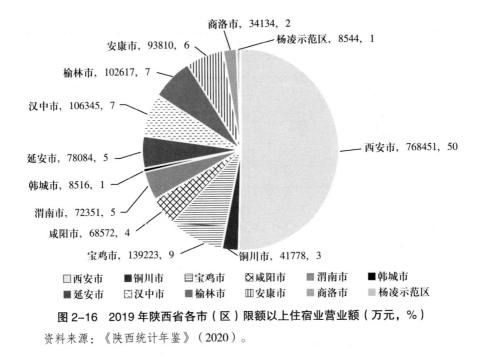

图2-16　2019年陕西省各市（区）限额以上住宿业营业额（万元，%）

资料来源：《陕西统计年鉴》（2020）。

三、陕西省住宿业品牌发展存在的问题及对策建议

（一）存在的问题

（1）星级酒店总体发展存在一定问题。和全国其他同等级省份对比来看，陕西省高星级酒店数量较少，并且近年来陕西省的星级酒店数量呈下滑趋势；在经营方面，陕西省的平均房价低于全国平均水平，平均出租率也略低于全国平均水平。

（2）星级酒店的评级存在一定问题。虽然星级酒店有评级标准，但是行业内众多企业对于酒店的评级并不重视的目的在于盈利，尤其是近年来国家、企业对反腐力度的加强，使众多企业反而希望自己降星。并且评级后对酒店有众多的约束条件，这也是酒店对于评级并不热衷的一个原因。因此，星级酒店的评级并没有对企业起到监督、促进的作用，反而每年的评级工作都会浪费大量的人力、物力、财力资源。

（3）民宿总体发展水平较低。从分布来看，民宿发展不均衡，西安占大多数，但就景区而言，西安的景区数量并不具备这样的优势，因此景区数量与民宿之间并没有均衡发展，其余地区的民宿行业尚未被充分开发；并且已有的民宿也处于较低发展水平。总体来看，陕西省民宿的好评率较低，民宿的硬件设施与软件设施尚未达到消费者要求，服务有待改进。

（4）城市民宿基础设施薄弱，存在安全隐患与扰民问题。目前，陕西省民宿产业发展极不均衡，既有排名全国前几位的精品民宿，也有发展良莠不齐的普通民宿，且没有形成集群规模，与陕西省的旅游资源品级以及较高的国际化旅游业知名度极不相符。以西安市为代表的数量众多的普通城市民宿存在基础设施薄弱、安全隐患以及卫生与扰民问题。主要原因在于缺乏行业标准，普通民宿入行门槛低，市场监管不到位，管理混乱，很多居民小区的业主将自家房屋改造成民宿后，出现噪声扰民、电梯拥挤、垃圾污染、用电紧张以及安全等问题，给小区居民生活带来了很多困扰，原住民与外来住客的矛盾日益突出。同时民宿住客在体验过程中，经常反映房间卫生条件差、缺乏安全保护措施、设施设备简陋、实际住宿环境与网络图片不符，为了提高入住率，民宿业主甚至擅自改变房屋结构，增加套内房间数量，无形中增加了安全隐患，这些现象和问题都亟待相关部门整顿和解决。

（5）乡村民宿发展水平较低，同质化严重。随着陕西省乡村振兴战略的实施以及城市居民回归青山绿水，度假休闲需求的不断增加，原先的乡村农家乐也在逐渐向民宿方向转型，但是面临的问题是，在基础设施尚不完善的陕西农村，交通状况、卫生条件都差强人意，虽然地理位置远离都市，周边山水自然环境优美，但基础设施条件差。由于很多农村排水设施没有雨污分流的设计，导致房间出现异味，卫生条件简陋，被褥床单不干净，以及卫生间的设置不合理等问题都比较突出，游客的体验度较差。另外，农村普遍缺乏冬季采暖设施，使冬天游客入住的舒适度大打折扣，入住率降低，白白浪费了冬季 4 个月的经营时间，成为乡村民宿经营的硬伤。同时，很多乡村民宿是由农家乐改造而成，无论建筑设计还是运营模式千篇一律，土炕、黄泥墙、猪圈房，吃农家饭，采摘果蔬，除此之外几乎没有其他体验项目。乡村民宿的硬件设施和服务水平均处于起步阶段，不能适应当前多样化的民宿需求，产品特色不明显，而同质化也造成了乡村民宿的无序竞争。

（6）民宿缺乏文化底蕴和人文关怀。目前，陕西省具有文化历史特色的民宿太少，从装修装饰到经营内容都乏善可陈，城市民宿依然是"家庭旅馆"自助式入住模式，而乡村民宿是高级版"农家乐"，文化教育等深度产品内涵缺乏。尤其体现在民宿的情感服务方面极为欠缺，城市民宿表现突出，很多游客从入住到离开都未曾见过民宿主人，更没有体现主人意识的接送服务、介绍民风民俗、旅游线路等增值服务项目，民宿应该是有人情味的而不是孤立存在的，无论城市民宿还是乡村民宿都是游客了解、感受当地历史文化的一个窗口，因此，民宿经营者在经营民宿时要充分植入当地历史文化元素，给游客以人文关怀，讲好城市故事，让游客感受到乡情、体验到乡愁。

（7）片面追求民宿的高档次，导致经营成本过高。陕西的民宿投资市场存在着片面追求民宿高档次，导致建造成本过高，经营不善的问题。以西安为例，一些民宿每间房的建造成本达到 20 多万元，接近五星级酒店的成本造价，为了尽快收回成本，这些民宿的价格往往偏高，虽然在经营初期受到了游客的追捧，但随着模仿者不断进入民宿市场，同质化竞争，民宿产品创新度不足，淡季缺乏营销手段，使游客的新鲜感逐渐丧失，民宿经营陷入困境。陕西省民宿市场出现两极分化，存在着跟风现象，对民宿消费的研究不足，定位不准，盲目投资，虽不乏有着民宿理想和情怀的投资者，但由于缺乏经营之道，民宿经营举步维艰。

（二）对策建议

（1）改进星级酒店评级标准，促进酒店自我改进。酒店评级主要是对设施设备、维护保养、清洁卫生、服务质量等四个方面进行评级，同时也重视服务语言、服务形象、服务标准、管理方式、业务培训、思想教育等方面标准，由于多方面的约束条件使得部分酒店为了盈利，反而希望自己降级。对于此现象，建议征集各星级酒店的意见以及相关部门的要求改进星级酒店的评级标准，精简标准的同时要端正酒店评级思想，不能只把盈利放在第一位。多关注政策动向，保持酒店自身经营管理模式紧跟时代，促进酒店长远发展。

（2）加强政府监管，制定民宿管理标准。首先，民宿作为新型旅游住宿模式，只有得到政府的支持才能得到持续发展。政府部门可以对民宿行业的予以合理的专项经济补贴，用于完善基础设施，预防安全隐患。其次，完善民宿开办流程，重点推进民宿消防检查验收意见书和特种行业许可等手续办理，从根本上解决民宿合规性发展问题，特别是消除安全隐患。最后，政府部门要明确管理职能，加强对民宿行业的管理和监督，制定民宿行业标准和要求，进一步健全民宿综合协调和监管机制，对民宿消防、治安、卫生、食品等明确相关要求；加强民宿的执法检查，规范市场秩序，防止不法者浑水摸鱼；严厉打击虚假广告、恶性竞争、哄抬房价等违规行为，构建合规合法的民宿行业市场。

（3）加大政府扶持，完善民宿的配套设施。乡村民宿要快速有效地发展，需要政府伸出援助之手，对其给予一定的政策性补贴，主要用于完善民宿的配套设施。在专业人才的培训项目上也要加大扶持力度，采取有效的措施解决乡村民宿发展中的实际问题。农业、文旅等相关部门加强对乡村民宿建设的指导，与美丽乡村相融合，增强民宿的地域特色，实现名宿建筑风格的统一。同时，也要进一步加强民宿周边的交通状况、卫生条件以及其他基础设施建设，提高游客的住宿旅游舒适度。

（4）保持当地传统特色，提升服务质量。一方面，旅游开发必然是为了让外界看到当地生活最真实的一面。但如果要长期持续健康地发展，既要让当地居民能够安逸地生活，也要让外地游客在本地游玩的过程中自得其乐，这就必须进行及时、有效的规划和建设，如在民宿室内设计中强调本地特色元素的方式。另一方面，要加强文化修养，培养有文化素养、人文关怀的民宿管理者。加强民宿的情感服务方面，如接送服务、介绍民俗民风、旅游路线引导及推荐等增值服务，增加与顾客的互动和交流，全面提供优质服务。

（5）营销手段多样化，建立民宿品牌。营销的基础和根本不在于民宿产品的档次高低，而在于民宿产品本身所具有的独特性和消费者的好口碑。在此原则的指导下，首先，必须要不断完善民宿产品，研究当地的风土人情，不断地推陈出新。准确定位，切忌盲目投资。其次，探索适合民宿产品的经营之道，建立品牌思维，给予消费者不同的农家乐体验。最后，也要充分利用各种媒介手段进行宣传推销，适时推出各类活动，增加顾客消费兴趣。打造互联网民宿平台，提高顾客订房住房的便利性及效率性。

（6）打造酒店民宿旅游综合体。①提炼主题文化精髓。文化主题民宿一般是通过关注人文情怀和文化深度与内涵，以主题文化为核心，构建民宿的主要形象视觉设计和特色文化活动，统一民宿的硬件标准与要求，并以此为基础衍生设计出周边旅游、文创产品。因此，对于文化主题民宿而言，首先，需要结合区域优势、房东或运营者的自身阅历及周边可整合的资源，提炼出最合适、可切实转化为产品的文化主题。在此基础上根据实际情况，增加产品的文化内涵，开发新型体验产品，丰富产品的功能维度。其次，丰富主题文化活动，重视内涵性、互动性、体验性、定向吸引性。例如，茶文化主题的采茶、沏茶等活动，传统音乐主题的二胡、笛、箫体验等活动。最后，通过形式创新，增加房客对产品文化内涵的感知形式，如在京剧主题文化民宿中的主客信息互动中，为房客发送京剧唱法的入住语音信息等，进一步多维度地传递文化，唤起房客的文化情感认同；也可开放大众设计，激发大众创新设计与灵感，培养客户关系。通过提高文化主题民宿的文化感知力，获取更高的经济效益。②营造个性化主题文化氛围。在文旅融合发展背景下，文化作为旅游产品核心驱动力的重要性已具有广泛共识。住宿行业开始关注如何更好地将文化和住宿空间融合。文化主题民宿作为特色民宿中的垂直领域，以非标准化和专注的原则，区别于同质化严重的酒店式民宿。尊重各地区不同文化主题民宿的个性化发展，重视房客的体验与用户关系管理，追求个性化、定制化的旅游住房体验。③创新运营管理模式。目前，省内民宿的现有运营管理模式包括房东自主经营、租赁经营、托管运营等。随着民宿品牌化和专业化发展的要求，管家主导参与民宿日常管理与运营，即管家运营模式将成为重要环节。管家作为民宿的核心来开展各类文化主题活动，将直接与房客接触的服务功能单独划分到管家的职能，民宿管家负责客户服务、活动运营、日常运营等直接影响文化传递与房客感知的服务部分。而房东负责民宿房源的安置、上线，预订登记，物品的采购与维修，市场营销与推广。以提高民宿品牌的人性化、个性化和人才的高质量化。所谓民宿的精髓在于人，民宿传播的是一种生活方式。所以管家自身修养的储备是必不可少的，一个对主题文化具有丰富认知的民宿管家或房东在文化主题民宿对房客的运营接待、文化服务传递中起着画龙点睛的作用。

第四节　陕西省餐饮业

一、餐饮业品牌发展概述

（一）概念以及行业简介

餐饮业指通过即时制作加工、商业销售和服务性劳动等，向消费者提供食品和消费场所及设施的服务。餐饮住宿业是提高人民生活质量的重要环节，也是开拓就业渠道、振兴经济的重要途径，而且在改善人民生活和实现家务劳动社会化中发挥着越来越重要的作用，并且作为服务业的重要组成部分，以其市场大、增长快、影响广、吸纳就业能力强的特点广受重视，是国家输出资本、品牌和文化的重要载体。

（二）政策概述

2018 年我国餐饮产业规模比 1978 年增长 780 倍，复合增长率达到 18.1%，已成为仅次于美国的世界第二大餐饮市场，研究表明，中国有望在 2023 年成为全球第一大餐饮市场。

2020 年，在新冠疫情的影响下，服务性的餐饮业受到很大的打击，同年 2 月国务院联防联控机制召开新闻发布会，指出加大力度帮扶住宿餐饮、文体旅游等受疫情影响严重的行业工作情况，由此国家出台了一系列政策以确保餐饮产业的健康发展。2020 年 2 月，财政部联合国家税务总局出台了临时性税收政策——《关于支持新型冠状病毒感染的肺炎疫情防控有关税收政策的公告》，对疫情防控期间住宿餐饮企业等生活服务收入免征增值税；2021 年 3 月 18 日，国家卫生健康委、国家市场监管总局联合发布 GB 31654-2021《食品安全国家标准　餐饮服务通用卫生规范》，该标准是我国首部餐饮服务行业规范类食品安全国家标准，对于提升我国餐饮业安全水平、保障消费者饮食安全、适应人民群众日益增长的餐饮消费需求具有重要意义；2021 年 9 月 17 日商务部发布《商务部关于进一步做好当前商务领域促消费重点工作的通知》，推动了餐饮服务提质升级，鼓励餐饮企业丰富提升菜品、提高服务水平、创新经营模式，并且鼓励品牌餐饮企业连锁化、标准化、集约化发展，加快餐饮企业数字化赋能，鼓励各地深入挖掘传统烹饪技艺，加强对地方传统美食的宣传推广，打造特色品牌，推动餐饮业绿色低碳发展。

与此同时，为贯彻落实国家对餐饮产业的发展政策，加快推动实体零售创新转型、释放发展活力、增强发展动力，陕西省也出台了一系列结合本地发展特色的政策法规。2017年，陕西省人民政府办公厅提出《陕西省人民政府办公厅关于推动实体零售创新转型的实施意见》，指出要积极开展陕西名优地方特色产品、老字号产品"走出去""网上行"和"进名店"等供需对接活动，在全国一线城市或省会城市大型百货商场及电商平台建设一批"陕西名优地产品牌示范店"和"陕西名优地产品牌展销专区"；2018~2019年，陕西省政府部门先后出台了《关于印发〈陕西省食品生产经营企业食品安全管理人员管理办法〉的通知》《关于印发〈陕西省食品生产经营企业食品安全风险隐患排查管理办法〉的通知》等相关政策，保障了餐饮行业的持续有序发展；2019年，陕西省出台《陕西省食品小作坊小餐饮及摊贩管理条例》以保证食品安全，规范食品生产加工小作坊、小餐饮和食品摊贩生产经营行为，加强监督管理和服务工作，维护消费者和食品生产经营者的合法权益，促进行业健康发展，2019年陕西省制定《陕西省食品小作坊小餐饮及摊贩管理条例》；2020年，在新冠疫情影响下，为防止"病从口入"和餐桌浪费，保护广大人民群众的身体健康和生命安全，倡导全社会养成简约适度、绿色环保、健康文明的饮食方式，营造和谐文明的用餐文化，树立文明餐桌新风尚，陕西省商务厅、中共陕西省委文明办、陕西省市场监督管理局发布《陕西省餐饮服务业"公筷公勺分餐"行动实施指引》。

随着陕西省旅游业的发展以及一系列促进餐饮业发展的政策落实，陕西省已初步形成了多种投资主体、不同经营体制、不同管理模式的饭店产业体系和产权格局；在星级饭店标准化建设的带动下，全行业旅游服务质量有了很大程度的提升，广大游客对星级标牌的认可程度进一步提高，星级标志已成为游客判断饭店品质的重要依据。与此同时，绿色旅游饭店数量显著增加，特色民宿、文化主题饭店、精品旅游饭店等旅游住宿业态更加丰富。近年来，五星级饭店引进和借鉴国外管理模式比例的提高，自主品牌集团化经营发展迅速，为陕西省饭店业的发展开拓了更为广阔的天地。

目前，陕西省餐饮头部企业依旧表现出较弱的市场突破力，数字化餐饮形态仍被传统餐饮形态压制，小吃快餐门店数量优势虽然仍无可撼动，但是却缺乏有一定影响力的领头企业。随着一国经济进入中高收入发展阶段，餐饮业会呈现连锁化、规模化、品牌化加快发展的趋势，而目前中国正处于这一高速发展阶段中，因此餐饮产业的发展离不开品牌化，一个地区餐饮产业的发展也离不开品牌的引领作用。

二、陕西省餐饮业品牌发展现状

陕西省人口 3876 万人，2019 年，居民人均可支配收入 24666 元，实际增长 6.4%，高于全国 5.8% 的平均水平，居民收入在全国 34 个省份中居第 19 位，餐饮市场远非饱和，可以说，餐饮业是真正成为消费升级背景下拉动内需的重要产业，和其他餐饮大省相比陕西省餐饮成长空间非常之大。就近年来各省份餐饮收入看，陕西省基本在全国 20 位以后，仅 2017 年跻身 20 强。2019 年餐饮收入 1044.41 亿元，同比增长 10.3%，首次突破千亿规模。在全国 31 个省份（不含港澳台）中，陕西省餐饮收入排在第 22 位，与 2018 年排名相同。餐饮收入与人口有直接联系，2019 年全国餐饮收入前五强都是人口大省，广东、山东和河南人口超过 1 亿人，江苏、四川人口也超过 8000 万人，此外，经济发展和人均消费也影响餐饮收入。

2021 年以来，全国餐饮业正加速回暖。目前我国共有餐饮相关企业 1005.8 万家，2020 年注册量为 245.2 万家，同比上升 4.8%。从地区分布来看，我国餐饮相关企业数量最多的省份为广东，数量达 112.4 万家；陕西省则以 44.4 万家相关企业，位列全国第 7（见图 2-17）。

在中国饭店协会公布的餐饮百强企业和 500 强门店中，大部分上榜企业集中在传统产业大省。广东、浙江、江苏、安徽等省不管是餐饮百强企业上

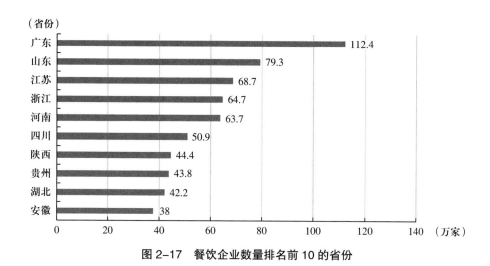

（省份）

广东　112.4
山东　79.3
江苏　68.7
浙江　64.7
河南　63.7
四川　50.9
陕西　44.4
贵州　43.8
湖北　42.2
安徽　38

0　20　40　60　80　100　120　140　（万家）

图 2-17　餐饮企业数量排名前 10 的省份

榜数量、营收比重，还是餐饮 500 强门店入围门店数量都在全国处于前列，而陕西省只出现了西安饮食股份有限公司一家，排在第 33 位。而在正餐以外的"火锅企业 20 强""快餐小吃 10 强""休闲餐饮 10 强"等其他类型餐饮企业排名中，没有出现陕西省企业的名字。

　　而在陕西省餐饮产业的发展中，正餐以及小吃也是陕西省重点发展细分领域。但是比起全国其他省份，陕西省的餐饮业尤其是正餐业的发展明显滞后，远远不及北京、重庆、浙江等省市。在中国烹饪协会公布的"中国餐饮百强企业"名单中陕西省上榜的企业仅有陕西一尊餐饮管理有限公司（第 31 名）、西安饮食股份有限公司（第 83 名）两家。其中陕西一尊餐饮管理有限公司属于火锅业态，西安饮食股份有限公司属于正餐业态。这个上榜数量比起北京 22 家、重庆 14 家、浙江 12 家来说差距甚远。再者，榜单中陕西省最强的正餐业企业西安饮食股份有限公司的排名也比中国全聚德（集团）股份有限公司（第 11 名）、重庆陶然居饮食文化集团（股份）有限公司（第 14 名）、小南国（集团）有限公司（第 16 名）、唐宫（中国）控股有限公司（第 51 名）、浙江外婆家餐饮有限公司（第 52 名）等众多企业相差甚远。在中国餐饮百强企业名单中，陕西省上榜企业仅有西安饮食股份有限公司一家，位列第 87 名，有所下降。这些都说明陕西省餐饮业的发展整体落后于东部地区，正餐企业缺乏有实力、有竞争力的企业，具有非常明显的"小、散、弱"的特点。与全国正餐业发展态势基本一致的是，目前陕西正餐业的业态结构不尽合理，高端正餐偏多，而大众正餐不足。近年来在政策影响下，由于公务消费受限，造成高端正餐企业经营严重下滑，陕西省正餐业的发展速度明显减缓，但这种现象主要是由于公务消费受限，造成高端正餐企业经营严重下滑。但是民间因私消费并未因政策而受限，大众正餐企业发展良好，深受消费者喜爱。这些现象都反映出陕西省正餐业结构尚需调整，高端正餐急需转型，大众正餐加紧借势加速发展。

作为一个承载了十三朝古都文化而今又渐成网红城市的西安，其快速发展不仅因为深厚的历史，也离不开好吃不贵且种类多样的特色小吃。近些年随着旅游经济的发展，西安已经成为全国人民的网红美食打卡地，而在这其中，包含特色菜品和经典名吃的陕菜，就起到了至关重要的作用。经过不断创新融合，陕菜目前已经形成了陕西官府菜、家常陕菜、陕府小吃组成的产品矩阵。白云章等一些老字号品牌的复出，有力推动了陕菜的进一步发展，再加上部分陕菜企业更是通过连锁经营和品牌经营的方式，将陕菜带出陕西，走出国门，进一步提升了陕菜的影响力。从陕西文化和旅游部门官网上可以看到，在"智游陕西"列项中美食位居七项（景区、美食、酒店、演出、购物、玩乐、交通）中的第二项，仅次于景区。可见，小吃已经成为陕西省地域文化特色的形式代表，并成为吸引游客的重要因素。

陕西小吃种类丰富、口味独特且历史悠久。其中关中地区餐饮规模较大，增长速度快，餐饮企业数量多，是陕西省餐饮的主要分布地区。关中的传统小吃在全国乃至世界都很有名气，像羊肉泡馍、肉夹馍、灌汤包、饺子宴、臊子面、油泼面、棍棍面、浆水面、赵迷面、糁糁面、旗花面、米面儿、菠菜面、过水面、蒜蘸面、糊涂面、麻食、碱面、老鸹撒、凉面、黏面、扇面、捞饭、粉皮、凉粉、荞粉、搅团、满鱼、炒面、炒饼、炒粉、蒸馍、锅盔、坨坨馍、花馍、油馍、麦饭、麦仁、枣糕、醪糟、稠酒等。陕南菜作为品牌"大餐"在陕西影响较大，"菜豆腐"、民间八大件、紫阳蒸盆子、金牌羊腿等在陕西省饮食中占有重要地位，竹园村、小六汤包、小杨烤肉、乡野富绅、莲花餐饮、安康会馆、陕南香、五味居、丹江家宴等以经营陕南菜的餐饮企业在陕西餐饮产业中占据着重要的地位。陕北粗粮多，知名粗粮制品有榆林的马蹄酥、塞上香。陕北地区也有不少名菜，如醋泼羊肉串、蜜汁八宝南瓜、猪肉撬板粉、炸豆浆等，榆林的豆腐宴更是被称为中国名宴。陕北人在经营餐饮中，更是把陕北的剪纸、秧歌、民歌与美食、美酒融为一体，赋予饮食更强更富感染力的艺术内容。陕西著名作家陈忠实、贾平凹很少给企业写文章，但却给经营陕北菜的"荞麦园""兰花花"等饭店写过不少文章和题词，足见陕北饮食文化在知名文人心中的魅力，同时，也反映了陕北饮食文化强大的生命力，特别是地域文化影响力。并且在中华名小吃中，陕西小吃上榜九个品类，分别是西安油锅盔、岐山擀面皮、岐山臊子面、凤翔豆花泡馍、羊肉泡馍、蘸水面、扯面、肉夹馍、汉中热面皮。陕西省饮食类非物质文化遗产名录如表2-36所示。

表2-36　陕西省饮食类非物质文化遗产名录

批次	类目
第一批	中华老字号西安饭庄陕菜和陕西风味小吃制作技艺；中华老字号同盛祥牛羊肉泡馍制作技艺；中华老字号德发长饺子制作技艺；中华老字号德懋恭水晶饼制作技艺；秦镇米皮制作技艺；中华老字号张记馄饨制作技艺；岐山哨子面制作技艺；岐山空心挂面制作技艺；渭北面花制作技艺；甘泉豆腐与豆腐干制作技艺；宁强福兴老字号王家核桃馍制作技艺
第二批	中华老字号老孙家羊肉泡馍及清真菜品制作技艺；中华老字号春发生葫芦头泡馍系列制作技艺；普集烧鸡制作技艺；三原金线油塔制作技艺；咸阳琥珀糖制作技艺；扶风鹿羔馍制作技艺；蒲城椽头蒸馍制作技艺；富平太后饼制作技艺；潼关万盛园酱菜制作技艺；子长煎饼制作技艺；榆林豆腐传统制作技艺；西乡牛肉干制作技艺；上元观红豆腐制作技艺；紫阳蒸盆子制作技艺

续表

批次	类目
第三批	汉中棕箱及棕制品制作技艺；挂面制作技艺（洛南手工挂面制作技艺、佳县手工挂面制作技艺、张家山手工挂面制作技艺）；神仙豆腐制作技艺；蜀河"八大件"饮食文化及制作技艺；汉中面皮制作技艺；佛坪神仙豆腐制作技艺；志丹羊肉剁荞面制作技艺；陕北油馍馍手工制作技艺；陕北羊杂碎制作技艺；榆林拼三鲜制作技艺；岐山农家醋制作技艺；岐山擀面皮制作技艺；凤翔豆花泡馍制作技艺；大荔带把肘子制作技艺；陕西潼关肉夹馍制作技艺；石灰窑水晶饼制作技艺；渭南时辰包子制作技艺；三原蓼花糖制作技艺；咸阳河水 Biangbiang 面制作技艺；泾阳水盆羊肉制作技艺；中华老字号西安贾三灌汤包子及清真小吃制作技艺；陕西官府菜制作技艺
第四批	中华老字号贾永信腊牛羊肉制作技艺；荞面饸饹制作技艺；耀州雪花糖；富平县流曲琼锅糖制作技艺；柿饼制作技艺；蒲城水盆羊肉制作技艺；原公土席杂烩制作技艺；镇坪腊肉腌制技艺；镇坪县非物质文化遗产保护中心；黑龙口豆腐干制作技艺；商州区文化馆；柞水洋芋糍粑
第五批	西安肉夹馍；刘氏宫廷御宴传统制作技艺；白水豆腐；澄城水盆羊肉；耀州咸汤面；吴起剁荞面技艺；子长绿豆凉粉制作技艺；米脂驴板肠制作技艺；略阳菜豆腐节节制作技艺；白火石氽汤制作技艺；满川菜肴八大件；韩城市羊肉饸饹制作技艺

资料来源：陕西省非物质文化遗产网。

而大众餐饮服务业作为国民经济中增长速度最快的行业之一，是中国服务业中的支柱产业，成为拉动内需、繁荣市场、安排就业、提升人民幸福感的重要生力军。

幸福感是指人类基于自身的满足感与安全感而主观产生的一系列欣喜与愉悦的情绪。幸福感也叫满意度，是指顾客的实际感受与其期望值比较的程度。

随着人民群众日益增长的物质和文化需求，人们对餐饮业也有了更高的要求和期待。如何通过高品质的餐饮服务，提升大众的幸福感、获得感，这是政府主管部门、行业协会、餐饮相关企业面临的大课题，任重道远。

目前行业正处在一个变革时期，有内容、有品质、有新意的餐饮业态，将是 2023 年行业突围的热点。关于餐饮服务业消费者幸福感，美团大众点评数据研究院曾于 2015 年选取经济总量排名靠前的 100 个城市作为研究对象，提出了吃货幸福指数模型，根据口碑指数、需求指数、等待指数、饕餮指数、便捷指数、覆盖指数、亲民指数七大细分指标进行加权获得。

三、陕西省餐饮业品牌发展存在的问题及对策建议

（一）存在的问题

（1）在餐饮行业的发展中，缺乏在全国具有影响力的龙头企业。大部分餐饮企业在陕西省内经营良好，但是没有向省外扩张经营，这也从侧面导致陕西省内竞争环境逐渐激烈，不利于新生代餐饮企业的发展；并且陕西省虽然餐饮企业的数量靠前，但是总体收入却靠后，经营种类单一，大多聚集于陕西省本土较为出名的特色餐饮种类，餐饮业态发展不均衡且滞后。

（2）盈利能力有待增强。2019 年，餐饮百强企业运营压力持续加大，成本费用继续攀升。餐饮百强企业盈利能力稳中向好，平均销售利润率为 6.3%。餐饮 500 强门店平均销售利润率为 11.5%。提质增效是当前行业领军代表深化改革所面临的共同问题。

（3）用工方式亟待改进。餐饮业是吸纳就业的重要领域，餐饮业用工具有复杂、灵活、多样的特点，员工流动性较大。2019 年，餐饮 500 强门店的员工离职率高于上年水平，达到 40% 左右。随着餐饮行业用工需求逐渐改变，灵活用工方式使用越来越多。灵活用工发展特点可概括为"八灵活""两协商"，有利于扩大就业渠道和增加就业方式，满足行业发展用工需求。

（4）产业集中度依然比较低。2019 年，餐饮百强企业营业收入占到全国餐饮收入的 7%，餐饮业产业集中化程度不高。随着餐饮市场进行资源整合、

餐饮企业不断做大做强，餐饮百强企业内部两极分化仍然比较明显。凉皮、肉夹馍、冰峰组成的"三秦套餐"是西安小吃的代表，近几年永兴坊等更是红遍抖音平台，而袁家村等陕西小吃集合点也深受游客喜爱。不过，建立起中央厨房和统一配送体系，或者借力品牌实现全国扩张的本土餐饮企业仍然屈指可数。陕西小吃虽然名声在外，但过于分散化并且客单价不高；陕菜整体缺乏完整体系，连锁化程度存在差距，总部在陕西省的大型餐饮企业数量亦不足。

（二）对策建议

（1）充分发挥行业组织作用，不断优化行业发展环境。要充分发挥行业协会的作用，妥善解决餐饮企业在开办、经营过程中遇到的问题。各级政府部门在相关政策制定等方面，要给予企业发展创造条件，鼓励各类资本广泛进入餐饮业。要督促监督各级执法部门提高服务意识，文明执法，制止乱收费、乱摊派等现象，为企业发展创造良好的环境，为企业发展保驾护航。

（2）实行集团化经营，推进品牌化发展战略。集团化和规模化是餐饮企业发展的趋势，也是做大做强餐饮企业的必由之路。要通过政府鼓励、政策引导，吸引外来资本和民间资本进驻陕西餐饮企业。鼓励和扶持企业进行资产重组，培育大型餐饮业集团企业。要从传统的产品经营走向注重引进品牌、培育品牌、发展品牌和创新品牌上来。运用品牌，拓展市场，扩大市场份额，增强企业竞争力，发展壮大陕西餐饮业市场主体，做大做强住宿和餐饮业。

（3）注重人才培养，提升管理水平。企业的竞争，关键是人才的竞争。加快陕西餐饮业发展，必须加快餐饮业人才的教育培训，不断提高从业人员的综合素质。实行严格的持证上岗制度，提高从业人员的文化素质和专业技术素质，保证从业人员胜任本岗位工作的需要。

（4）构建大众餐饮服务体系，提升餐饮品牌幸福感。①健全大众化网络。鼓励高端餐饮企业发展大众化餐饮网点，推动餐饮业转型发展。引导餐饮企业在社区、学校、医院、办公集聚区、商圈建设餐饮网点，推动餐饮服务便利化发展。支持机关事业单位食堂和宾馆饭店的餐厅向社会开放，推动餐饮服务的社会化发展。鼓励有条件的城市根据消费需求建设美食街、特色食品街等，推动餐饮业的集聚式发展。②发展大众化消费。引导餐饮企业根据不同群体的消费需求，合理搭配食材，提供健康、营养、适口的餐饮产品。鼓励餐饮企业开发中低档家常菜肴和地方特色食品，调整高中低档菜品的比例，降低人均消费标准，优先供应大众化餐饮服务品种。加快发展面向老年人、中小学生、病人等特定消费群体的餐饮服务。大力发展社区餐饮、外卖送餐服务，满足社区居民、办公集聚区工薪阶层的餐饮需求。规范食街排档，满足进城务工人员餐饮需求。引导餐饮企业发展与商务餐饮、婚寿宴、家庭聚餐、旅游团餐等细分市场相适应的业态，满足不同层次的大众化餐饮需求。③提高大众化供应能力。鼓励餐饮企业建设中央厨房，完善统一采购、统一加工、统一配送体系。支持企业建立原材料生产基地和采购基地，做好农餐对接。支持企业建设、改造食品加工车间和流水生产线，实现餐饮加工工业化和产品生产标准化。支持企业建设冷链与配送系统，配置冷藏、冷冻设施和冷链配送车辆，增强配送能力，向企业的连锁门店，以及机关食堂、学校、医院、便利店、超市等配送餐饮食品。④创新大众化服务模式。鼓励餐饮企业创新服务模式，开展线上线下融合，实现实体店与互联网、移动通信以及微博、微信等社交媒体的合作，发展线上预订、营销、团购、外卖、餐厅索引和评价服务，开发移动支付功能，线下与快递公司合作，及时提供送餐上门服务，完善售后服务的在线服务模式，实现企业经营的网络化。鼓励餐饮企业发展外卖成品和半成品餐、外烩等服务，改造传统生产工艺，改进烹饪技艺。

第五节　陕西省老字号品牌

一、老字号品牌发展概述

（一）概念以及行业简介

老字号是指历史悠久、拥有世代传承的产品、技艺或服务并形成良好信誉的品牌，这类品牌具有鲜明的中华民族传统文化背景和深厚的文化底蕴，能取得社会的广泛认同。老字号所传承的独特产品、精湛技艺和经营理念，具有不可估量的品牌价值、经济价值和文化价值。其承载着优秀的中华民族文化，是新时期开展诚信兴商、弘扬商业文明的核心内涵和宝贵财富。

（二）政策概述

在国家大力提倡民族文化自信的背景下，国货品牌的发展显得尤为重要。其中老字号品牌是国货品牌的重要组成部分，国家也出台了一系列相关政策，鼓励支持老字号企业发展，帮助老字号企业渡过难关。例如，2006 年商务部启动"振兴老字号工程"；2008 年，商务部等十四部门印发了《关于保护和促进"老字号"发展的若干意见》的通知，意见鼓励"老字号"品牌创新经营方式和制作技艺，协助解决"老字号"品牌融资信贷问题，运用财政资金支持"老字号"品牌创新发展，同时还加强了对"老字号"品牌的知识产权保护等；2013 年，"一带一路"倡议的提出更为"老字号"品牌在全球市场的发展注入了新动力；2017 年，我国商务部、发展改革委等 16 个部门又联合印发了《关于促进"老字号"改革创新发展的指导意见》，从推动"老字号"品牌传承与创新、加强经营网点保护、推进产业改革等方面提出了八项任务，进而提高"老字号"品牌的市场竞争力；自 2017 年起，国务院将每年的 5 月 10 日设立为"中国品牌日"；2021 年，中宣部在《中华优秀传统文化传承发展工程"十四五"重点项目规划》中提出中华老字号保护发展工程是其重点项目。

陕西作为有着深厚历史文化底蕴的大省，存在一大批在全国具有影响力和竞争力的"老字号"企业，这些老字号企业不仅见证了陕西省的发展历程，传承了陕西省的历史文化与风土人情，而且也在一定程度上传达着陕西省的精神面貌。因此，陕西省在老字号品牌方面也做了许多工作，以此来切实促进陕西省老字号品牌的活化与发展。例如，出台了《陕西省关于保护和促进老字号发展的若干意见》，并且对陕西省老字号企业近年来的发展情况进行了全面深入细致的调查了解，积极组织老字号品牌参加国际国内展会，进一步提高了陕西省中华老字号品牌开拓市场的能力，多次召集相关省级部门、市级部门的相关负责人一起探讨老字号品牌发展方向，开展陕西老字号以及部分市级老字号的认定工作，筹备成立陕西省老字号协会等一系列工作。

但由于陕西省关于老字号认定工作的开展相对滞后，历史遗存多，现实存货少，部分企业与现代经营环境不相适应，所以老字号品牌的发展仍存在较大问题。因此，老字号品牌要想有新发展就要进行创新，不仅是技术的创新，也是观念的创新，同时还是品牌的创新。

二、陕西老字号品牌发展现状

（一）中华老字号的品牌分布情况

1. 中华老字号

2006年，商务部认定第一批430家企业为"中华老字号"，陕西省共有8家企业入选，2011年，商务部认定第二批"中华老字号"，陕西省共有19家企业入选。2006~2011年，全国认定了两批共1128家老字号企业，其中食品、饮料、制造和餐饮业合计60%以上，并且，在老字号品牌中，国有企业占比较多，大多数为中小型企业，大型企业主要分布在食品加工及制造业。

截至目前，陕西省共有 27 家中华老字号企业（见表 2-37），在全国各省份中

排名第 12 位，处于中等行列（见图 2-18）。

表 2-37　中华老字号——省份分布

单位：家，%

省份	数量	占比
上海市	180	16.0
北京市	117	10.4
江苏省	96	8.5
浙江省	91	8.1
天津市	66	5.9
山东省	66	5.9
广东省	57	5.1
四川省	48	4.3
辽宁省	34	3.0
福建省	34	3.0
黑龙江省	32	2.8
陕西省	27	2.4
山西省	27	2.4
河北省	27	2.4
云南省	26	2.3
湖北省	26	2.3
安徽省	25	2.2
江西省	22	2.0
河南省	22	2.0
吉林省	20	1.8
湖南省	20	1.8
重庆市	19	1.7

续表

省份	数量	占比
甘肃省	14	1.2
贵州省	9	0.8
广西壮族自治区	9	0.8
内蒙古自治区	7	0.6
新疆维吾尔自治区	3	0.3
宁夏回族自治区	2	0.2
青海省	1	0.1
海南省	1	0.1

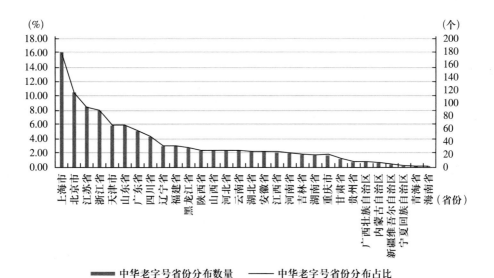

图 2-18 中华老字号地区分布数量

资料来源：商务部。

2. 陕西省中华老字号

陕西省中华老字号品牌共 27 家，分布在 5 个城市中，分别为西安市 16 家、咸阳市 2 家、宝鸡市 3 家、渭南市 2 家、汉中市 4 家（见表 2-38、图 2-19）。具体名录见表 2-39。

表 2-38　陕西中华老字号分布

单位：家

城市	西安	咸阳	宝鸡	渭南	汉中
数量	16	2	3	2	4

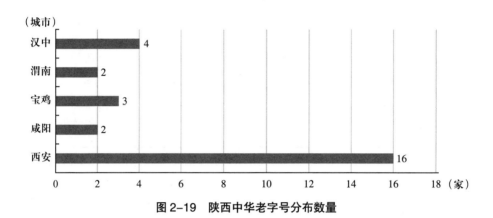

图 2-19　陕西中华老字号分布数量

表 2-39　陕西省中华老字号名录

序号	企业名称	注册商标	地区	行业	品牌 Logo
1	西安饮食服务（集团）股份有限公司西安饭庄	西安饭庄	西安	餐饮业	
2	西安饮食服务（集团）股份有限公司德发长酒店	德发长	西安	餐饮业	
3	西安饮食服务（集团）股份有限公司五一饭店	西安五一饭店	西安	餐饮业	
4	西安西北眼镜行有限责任公司	西北眼镜行	西安	零售业	
5	西安贾三清真灌汤包子馆	贾三	西安	餐饮业	

续表

序号	企业名称	注册商标	地区	行业	品牌 Logo
6	西安饮食服务（集团）股份有限公司同盛祥饭庄	同盛祥	西安	餐饮	
7	西安饮食服务（集团）股份有限公司老孙家饭庄	老孙家	西安	餐饮	
8	西安饮食服务（集团）股份有限公司老孙家饭庄白云章风味小吃城	白云章	西安	餐饮	
9	西安饮食服务（集团）股份有限公司西安烤鸭店聚丰园分店	西安烤鸭店	西安	餐饮	
10	西安饮食服务（集团）股份有限公司东亚饭店	西安饮食股份有限公司东亚饭店	西安	餐饮	
11	西安饮食服务（集团）股份有限公司东亚饭店春发生分店	春发生	西安	餐饮	
12	西安饮食服务（集团）股份有限公司西安烤鸭店	369 商标	西安	餐饮	
13	西安饮食服务（集团）股份有限公司桃李村饭店	西安饮食股份有限公司桃李村饭店	西安	餐饮	
14	西安中药集团公司藻露堂连锁店	藻露堂	西安	零售业	

续表

序号	企业名称	注册商标	地区	行业	品牌 Logo
15	西安永信清真肉类食品有限公司	贾永信	西安	零售业	
16	西安市德懋恭食品商店	德懋恭	西安	批发业	
17	咸阳张记餐饮有限公司	张记	咸阳	餐饮业	
18	咸阳老王家饮食有限公司	老王家	咸阳	餐饮	
19	陕西西凤酒股份有限公司	九尾凤	宝鸡	食品制造业	
20	陕西省太白酒业股份有限公司	太白	宝鸡	食品制造业	
21	陕西秦川酒有限公司	秦川	宝鸡	食品制造业	
22	陕西白水杜康酒业有限责任公司	白水杜康	渭南	食品制造业	
23	潼关酱菜食品厂	潼冠	渭南	食品制造业	
24	洋县大咸德调味品有限公司	朱鹮	汉中	食品制造业	
25	陕西省城固酒业有限公司	城古	汉中	食品制造业	
26	陕西秦洋长生酒业有限公司	秦洋牌	汉中	食品制造业	
27	陕西秦洋长生酒业有限公司	谢村桥牌	汉中	食品制造业	

（二）陕西省老字号的品牌分布

自 2020 年起，陕西省商务厅发布《陕西老字号认定办法（暂行）》，并根据暂行的认定办法认定第一批"陕西老字号"65 家企业，第二批"陕西老字号"36 家企业，陕西省老字号（包含中华老字号）共 101 家（见表 2-40）。

表 2-40　陕西省老字号名录

序号	企业	注册商标	地区	行业	品牌 Logo
1	西安永信清真肉类食品有限公司	贾永信	西安	零售业	
2	西安饮食股份有限公司同盛祥饭庄	同盛祥	西安	餐饮	
3	西安饮食股份有限公司春发生饭店	春发生	西安	餐饮业	
4	陕西泾阳友军水盆羊肉餐饮有限公司	王友军	西安	餐饮业	
5	西安市画乡饮食服务有限公司	户县饭店	西安	餐饮业	
6	陕西天森生物工程科技有限公司	魏无双	西安	零售业	
7	西安冰峰饮料股份有限公司	冰峰	西安	制造业	
8	西安银桥乳业（集团）有限公司	银桥	西安	食品制造	
9	西安市莲湖区清真盛志望麻酱酿皮铺	盛志望	西安	餐饮业	
10	西安贾三清真灌汤包子馆	贾三	西安	餐饮业	
11	西安饮食股份有限公司清雅斋饭庄	清雅斋	西安	餐饮业	
12	西安饮食股份有限公司老孙家饭庄白云章风味小吃城	白云章	西安	餐饮业	

续表

序号	企业	注册商标	地区	行业	品牌 Logo
13	西安姚氏太和医室中医研究所有限公司	清·太和医室	西安	零售业	
14	西安市德懋恭食品商店	德懋恭	西安	零售	
15	西安饮食股份有限公司西安饭庄	西安饭庄	西安	餐饮	
16	西安市糖酒集团有限公司西安酒厂	秦俑	西安	制造业	
17	西安饮食股份有限公司老孙家饭庄	老孙家	西安	餐饮	
18	西安西北眼镜行有限责任公司	西北眼镜行	西安	批发	
19	西安市蓝田食品厂	蓝玉牌	西安	食品制造	
20	陕西省泾阳县裕兴重茯砖茶叶有限公司	裕兴重	西安	批发业	
21	西安市群众面粉厂	爱菊	西安	批发业	
22	西安常宁宫会议培训中心有限公司	常宁宫休闲山庄	西安	商务服务业	
23	西安饮食股份有限公司西安烤鸭店	369	西安	餐饮	
24	西安大华餐饮有限责任公司	大华饭店	西安	餐饮	
25	西安大华餐饮有限责任公司	樊记	西安	餐饮	
26	西安饮食股份有限公司德发长酒店	德发长	西安	餐饮	

续表

序号	企业	注册商标	地区	行业	品牌 Logo
27	西安东南食品有限公司第一分公司	东南亚	西安	食品加工	
28	西安市溢香园蔬菜加工有限公司	南茂号	西安	食品制造业	
29	西安同盛生清真食品有限公司	同盛生	西安	农副产品加工业	
30	长盛德老刘家（西安）餐饮管理有限公司	老刘家	西安	餐饮业	—
31	陕西省止园饭店有限责任公司	止园饭店	西安	住宿业	
32	西安正德祥老陈家餐饮管理有限公司	东新街老陈家	西安	零售业	
33	西安市西糖烟酒连锁超市有限公司	西糖	西安	零售业	
34	光明眼镜有限公司	光明之家	西安	零售业	
35	西安德富祥食品餐饮有限公司	德富祥	西安	批发业	—
36	陕西西凤酒股份有限公司	西凤酒	宝鸡市	食品制造	
37	岐山县百年美阳民俗食品有限公司	美阳馆	宝鸡市	餐饮业	
38	陕西省太白酒业有限责任公司	太白	宝鸡市	食品制造	
39	眉县古太酒厂	邓经天牌古太酒	宝鸡市	制造业	
40	陕西凤翔县西府酿造研究所	西府	宝鸡市	食品制造	

续表

序号	企业	注册商标	地区	行业	品牌 Logo
41	千阳县康祥食品有限公司	西府康祥	宝鸡市	食品制造	西府康祥 XIFUKANGXIANG
42	陕西柳林酒业集团有限公司	柳林	宝鸡市	食品制造	柳林酒 LIULIN LIQUOR
43	陕西紫光辰济药业有限公司	达兴堂	宝鸡	医药制造业	达兴堂
44	陕西关中风情文化有限公司	关中风情园	宝鸡	餐饮业	关中风情园 GUAN ZHONG FENG QING YUAN
45	宝鸡医药大厦有限公司	宝鸡医药大厦	宝鸡	批发业	宝鸡医药大厦
46	宝鸡市恒佳食品有限责任公司	恒佳	宝鸡	食品制造业	HN 恒佳
47	宝鸡康辉蜂产品有限责任公司	秦花	宝鸡	零售业	秦花 Qin hua
48	陕西省军工（集团）鸿翔工贸有限责任公司	雍泉	宝鸡	食品制造业	雍泉 YONGQUAN
49	扶风孙大胜餐饮管理有限公司	孙大胜	宝鸡	餐饮业	孙大胜
50	陕西秦萃坊食品有限公司	秦萃坊	宝鸡	零售业	秦萃坊
51	宝鸡福圆法门大酒店管理有限公司	悦心美	宝鸡	住宿业	—
52	陕西灞上企业管理有限公司	西辰坊乔记	咸阳	商务服务	西辰坊乔记
53	陕西高香茶业有限公司	天泰运号	咸阳	批发业	天泰运号
54	咸阳老王家清真食品有限公司	老王家	咸阳	餐饮	老王家

续表

序号	企业	注册商标	地区	行业	品牌 Logo
55	陕西泾阳泾砖茶业有限公司	根社	咸阳	食品制造	根社
56	咸阳纺织集团有限公司	劲松	咸阳	纺织业	劲松
57	陕西泾阳泾昌盛茯砖茶有限公司	泾昌盛	咸阳	食品加工	昌
58	咸阳张记餐饮有限公司	张记	咸阳	餐饮	張記
59	陕西金醇古酒业有限责任公司	醇古牌	咸阳	食品制造	醇古牌
60	三原老黄家餐饮服务有限责任公司	三源老黄家	咸阳	餐饮	三源老黄家
61	陕西甲邑古池阳食品有限公司	古池阳	咸阳	食品加工业	古池阳 GUCHIYANG
62	兴平市马海山餐饮有限公司	马海山	咸阳	餐饮业	马海山 MAHAISHAN
63	咸阳凌云酿造有限公司	凌云	咸阳	制造业	凌云
64	礼泉张老五醋业有限公司	赵镇张老五	咸阳	食品制造业	赵镇张老五
65	三原兴邦油品有限公司	张兴邦	咸阳	农副产品加工业	张兴邦 ZHANG XING BANG
66	西咸新区茂盛茶叶股份有限公司	茯源祥	咸阳	批发业	茯源祥
67	咸阳鑫响乞丐酱驴餐饮有限公司	乞丐酱驴	咸阳	餐饮业	乞丐酱驴
68	武功县胡记餐饮管理有限公司	普集烧鸡	咸阳	餐饮业	——

续表

序号	企业	注册商标	地区	行业	品牌 Logo
69	咸阳老豑家餐饮有限公司	豑家包子	咸阳	零售业	—
70	潼关县酱菜食品厂	潼冠	渭南	食品制造	潼冠
71	陕西白水杜康酒业有限责任公司	白水杜康	渭南	食品制造业	白水杜康
72	陕西利君现代中药有限公司	恒心堂	渭南	医药制造	恒心堂
73	陕西富平秦臻食品有限公司	张老八琼锅糖	渭南	食品制造	张老八琼锅糖 ZHANG LAO BA QIONG GUO TANG
74	陕西沙苑酿造有限责任公司	沙苑	渭南	食品制造	沙苑
75	陕西桂富祥餐饮文化有限责任公司	桂富祥	渭南	餐饮业	桂富祥
76	铜川市服务楼实业有限责任公司	同官福楼	铜川	住宿业	同官福楼
77	陕西伊晟德食品有限公司	赫隆伊光牛羊肉	铜川	批发业	赫隆伊光牛羊肉
78	延安美水酒有限公司	隋唐玉液	延安	批发	隋唐玉液
79	陕西延百集团有限公司	延百集团	延安	零售	延百集团
80	子长瓦堡老城里餐饮管理有限公司	瓦堡老城里	延安	零售业	—
81	延安制药股份有限公司	常泰	延安	零售业	常泰
82	定边县付翔食品有限责任公司	付翔	榆林	制造	付翔

续表

序号	企业	注册商标	地区	行业	品牌 Logo
83	榆林市榆阳区双鱼塞上饭庄餐饮有限责任公司	塞上饭庄	榆林	餐饮业	塞上饭庄
84	靖边县老八碗餐饮有限公司	梁镇老八碗	榆林	餐饮业	—
85	陕西闯王酿酒总厂	闯府	榆林	畜牧业	闯府 CHUANGFU
86	靖边县老贺餐饮有限公司	老贺	榆林	餐饮业	—
87	乔沟湾老婆风干羊肉餐饮有限公司	乔沟湾老婆风干羊肉剁荞面	榆林	餐饮业	
88	陕西省榆林市绥德县四十里铺汪茂元餐饮有限公司	汪茂元	榆林	餐饮业	汪茂源
89	陕西秦洋长生酒业有限公司	谢村桥	汉中	食品制造	谢村桥
90	陕西秦洋长生酒业有限公司	古秦洋	汉中	食品制造	古秦洋
91	洋县大咸德调味品有限公司	大咸德	汉中	食品制造	大咸德
92	城固县海棠春酒店	海棠春	汉中	餐饮业	海棠春
93	南郑县良顺藤编发展有限公司	良顺	汉中	制造业	良顺
94	陕西泸康酒业（集团）股份有限公司	泸康集团	安康	批发业	泸康集团

续表

序号	企业	注册商标	地区	行业	品牌 Logo
95	旬阳县旬汉食品有限公司	旬汉	安康	制造业	
96	陕西安康星旗富硒食品科技有限公司	克利旺	安康	食品制造业	
97	陕西省紫阳县和平茶厂有限公司	和平	安康	食品制造业	
98	陕西丹凤葡萄酒有限公司	凤凰	商洛	制造业	
99	杨凌新声铜鼓乐器有限公司	新声	杨凌	制造业	
100	韩城学巷醋业有限公司	学巷	韩城	批发业	—
101	韩城苏胖子农业发展有限公司	苏氏九味坊	韩城	农业	苏氏九味坊

1. 城市分布情况

陕西省老字号（包含中华老字号）品牌共 101 家，其中西安市 35 家，咸阳市 18 家，宝鸡市 16 家，榆林市 7 家，渭南市 6 家，汉中市 5 家，安康市 4 家，延安市 4 家，铜川市 2 家，韩城市 2 家，杨凌市 1 家，商洛市 1 家（见表 2-41，图 2-20）。

西安作为历史悠久的十三朝古都，由于其独特的历史文化底蕴产生了大部分的老字号品牌，其中西北眼镜行、同盛祥、西安饭庄、老孙家等老字号品牌最为长久。

表 2-41 陕西老字号城市分布
单位：家

城市	西安	咸阳	宝鸡	榆林	渭南	汉中	安康	延安	铜川	韩城	杨凌	商洛
数量	35	18	16	7	6	5	4	4	2	2	1	1

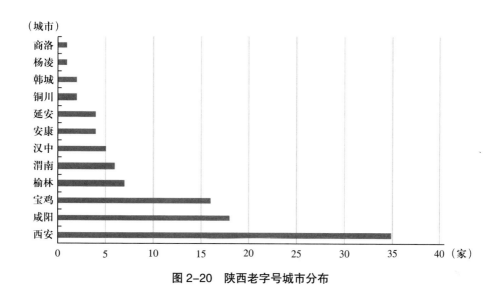

（城市）

图 2-20　陕西老字号城市分布

2. 行业分布情况

从行业分布来看，陕西老字号企业分布在 9 个行业中，分别为餐饮业、制造业、服务业、住宿业、纺织业、批发业、零售业、农业、畜牧业。其中，占比最多的为餐饮业，共有 51 家企业，占比 50.50%，代表性企业为西安饮食服务（集团）股份有限公司的若干分公司、咸阳张记餐饮有限公司、西安贾三灌汤包子店等；其次为制造业，有 16 家企业，其中大部分为食品类制造业，代表性企业有陕西西凤酒股份有限公司等酒类企业、洋县大咸德调味品有限公司、潼关酱菜食品厂等；批发业共有 11 家老字号企业，代表性企业为西安市德懋恭食品商店、陕西省泾阳县裕兴重茯砖茶叶有限公司、西安市群众面粉厂等；零售业共有 13 家企业，代表性企业为西安西北眼镜行有限责任公司、西安中药集团公司藻露堂连锁店、西安永信清真肉类食品有限公司等；服务业共有 2 家企业，分别为陕西灞上企业管理有限公司、西安常宁宫会议培训中心有限公司；住宿业有 3 家企业，代表性企业为铜川市服务楼实业有限责任公司等；纺织业有 2 家企业，代表性企业为咸阳纺织集团有限公司等。具体如表 2-42，图 2-21 所示。

表 2-42　陕西省老字号（含中华老字号）行业分布　　　　单位：家

行业	餐饮	制造	住宿	批发业	零售业	服务业	纺织业	农业	畜牧业
数量	51	16	3	11	13	2	2	2	1

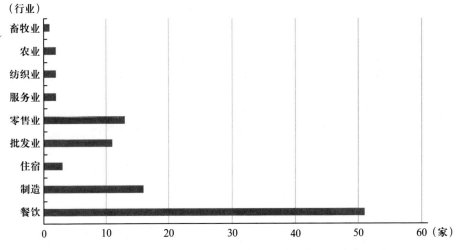

图 2-21　陕西省老字号（含中华老字号）行业分布

（三）陕西省老字号品牌存量

目前，陕西省共有中华老字号 27 家，陕西老字号 101 家，其中，有 9 家企业只是中华老字号，有 83 家企业只是陕西老字号，有 18 家企业既是中华老字号也是陕西老字号，详细名单如表 2-43~ 表 2-45 所示。

表 2-43　陕西省中华老字号（不包括陕西老字号）

序号	企业名称	注册商标	地区	行业	品牌 Logo
1	西安饮食服务（集团）股份有限公司五一饭店	图形文字商标	西安	餐饮业	西安五一饭店 MAY FIRST HOTEL XI'AN
2	西安饮食服务（集团）股份有限公司西安烤鸭店聚丰园分店	图形商标	西安	餐饮	西安烤鸭店 XI'AN ROAST DUCK RESTAURANT

续表

序号	企业名称	注册商标	地区	行业	品牌 Logo
3	西安饮食服务（集团）股份有限公司东亚饭店	西安饮食股份有限公司东亚饭店	西安	餐饮	
4	西安饮食服务（集团）股份有限公司桃李村饭店	西安饮食股份有限公司桃李村饭店	西安	餐饮	
5	西安中药集团公司藻露堂连锁店	藻露堂	西安	零售业	
6	陕西秦川酒有限公司	秦川	省属（宝鸡市）	食品制造业	
7	洋县大咸德调味品有限公司	朱鹮	汉中	食品制造业	
8	陕西省城固酒业有限公司	城古	汉中	食品制造业	
9	陕西秦洋长生酒业有限公司	秦洋牌	汉中	食品制造业	

表 2-44 陕西老字号（不包括中华老字号）

序号	企业	注册商标	地区	行业	品牌 Logo
1	陕西泾阳友军水盆羊肉餐饮有限公司	王友军	西安	餐饮业	
2	西安市画乡饮食服务有限公司	户县饭店	西安	餐饮业	
3	陕西天森生物工程科技有限公司	魏无双	西安	零售业	
4	西安冰峰饮料股份有限公司	冰峰	西安	制造业	
5	西安银桥乳业（集团）有限公司	银桥	西安	食品制造	

序号	企业	注册商标	地区	行业	品牌 Logo
6	西安市莲湖区清真盛志望麻酱酿皮铺	盛志望	西安	餐饮业	盛志望
7	西安饮食股份有限公司清雅斋饭庄	清雅斋	西安	餐饮业	
8	西安姚氏太和医室中医研究所有限公司	清·太和医室	西安	零售业	室醫和太清
9	西安市糖酒集团有限公司西安酒厂	秦俑	西安	制造业	秦俑
10	西安市蓝田食品厂	蓝玉牌	西安	食品制造	蓝玉牌
11	陕西省泾阳县裕兴重茯砖茶叶有限公司	裕兴重	西安	批发业	裕兴重
12	西安市群众面粉厂	爱菊	西安	批发业	AIJU 爱菊
13	西安常宁宫会议培训中心有限公司	常宁宫休闲山庄	西安	商务服务业	常宁宫
14	西安大华餐饮有限责任公司	大华饭店	西安	餐饮	大華飯店
15	西安大华餐饮有限责任公司	樊记	西安	餐饮	樊记
16	西安东南食品有限公司第一分公司	东南亚	西安	食品加工	东南亚
17	西安市溢香园蔬菜加工有限公司	南茂号	西安	食品制造业	南茂號
18	西安同盛生清真食品有限公司	同盛生	西安	农副产品加工业	同盛生

序号	企业	注册商标	地区	行业	品牌 Logo
19	长盛德老刘家（西安）餐饮管理有限公司	老刘家	西安	餐饮业	—
20	陕西省止园饭店有限责任公司	止园饭店	西安	住宿业	止園飯店
21	西安正德祥老陈家餐饮管理有限公司	东新街老陈家	西安	零售业	正德祥老陈家
22	西安市西糖烟酒连锁超市有限公司	西糖	西安	零售业	德富祥
23	光明眼镜有限公司	光明之家	西安	零售业	光明之家
24	西安德富祥食品餐饮有限公司	德富祥	西安	批发业	—
25	岐山县百年美阳民俗食品有限公司	美阳馆	宝鸡	餐饮业	美陽館
26	眉县古太酒厂	邓经天牌古太酒	宝鸡	制造业	鄧經天
27	陕西凤翔县西府酿造研究所	西府	宝鸡	食品制造	西府
28	千阳县康祥食品有限公司	西府康祥	宝鸡	食品制造	西府康祥 XIFUKANGXIANG
29	陕西柳林酒业集团有限公司	柳林	宝鸡	食品制造	柳林酒 LIULIN LIQUOR
30	陕西紫光辰济药业有限公司	达兴堂	宝鸡	医药制造业	达兴堂
31	陕西关中风情文化有限公司	关中风情园	宝鸡	餐饮业	关中风情园
32	宝鸡医药大厦有限公司	宝鸡医药大厦	宝鸡	批发业	宝鸡医药大厦

序号	企业	注册商标	地区	行业	品牌 Logo
33	宝鸡市恒佳食品有限责任公司	恒佳	宝鸡	食品制造业	
34	宝鸡康辉蜂产品有限责任公司	秦花	宝鸡	零售业	
35	陕西省军工（集团）鸿翔工贸有限责任公司	雍泉	宝鸡	食品制造业	
36	扶风孙人胜餐饮管理有限公司	孙大胜	宝鸡	餐饮业	
37	陕西秦萃坊食品有限公司	秦萃坊	宝鸡	零售业	
38	宝鸡福圆法门大酒店管理有限公司	悦心美	宝鸡	住宿业	—
39	陕西灞上企业管理有限公司	西辰坊乔记	咸阳	商务服务	
40	陕西高香茶业有限公司	天泰运号	咸阳	批发业	
41	陕西泾阳泾砖茶业有限公司	根社	咸阳	食品制造	
42	咸阳纺织集团有限公司	劲松	咸阳	纺织业	
43	陕西泾阳泾昌盛茯砖茶有限公司	泾昌盛	咸阳	食品加工	
44	陕西金醇古酒业有限责任公司	醇古牌	咸阳	食品制造	
45	三原老黄家餐饮服务有限责任公司	三源老黄家	咸阳	餐饮	
46	陕西甲邑古池阳食品有限公司	古池阳	咸阳	食品加工业	

续表

序号	企业	注册商标	地区	行业	品牌 Logo
47	兴平市马海山餐饮有限公司	马海山	咸阳	餐饮业	马海山 MAHAISHAN
48	咸阳凌云酿造有限公司	凌云	咸阳	制造业	凌云
49	礼泉张老五醋业有限公司	赵镇张老五	咸阳	食品制造业	赵镇张老五
50	三原兴邦油品有限公司	张兴邦	咸阳	农副产品加工业	张兴邦 ZHANG XING BANG
51	西咸新区茂盛茶叶股份有限公司	茯源祥	咸阳	批发业	茯源祥
52	咸阳鑫响乞丐酱驴餐饮有限公司	乞丐酱驴	咸阳	餐饮业	乞丐酱驴
53	武功县胡记餐饮管理有限公司	普集烧鸡	咸阳	餐饮业	—
54	咸阳老虢家餐饮有限公司	虢家包子	咸阳	零售业	—
55	陕西利君现代中药有限公司	恒心堂	渭南	医药制造	恒心堂
56	陕西富平秦臻食品有限公司	张老八琼锅糖	渭南	食品制造	张老八琼锅糖 ZHANG LAO BA QIONG GUO TANG
57	陕西沙苑酿造有限责任公司	沙苑	渭南	食品制造	沙苑
58	陕西桂富祥餐饮文化有限责任公司	桂富祥	渭南	餐饮业	桂富祥
59	铜川市服务楼实业有限责任公司	同官福楼	铜川	住宿业	同官福楼
60	陕西伊晟德食品有限公司	赫隆伊光牛羊肉	铜川	批发业	赫隆伊光牛羊肉

续表

序号	企业	注册商标	地区	行业	品牌 Logo
61	延安美水酒有限公司	隋唐玉液	延安	批发	隋唐玉液
62	陕西延百集团有限公司	延百集团	延安	零售	延百集团
63	子长瓦堡老城里餐饮管理有限公司	瓦堡老城里	延安	零售业	—
64	延安制药股份有限公司	常泰	延安	零售业	常泰
65	定边县付翔食品有限责任公司	付翔	榆林	制造	付翔
66	榆林市榆阳区双鱼塞上饭庄餐饮有限责任公司	塞上饭庄	榆林	餐饮业	塞上饭庄
67	靖边县老八碗餐饮有限公司	梁镇老八碗	榆林	餐饮业	—
68	陕西闯王酿酒总厂	闯府	榆林	畜牧业	闯府 CHUANGFU
69	靖边县老贺餐饮有限公司	老贺	榆林	餐饮业	—
70	乔沟湾老婆风干羊肉餐饮有限公司	乔沟湾老婆风干羊肉剁荞面	榆林	餐饮业	—
71	陕西省榆林市绥德县四十里铺汪茂元餐饮有限公司	图标＋汪茂元	榆林	餐饮业	汪茂源
72	陕西秦洋长生酒业有限公司	古秦洋	汉中	食品制造	古秦洋

续表

序号	企业	注册商标	地区	行业	品牌 Logo
73	洋县大咸德调味品有限公司	大咸德	汉中	食品制造	德咸大
74	城固县海棠春酒店	海棠春	汉中	餐饮业	海棠春
75	南郑县良顺藤编发展有限公司	良顺	汉中	制造业	良顺
76	陕西泸康酒业（集团）股份有限公司	瀘康集团	安康	批发业	LK 瀘康集团
77	旬阳县旬汉食品有限公司	旬汉	安康	制造业	旬汉
78	陕西安康星旗富硒食品科技有限公司	克利旺	安康	食品制造业	KELIWANG 克利旺
79	陕西省紫阳县和平茶厂有限公司	图标＋和平	安康	食品制造业	和平
80	陕西丹凤葡萄酒有限公司	凤凰图形商标	商洛	制造业	
81	杨凌新声铜鼓乐器有限公司	威风	杨凌	制造业	新声
82	韩城学巷醋业有限公司	学巷	韩城	批发业	—
83	韩城苏胖子农业发展有限公司	苏氏九味坊	韩城	农业	苏氏九味坊

表 2-45　同时是中华老字号与陕西老字号

序号	企业名称	注册商标	地区	行业	品牌 Logo
1	西安饮食服务（集团）股份有限公司西安饭庄	西安饭庄	西安	餐饮业	西安饭庄 XI'AN RESTAURANT 食领三秦 文化饮食 ·since 1929·

续表

序号	企业名称	注册商标	地区	行业	品牌 Logo
2	西安饮食服务（集团）股份有限公司德发长酒店	德发长	西安	餐饮业	德發長
3	西安西北眼镜行有限责任公司	西北眼镜行	西安	零售业	西北眼镜行 xi'an Northwest Opticians' Services
4	西安贾三清真灌汤包子馆	贾三	西安	餐饮业	贾三 JiaSan
5	西安饮食服务（集团）股份有限公司同盛祥饭庄	同盛祥	西安	餐饮业	同盛祥
6	西安饮食服务（集团）股份有限公司老孙家饭庄	老孙家	西安	餐饮业	老孫家
7	西安饮食服务（集团）股份有限公司老孙家饭庄白云章风味小吃城	白云章	西安	餐饮业	白云章
8	西安饮食服务（集团）股份有限公司东亚饭店春发生分店	春发生	西安	餐饮业	春發生
9	西安饮食服务（集团）股份有限公司西安烤鸭店	369 商标	西安	餐饮业	369烤鸭王
10	西安永信清真肉类食品有限公司	贾永信	西安	零售业	贾永信 JIAYONGXIN
11	西安市德懋恭食品商店	德懋恭	西安	批发业	德懋恭
12	咸阳张记餐饮有限公司	张记	咸阳	餐饮业	張記

续表

序号	企业名称	注册商标	地区	行业	品牌 Logo
13	咸阳老王家饮食有限公司	老王家	咸阳	餐饮业	老王家
14	陕西西凤酒股份有限公司	九尾凤	宝鸡	食品制造业	西凤酒
15	陕西省太白酒业股份有限公司	太白	宝鸡	食品制造业	中国名牌 中国历史文化名酒
16	陕西白水杜康酒业有限责任公司	白水杜康	渭南	食品制造业	白水杜康
17	潼关酱菜食品厂	潼冠	渭南	食品制造业	潼冠
18	陕西秦洋长生酒业有限公司	谢村桥牌	汉中	食品制造业	谢村桥牌

（四）陕西省老字号品牌发展情况

1. 价值概况

在 2006 年中国品牌研究院发布的《中华老字号品牌价值百强榜》中，陕西有 3 家老字号品牌上榜，分别为西凤酒、西安饭庄、老孙家饭庄，其中西凤酒排名第 12，品牌价值为 13.68 亿元，西安饭庄排名第 67，品牌价值为 1.17 亿元，老孙家饭庄排名第 72，品牌价值为 0.85 亿元。2007 年发布的第二届《中华老字号品牌价值排行榜》与第一届相差较大，陕西省仅有两家企业上榜，分别为西凤酒和西安饭庄，其中西凤酒排名第 27，品牌价值为 6.68 亿元，西安饭庄排名第 100，品牌价值为 1.28 亿元。在 2013 年中国品牌研究院发布的《中华老字号品牌价值排行榜》中，陕西仍有 2 家企业上榜，分别为西凤酒和太白酒，其中西凤酒排名第 39，品牌价值为 50 亿元，太白酒排名第 62，品牌价值为 25 亿元。在 2021 年中国 500 最具价值品牌排行榜中，陕西西凤酒上榜，排名第 324，品牌价值为 221.87 亿元，属于食品饮料行业，同时也是陕西省的中华老字号品牌。由阿里研究院发布的中华老字号品牌TOP100 榜单中，西凤排名第 69，总指数为 37.8。

2. 经营概况

据陕西省商务厅的调查，陕西省共有 26 家中华老字号企业，27 个品牌。其中，经营情况发展势头良好的共计 11 家，持续稳定经营的共计 9 家，面临发展困境的共计 6 家，近期停业的共计 6 家，已注销的共计 0 家，连续两年以上未开展经营活动的共计 6 家；符合中华老字号认定规范的地方老字号0 家；同时拥有多个品牌的中华老字号企业共 1 家。但在 26 家中华老字号企业中，存在经营问题的共计 19 家，占总数的 73.07%，其中，名称和实际控制人发生变更的共计 18 家，近两年经营中存在重大知识产权纠纷的共计1 家，未出现重大违规的企业，也无其他不符合中华老字号认定规范的企业（见表 2-46、表 2-47）。

表 2-46　中华老字号发展情况汇总（截至 2017 年 11 月 29 日）

陕西省共有中华老字号企业 26 家，27 个品牌；其中：		
经营情况	发展势头良好	共计 11 家
	持续稳定经营	共计 9 家
	面临发展困境	共计 6 家
	近期停业	共计 6 家
	已注销	共计 0 家
	连续两年以上未开展经营活动	共计 6 家
符合中华老字号认定规范的地方老字号 0 家		
同时拥有多个品牌的中华老字号企业共 1 家		
经营中存在问题的共计 19 家，占总数的 73.07%；其中：		
存在问题	名称和实际控制人发生变更	共计 18 家
	近两年经营中出现重大违规	共计 0 家
	存在重大知识产权纠纷	共计 1 家
	其他不符合规范的问题	共计 0 家

表 2-47 陕西省老字号品牌经营概况

经营情况	
（一）发展势头良好（11家）	
陕西西凤酒股份有限公司	西安藻露堂药业集团有限责任公司
陕西秦洋长生酒业有限公司	陕西白水杜康酒业有限责任公司
西安永信清真肉类食品有限公司	陕西城固酒业股份有限公司
西安市德懋恭食品商店	洋县大咸德调味品有限公司
西安贾三清真灌汤包子馆	咸阳张记餐饮有限公司
西安西北眼镜行有限责任公司	
（二）持续稳定经营（9家）	
西安饮食股份有限公司西安饭庄	西安饮食股份有限公司西安烤鸭店
西安饮食股份有限公司德发长酒店	陕西太白酒业股份有限公司
西安饮食股份有限公司老孙家饭庄	潼关县酱菜食品厂
西安饮食股份有限公司同盛祥饭庄	咸阳老王家清真食品有限公司
西安饮食股份有限公司东亚饭店春发生分店	
（三）面临发展困境、近期停业、连续两年未开展经营活动（6家）	
陕西秦川酒有限公司	西安饮食股份有限公司桃李春饭店
西安饮食股份有限公司五一饭店	西安饮食股份有限公司西安烤鸭店聚丰园分店
西安饮食股份有限公司东亚饭店	西安饮食股份有限公司老孙家饭庄白云章风味小吃城
（四）同时拥有多个品牌的中华老字号企业（1家）	
陕西秦洋长生酒业有限公司	
存在问题	
（一）名称和实际控制人已发生变更（18家）	
陕西西凤酒股份有限公司	西安饮食股份有限公司东亚饭店春发生分店
西安藻露堂药业集团有限责任公司	西安饮食股份有限公司西安烤鸭店
陕西白水杜康酒业有限责任公司	陕西太白酒业股份有限公司
陕西城固酒业股份有限公司	陕西秦川酒有限公司
西安饮食股份有限公司西安饭庄	西安饮食股份有限公司老孙家饭庄白云章风味小吃城

续表

存在问题	
西安饮食股份有限公司老孙家饭庄	西安饮食股份有限公司五一饭店
西安饮食股份有限公司同盛祥饭庄	西安饮食股份有限公司东亚饭店
西安饮食股份有限公司德发长酒店	西安饮食股份有限公司桃李春饭店
咸阳老王家清真食品有限公司	西安饮食股份有限公司西安烤鸭店聚丰园分店
（二）存在重大知识产权纠纷（1家）	
陕西白水杜康酒业有限责任公司	

（五）品牌的传承与创新

创新不离宗，传承不守旧。老字号传承的应该是童叟无欺的商业道德，精益求精的工匠精神，是人们的回忆和情怀，是自身拥有的独特技术，而不是落后的生产观念、经营理念，不是僵化的体制机制，也不是固化的企业形象。在传承过程中，老字号的文化内涵要保留，但也要迎合当下的市场需求。企业提供的产品和服务要向年轻化、时尚化转变，适应新一代消费者需求，用新产品、新形象留住消费群体。

1. 先进的理念与技术

历史上，老字号企业大多为手工作坊，靠的是独特的原料和工艺。在新的市场经济条件下，部分老字号企业仍然奉行"酒好不怕巷子深""一招鲜吃遍天"的观念，过分强调"继承传统"和保持"传统特色"，在经营理念上因循守旧，墨守成规，使企业经营机制和管理方式不能适应市场环境变化，尤其是在产品开发和市场销售方面缺乏创新，企业多年来只能惨淡经营，有的甚至面临逐渐被市场淘汰的窘境。

面对日新月异的科技进步、现代化生产流通方式的应用普及以及日趋激烈的市场竞争，一些老字号企业抗风险能力和竞争力明显不足。不断变化的形势是挑战，也是机遇。老字号企业必须积极主动而不是消极被动地参与市场竞争，并通过不断改革创新，不断适应市场的需求和变化，时代在变，市场在变，老字号唯有从理念、技术、机制和产品上下功夫，不断革故鼎新，才能跟上时代脚步，焕发出新的生机与活力。

例如，同盛祥饭庄推出了一款新产品，将西安回坊传统美食甑糕进行现代化包装，让消费者从传统的端着碗吃到像吃冰淇淋一样拿着吃，甜筒甑糕一经推出便立即成为热销单品；而德发长近年来围绕绿色、养生的理念，开发出"二十四节气饺子""五彩饺子"等特色健康产品，也深受国内外消费者青睐；西安永信清真肉类食品有限公司总经理、中华老字号贾永信传承人贾群，运用生产方式革新形成新的品牌竞争优势，将一个"前店后厂"的手工作坊发展到拥有百余名员工的现代企业。

2. 体制机制的革新

老字号体制机制的革新也是创新发展的内生动力和基础，打破老字号"近亲繁殖"、任人唯亲的封闭的人才体系是重中之重，营造开放的氛围，吸引外部多层次管理人才，优化人员结构才能为老企业带来新改变，才能创新、变革陈旧的管理方式，重塑企业形象，并提高薪酬待遇，吸引外部中高层管理精英。

老字号必须破旧立新，进行深入改革，建立现代企业应有的产权制度。但对老字号而言，这可能是最重要也是最困难的一步。对老字号进行股份制改造是产权制度改革中较为常见和可行的做法。在股份制改造方面，存在以下两种模式：一是以吸收社会法人股为主，二是以吸收职工自然股为主。

许多老字号也抓住了机遇，纷纷尝试转型中高档市场。陕西西凤酒厂集团有限公司为了不断加强西凤酒工艺创新，公司每年都会进行高学历人才招聘，2017 年应聘人员中七成为研究生学历。人才水平的提高和人才激励机制的推行，使该公司的科研能力、科技成果转化力大幅提升。2022 年上半年，西凤集团共实现销售收入 29.4 亿元，同比增长 27.61%；净利润 4.5 亿元，同比增长 45.95%。

3. 与时俱进的营销宣传

老字号在众多消费者心目中意味着质量有保证，代表着高超的品质和技艺。一方面，这些老手艺、老行当需要继续传承，但是也不能只顾传承，老字号企业也要调整产品结构，不断适应新的市场，要有能满足当下个性化消费需求的产品。另一方面，老字号要不断开拓年轻消费者市场，才能更好地传承发展，企业提供的产品和服务要向年轻化、时尚化转变，适应新一代消费者需求，用新产品、新形象留住消费群体。

例如，陕西西凤酒厂集团有限公司近年来将古法酿造与现代技艺有机融合，在加强凤香型酒工艺创新的同时，通过在陕西省内以及省外重点市场举办演唱会、运动会等形式，尝试找到年轻消费群体的情怀共鸣，让更多消费者爱上老字号，与青年群体形成多层次、多维度的互动。

三、老字号品牌发展存在的问题及对策建议

（一）存在的问题

（1）陕西省老字号的发展呈现地区、行业分布不平衡的情况，大部分老字号集中于西安，相比来说其余地区老字号并没有得到很好的发展与保护；并且从全国范围来说，已有的老字号品牌价值较低，与其他省份的老字号相比竞争力不强。

（2）政府部门对老字号品牌建设不够重视，品牌意识淡薄。近年来，对老字号品牌发展的关注度有所下降，出台的一些政策的时间也较早，如关于老字号企业情况的调研还是在 2017 年由陕西省商务厅进行的，对企业的经营现状掌握不足。在快速发展的今天，政府也需要与时俱进，出台一些适用于当下社会的政策，切实推进老字号品牌的发展。

（3）老字号品牌只传承不创新。在新的市场经济条件下，部分老字号企业仍然奉行"酒好不怕巷子深""一招鲜吃遍天"的观念，过分强调"继承

传统"和保持"传统特色"，在经营理念上因循守旧、墨守成规，企业经营机制和管理方式不能适应市场环境变化，尤其是在产品开发和市场销售方面缺乏创新，企业在产品和技术的更新改造、升级换代等方面投入不足，导致产品在市场上缺乏竞争力。并且目前一些老字号企业经营理念陈旧，过分依赖自身品牌的口碑，广告传播和营销策略不到位，以致被"网红店"抢去风头。

（4）经营网点的严重流失。以前老字号企业多位居城市商业黄金地段，但随着城市提升改造，老字号往往遭遇拆迁之痛。不少老字号被迫隐退到缺少商业氛围的偏僻地段，有的甚至拆而不迁，造成企业经营困难，经营网点严重流失。

（5）产权不明晰。陕西老字号企业数量少、规模小，大多为国有中小企业。政企不分和产权归属不明晰等问题比较突出，企业房产、商号的产权以及职工身份置换等诸多历史遗留问题，给老字号企业正常经营带来很大困难。并且一些老字号企业因其形成、发展、变化的特殊性及一些历史原因，使一些老字号商标权归属不清，如"樊家""樊记"肉夹馍之间长达十多年的商标权归属之争。

（6）缺少合理的评价标准。中华老字号品牌价值长期被低估，严重制约了企业在金融、资本等领域的发展空间。合理的品牌价值评价标准不仅能够帮助品牌提升知名度、美誉度，在开展融资、上市、并购等行为时，也可以有效维护、增加自身合法权益。

（7）人员结构失衡。老字号企业普遍存在"人才荒问题"，从业人员总体结构不合理，大多数老字号企业从业人员年龄结构以中老年居多，学历层次以高中以下学历者居多，能力结构上核心技术人才匮乏，中高端管理人才匮乏。老字号产品因优良的品质、良好的服务口碑等，在国内消费者购买力不断提升，中高端定制市场渐成气候的背景下，受到中高端消费人群的青睐。但是，相当多的老字号本身就有中高级管理人才严重不足的问题，再加上资金短缺、人才机制落后等原因，吸引中高端管理人才更是难上加难。因此，在面临机制变革、产品升级、品牌文化内涵的升华、品牌增值、市场定位、渠道建设等较深层次的变革时显得力不从心。技术传承人青黄不接，新中国成立初期公私合营后，老字号技术传承人很多都改了行。

（8）老字号和商标权的冲突日益增多。字号或商号和商标都属于识别经营者的标志，在经济生活中往往会成为消费者购买的依据，两者往往会被混淆，但它们在法律意义上却是截然不同的，但同样作为一种具有区别作用的标志，商标有专门《商标法》对其进行保护，字号却没有专门的法律规定，这使字号不能像商标一样获得明确的法律地位，并且在对字号的纠纷解决过程中也会出现法律依据不明确的情况，不利于对老字号的保护。近年来，老字号被抢注及被假冒的事件时有发生。主要体现为老字号的字号权和其他知识产权之间的冲突，最主要的就是字号权与商标权的冲突。二者皆为识别经营者的标志，在消费市场很容易被混淆。市场上出现了相当数量的蹭老字号名气的冒牌企业，甚至个别企业将其他企业的老字号抢注为注册商标，这些现象给老字号的发展带来巨大的损失。

（9）对老字号的侵权案件打击不力致使侵权现象频发。随着"互联网+"时代的发展，虚拟世界中也出现对老字号的侵权行为，有些侵权者将高知名度的老字号及它的拼音作为自己的公司名称，使消费者误以为是其所认知的产品。例如，在2018年，陕西西凤酒股份有限公司、陕西西凤陈酿酒营销有限公司起诉陕西西凤凰酒业股份有限公司侵犯商标权及不正当竞争纠纷案。老字号自我保护法律意识不强，加上维权成本高，妨碍了老字号对侵权行为的打击。行政执法不力，对老字号的保护手段不强，政府不能给予一定的政策扶持，很难将老字号发展和壮大。

（二）对策建议

（1）进一步推进陕西省老字号品牌的认定工作。根据实际工作情况对目前暂行的认定办法进行一定的调整，寻找合适的认定的办法。在充分了解陕西省老字号的情况下，讨论出台适合实际情况的认定条款，使符合条件的老字号品牌都能得到发展，并且通过老字号品牌的认定促进老字号企业的积极性。

（2）鼓励老字号向全国范围发展。持续积极组织省内优秀老字号品牌参加国际国内会展，鼓励老字号企业走出省，放眼全国，学习沿海城市老字号品牌先进的经营理念，取长补短。

（3）要加强对中华老字号商标的保护。建立老字号企业档案，出台老字号企业商标保护措施，鼓励和引导老字号企业在国内外进行保护性商标注册、专利申请等工作；依法严厉打击各类侵犯中华老字号商标权益行为，维护老字号的商标专用权。

（4）要加强对老字号企业经营网点的保护。在城市道路改扩建和旧城拆迁改造中，尽量在老字号企业原址或附近对其回迁安置，尽可能保留原有商业经营环境。对于具有行业代表性和极具地方特色，但因拆迁改造而消失的老字号应逐步加以恢复，重新挂匾开店。

（5）坚持市场竞争与政府引导相结合。既要以市场为导向，充分发挥老字号企业在转型创新发展中的主体作用，又要通过制定和实施相关法规及行业标准，加强政策支持和引导，营造政府、协会、企业共同促进老字号改革创新发展的良好环境。

（6）强化消费者与品牌之间的沟通。随着科技的迅速发展，产品本身之间的差异正在逐渐缩短，消费者越来越看重品牌的内涵，追求品牌与自身特质之间的重叠。因此，老字号品牌要时刻关注消费者的消费动向以及消费重点，并随之发生改变。

（7）老字号品牌自身要加强品牌延伸意识。首先，品牌的延续是老字号品牌创新的重要途径，其延续成功的关键在于传承老字号的精髓，可以积极利用老字号协会等机构，通过学术报告会、经验交流会、研讨会等，学习先进企业成功经验；其次，树立市场理念，并深入研究国内外市场需求动态，积极参与老字号精品博览会、展销会、洽谈会、招商引资会等，拓展经营领域，提升品牌知名度和美誉度；最后，积极学习先进的企业经营管理及营销等理论知识。

（8）寻找合理路径，向现代品牌转型。老字号向现代品牌的转型，需要根据自身已形成的优势资源和短板，寻求合理的路径，以扬长避短，在与新兴品牌的竞争中获得文化优势。品牌方面，应坚持品牌文化的内核，同时创新品牌价值，在传承的基础上实现创新。在品牌传播方面，要体现对社会和人类的终极关怀，拉近品牌与年轻消费者的情感距离。一些有着传统技艺、秘方的老字号，要积极创造并积累其特殊的技艺、独特的生产流程和服务技巧，形成独特的品牌个性，树立独一无二的品牌形象，提高品牌的文化魅力和消费者对品牌的忠诚度。在传承和创新方面，通过多渠道整合传播，扩大老字号的品牌影响力。在品牌营销方面，应开展多渠道的营销方式，通过线下和线上结合的方式，在规模化发展和个性化服务方面做到双赢。

第三章

陕西省其他第三产业品牌发展现状

第一节　陕西省批发零售业

一、批发零售业概念界定及分类标准

批发零售业在《国民经济行业分类》中的定义是：商品在流通环节中的批发活动和零售活动，具体而言，批发业是指向其他批发或零售单位（含个体经营者）及其他企事业单位、机关团体等批量销售生活用品、生产资料的活动，以及从事进出口贸易和贸易经纪与代理的活动；零售业是指百货商店、超级市场、专门零售商店、品牌专卖店、售货摊等主要面向最终消费者（如居民等）的销售活动。批发零售业的两大类别涵盖18个中类，批发业包括农、林、牧、渔产品批发，食品、饮料及烟草制品批发等9个中类，零售业包括综合零售，食品、饮料及烟草制品专门零售等9个中类。

本书中所筛选的企业主要参考《国民经济行业分类》的分类标准，并综合考虑陕西省批发零售业相关企业的企业数量、资产规模、经营状况等方面进行适当的调整。批发业包括食品、饮料类批发，纺织、服装及家庭用品批发，机械设备、五金产品及建材批发和其他4个中类，零售业包括综合零售

和其他 2 个中类（见表 3-1）。

表 3-1　陕西省批发零售业分类

大类	中类
批发业	食品、饮料批发
	纺织、服装及家庭用品批发
	机械设备、五金产品及建材批发
	其他类批发
零售业	综合零售
	其他类零售

二、陕西省批发零售业发展现状

（一）行业政策

长期以来，批发零售业在国民经济中都处于下游产业的位置，而近年来随着国民经济的持续发展，批发和零售业在国民经济中的地位得到了前所未有的提升。目前，在国内外批发和零售业已经占据了各个行业领域产业链的主导地位，并起到了控制市场、决定生产、影响消费的关键作用。党的十八大以来，习近平总书记就做好内贸流通工作多次作出重要指示批示，国务院印发了一系列促进内贸流通改革发展创新的文件：2017 年印发了《关于推动实体零售创新转型的意见》，提出了实体零售创新转型的方向、任务和措施，明确了零售业融合发展的主要方向；2018 年发布了《中共中央　国务院关于完善促进消费体制机制进一步激发居民消费潜力的若干意见》和10 部门《关于进一步优化供给推动消费平稳增长促进形成强大国内市场实施方案》，加快实施消费升级行动计划，推动消费市场平稳增长；2019年出台的《中共中央　国务院关于推进贸易高质量发展的指导意见》以及 2020 年出台的《国务院办公厅关于推进对外贸易创新发展的实施意见》都为推动实施贸易高质量和创新发展提供了政策支持。

陕西省地处中国地理版图的几何中心和中部、西部两大经济区域的结合部，是全国重要的商贸物流节点和面向亚欧的交通枢纽；国家发展改革委支持西安等 5 个中欧班列枢纽节点城市开展中欧班列集结中心示范工程建设，目前西安市拥有国内最大且具国内国际双代码的陆地港口西安港、亚洲最大的高铁客运站西安北站、北方第二大门户枢纽机场西安咸阳国际机场，高铁＋航空 2 小时可达全国 85% 的地区，可覆盖 8 亿多人口的巨大市场。陕西省的地理位置为其发展批发零售业提供了极大的便利。

2015 年，陕西省发布了《关于促进内贸流通健康发展的实施意见》，提出要大力推动现代流通方式发展、加强现代流通基础设施建设等意见。2017 年，陕西省根据国务院的指示文件出台了《关于推动实体零售创新转型的实施意见》，提出要着力加强供给侧结构性改革，推动实体零售由销售商品向引导生产和创新生活方式转变，由粗放式发展向注重质量效益转变，由分散独立的竞争主体向融合协同新生态转变，进一步降低流通成本、提高流通效率，更好适应经济社会发展新要求。2020 年出台的《进一步加大创业担保贷款贴息力度全力支持重点群体创业就业》，将批发零售业纳入支持范围，加快陕西省批发零售业自主品牌的发展。

（二）行业规模

第四次全国经济普查显示，陕西省共有批发零售业企业法人单位 14.72 万个，其中批发业 6.74 万个，占比 45.8%，零售业 7.98 万个，占比 54.2%；企业法人单位资产总计 9502.01 亿元，其中，批发业企业法人单位资产总计 5968.50 亿元，占比 62.81%。零售业企业法人单位资产总计 3533.51 亿元，占比 37.19%；批发零售业从业人员 94.62 万人，其中批发业 40.67 万人，占比 43.0%，零售业 53.95 万人，占比 57.0%。

在对外贸易方面，2021年民营企业对外贸易在新冠疫情的影响下始终保持强劲增长势头。据西安海关统计，陕西省民营企业全年实现进出口总额1496.62亿元，其中，出口948.62亿元，进口548亿元，累计实现贸易顺差达400.62亿元，进出口总额占全省进出口总额的31.5%，较上年增长38.5%。西安作为陕西省进出口贸易的重点城市，在"十三五"时期也取得了显著成就，2020年进出口总额实现3473.84亿元，外贸依存度达到34.6%。"十三五"时期全市进出口总额累计实现14394.6亿元，平均增速14.5%，进出口总额较"十二五"时期翻了一番。

在电子商务方面，2021年"双十一"期间，陕西省网络零售额实现106.13亿元，同比增长10.62%，高出全国1.89个百分点。从零售构成看，实物型网络零售额实现88.54亿元，占整体网络零售额的83.43%；服务型网络零售额实现17.59亿元，占整体网络零售额的16.57%；从零售地区看，西安、咸阳、宝鸡、渭南零售额排名前四，零售额分别为62.11亿元、17.66亿元、5.87亿元、4.64亿元，在全省占比分别为58.52%、16.64%、5.53%、4.37%；从零售类别看，食品保健、3C数码、家居用品、美容护理零售额排名前四，零售额分别为30.66亿元、11.62亿元、8.80亿元、8.40亿元，占比分别为58.52%、16.64%、5.53%、4.37%。

三、陕西省批发零售业品牌企业发展现状

（一）陕西省批发零售业品牌企业存量

本书根据企业注册资本、产业规模、主营业务水平以及排名获奖等因素综合考虑，并结合实际调研情况综合分析，在陕西省众多批发零售业企业法人单位中初步筛选出具有一定品牌影响力的相关企业（见表3-2、表3-3）。

表 3-2　陕西省批发零售业非自主品牌企业简表

大类	中类	企业名称
批发业 （5 家）	纺织、服装及家庭用品批发（1 家）	义乌中国小商品城西安分市场
	机械设备、五金产品及建材批发（2 家）	华南城集团有限公司（华南城五金机电交易中心）、第六空间家居集团股份有限公司
	其他类批发（2 家）	西安海荣赛格电子市场有限公司、重庆医药集团陕西有限公司
零售业 （24 家）	综合零售（18 家）	华润万家有限公司、永辉超市有限公司、人人乐连锁商业集团股份有限公司、上海盒马网络科技有限公司（盒马鲜生）、世纪华联超市连锁有限公司、沃尔玛百货有限公司（沃尔玛超市）、大润发超市有限公司、西安卜蜂莲花超市有限责任公司、西安赛格商业运营管理有限公司（赛格国际购物中心、赛格电脑城）、砂之船西安有限公司（砂之船奥特莱斯）、重庆大融城实业发展有限公司（大融城购物中心）、西安宜家家居有限公司、西安王府井商业运营管理有限公司（熙地港购物中心）、银泰百货有限公司（银泰百货、开元商城）、王府井集团股份有限公司（王府井百货）、华联 SKP（陕西）百货有限公司、供销大集集团股份有限公司（西安民生百货）、西安立丰百盛广场有限公司
	其他类零售（6 家）	西安市国美电器有限公司、深圳市赛格电子市场管理有限公司（西部电子商城）、陕西新丰泰汽车技术开发有限责任公司、西安利之星汽车有限公司、陕西华氏医药有限公司、西安怡康医药连锁有限责任公司（怡康、怡悦）

表 3-3　陕西省批发零售业自主品牌企业简表

大类	中类	企业名称
批发业 （33家）	食品、饮料批发（10家）	西安新华印务有限公司（土门新华批发市场）、陕西朱雀实业集团有限公司（朱雀批发市场）、西安市胡家庙粮食仓库、陕西禾和农业科技集团西安胡家庙果品批发市场、西安国亨实业有限公司（西北国亨食品交易中心）、西安新北城农副产品交易市场管理有限公司、西安粮油批发交易市场有限公司、西安丰庆食品有限公司（丰庆食品商贸中心）、西安欣桥实业发展有限公司、西安方欣食品有限公司（方欣炭市街）
	纺织、服装及家庭用品批发（7家）	陕西斯克赛德贸易有限责任公司、陕西西北轻工批发市场经营管理有限公司（西北轻工批发市场）、西安贝斯特康复路商贸广场有限公司、陕西银邦置业有限责任公司（西北商贸中心）、西部小商品批发城有限公司、陕西康复路丹尼尔商城有限公司、西安通源实业发展有限公司（西安市文艺南路纺织品批发市场）
	机械设备、五金产品及建材批发（9家）	西安贝斯特建材有限公司、西安市长安区兴邦建材市场有限公司（长安兴邦建材批发市场）、西安大明宫建材实业（集团）有限公司（大明宫建材市场）、陕西兴龙建设集团有限公司（韩森寨服饰家居城）、陕西和记万佳商业广场有限公司（和记万佳建材家居城）、东方家园家居建材商业有限公司（东方家园建材家居广场）、西安玉祥工业品批发市场、西安秦北市场管理有限公司（秦北汽车用品批发市场）、西安太华电动自行车批发市场有限公司（太华电动车批发市场）
	其他类批发（7家）	西安华东数码城有限公司（华东数码城）、西安交通大学（交大电脑城）、西安万融投资管理有限公司（八仙庵古玩商城）、西安市西大街综合管理委员会办公室（化觉巷古玩街）、陕西省文物总店有限公司、陕西亮宝楼实业有限公司、西安藻露堂药业集团有限责任公司

续表

大类	中类	企业名称
零售业（13家）	综合零售（7家）	世纪金花股份有限公司（世纪金花购物中心）、中大中方信控股有限公司（中大国际商业中心）、老城根文化产业集团有限公司（老城根GPARK）、陕西金莎国际商业管理有限公司（金莎国际购物广场）、西安爱家实业有限公司（朝阳国际广场）、西安百福乐购物广场有限公司（海港城购物广场）、西安秋林商贸有限责任公司
	其他类零售（6家）	陕西禧福祥品牌运营有限公司、西安易圣大药堂有限责任公司、陕西众信医药超市连锁股份有限公司、陕西广济大药房医药有限公司、陕西和生亚欧贸易港有限公司（和生国际食品交易中心）、陕西省汽车工业贸易总公司

陕西省批发零售业品牌企业的主营业务、品牌名称以及品牌Logo如表3-4、表3-5所示。

表3-4　陕西省批发零售业非自主品牌企业详表

类别	企业名称	地区	主营业务	品牌名称	品牌Logo
纺织、服装及家庭用品批发	义乌中国小商品城控股有限责任公司	西安	厨具卫具及日用杂品批发；母婴用品销售；服装服饰销售，家用电器销售；电子产品销售；珠宝首饰销售；互联网销售；玩具销售；化妆品销售；金属材料销售；橡胶制品销售；金属制品销售；食用农产品批发；纸制品销售；纸浆销售；文具用品销售	义乌中国小商品	
机械设备、五金产品	华南城集团有限公司	西安	五金、机电、建材类批发	华南城五金机电交易中心	

167

续表

类别	企业名称	地区	主营业务	品牌名称	品牌 Logo
建材批发	第六空间家居集团股份有限公司	西安	百货，家居用品，装饰材料，工艺美术品，五金工具，家用电器，建筑材料批发	第六空间	DERLOOK 第六空间
其他类批发	西安海荣赛格电子市场有限公司	西安	家用电器、计算机软硬件、通信产品、仪器仪表、光机电一体化设备、电子元器件销售	赛格电子市场	—
	重庆医药集团陕西有限公司	西安	医疗器械销售；卫生用品和一次性使用医疗用品销售；医护人员防护用品批发；医用口罩批发；日用口罩（非医用）销售	天士力医药	天士力医药 TASLY PHARMA
综合零售	华润万家有限公司	西安	食用农产品零售；服装服饰零售；鞋帽零售；化妆品零售；个人卫生用品销售；日用百货销售；家用电器销售；互联网销售；等等	华润万家、乐购	乐购 TESCO 乐购 TESCO 华润万家 vanguard
	永辉超市股份有限公司	西安	农副产品、水产品、粮油及制品、食品饮料、酒及其他副食品、日用百货、家用电器及电子产品等	永辉超市	YH 永辉超市
	人人乐连锁商业集团股份有限公司	西安	农副产品的购销及其他国内商业、物资供销业	人人乐	人人乐 RENRENLE

续表

类别	企业名称	地区	主营业务	品牌名称	品牌 Logo
综合零售	上海盒马网络科技有限公司	西安	食品经营，酒类经营，厨具卫具、服装、日用百货、家用电器、食用农产品、粮食等的销售	盒马	
	华联超市股份有限公司	西安	预包装食品、散装食品、直接入口食品、乳制品；日用百货、橡塑制品、针纺织品；等等	世纪联华	
	沃尔玛（陕西）百货有限公司	西安	食品销售、餐饮服务；酒类的零售和批发；图书、期刊、音像制品、电子出版物的零售；纺织服装及日用品、文化体育用品及器材、珠宝、金银饰品；等等	沃尔玛	
	西安大润发超市有限公司	西安	日用百货销售；家用电器销售；针纺织品销售；服装服饰零售；鞋帽零售；化妆品零售；等等	大润发	
	西安卜蜂莲花超市有限责任公司	西安	食品销售；日用百货、纺织服装、建材、五金交电、工艺饰品、金银饰品、珠宝；等等	卜蜂莲花	
	西安赛格商业运营管理有限公司	西安	日用百货销售；服装服饰零售；鞋帽零售；计算机软硬件及辅助设备零售；电子产品销售；珠宝首饰零售；皮革制品销售；化妆品零售；等等	赛格国际购物中心、赛格电脑城	

类别	企业名称	地区	主营业务	品牌名称	品牌 Logo
综合零售	砂之船（西安）购物广场有限公司	西安	日用百货、服装鞋帽、化妆品的批发	砂之船奥莱	砂之船奥莱 OUTLETS
	重庆大融城实业发展有限公司	西安	服装、日用百货、饰品、鞋帽、办公文具及耗材、皮革皮具、玩具、家电、数码产品等	大融城	大融城购物中心 IMIX PARK
	西安宜家家居有限公司	西安	家具销售；家具零配件销售；家居用品销售；家用电器销售；等等	宜家	IKEA
	西安王府井商业运营管理有限公司	西安	日用百货、服装鞋帽、建材（除木材）、五金交电、电子产品的经营	CITYON 熙地港购物中心	CITY ON 熙地港
	银泰百货有限公司	西安	批发、零售：日用百货、日用杂品、针纺织品、服装、皮革制品、五金交电、家具、建筑装饰材料、工艺美术品（文物除外）、金银饰品、通信设备	银泰百货、开元商城	银泰百货 开元商城

续表

类别	企业名称	地区	主营业务	品牌名称	品牌 Logo
综合零售	王府井集团股份有限公司	西安	销售糕点、酒、饮料、散装干果、定型包装食品、粮油、食品、副食品、烟、健字药品、化学药制剂、医疗器械、音像制品、电子出版物、图书、期刊、报纸、保险柜、汽车配件；购销百货、通信器材、针纺织品、五金交电化工（不含危险化学品及一类易制毒化学品）、工艺美术品、金银饰品等	王府井百货	
	华联SKP（陕西）百货有限公司	西安	销售百货、针纺织品、日用杂品、工艺美术品、珠宝首饰、金银饰品、土特产品、建筑材料、装饰材料、五金交电化工等	西安 SKP	
	西安民生百货管理有限公司	西安	卷烟、雪茄烟的零售；土特产品、日用百货、服装鞋帽、针纺织品、皮革制品、金银饰品、珠宝玉器、工艺品、办公家具；等等	民生百货	
	西安立丰百盛广场有限公司	西安	预包装食品、散装食品的零售；图书、报纸、期刊零售；商业批发、零售经营	百盛购物中心	
其他类零售	西安市国美电器有限公司	西安	办公用品销售；玩具销售；电子产品销售；计算机软硬件及辅助设备零售；日用百货销售；化妆品零售；电动自行车销售；自行车及零配件零售；摩托车及零配件零售；汽车零配件零售；家用电器零配件销售；等等	国美	

类别	企业名称	地区	主营业务	品牌名称	品牌 Logo
其他类零售	深圳市赛格电子市场管理有限公司	西安	各类IT产品、数码产品、电子元器件、通信、仪表、集成电路、电脑板卡及计算机配件及办公设备的经销、维修	西部电子城	
	陕西新丰泰汽车技术开发有限责任公司	西安	一般项目：销售代理；汽车新车销售；新能源汽车整车销售；新能源汽车电附件销售；汽车零配件零售；汽车零配件批发	新丰泰	
	西安利之星汽车有限公司	西安	从事品牌汽车销售业务；汽车配件的生产、加工及销售（不含五大总承及国家限制类产品）；二手车经销、二手车经纪；本公司产品销售；汽车装饰装潢；汽车租赁；百货、日用品、工艺品零售	利之星	
	陕西华氏医药有限公司	西安	一般项目：医疗器械销售；消毒剂销售；卫生用杀虫剂销售；卫生用品和一次性使用医疗用品销售；中草药收购；日用口罩（非医用）销售；日用品批发；专用化学产品销售（不含危险化学品）	华氏	
	西安怡康医药连锁有限责任公司	西安	医疗器械销售；特殊医学用途配方食品销售；医护人员防护用品零售；医护人员防护用品批发；医用口罩零售；医用口罩批发；日用口罩销售；消毒剂销售；卫生用品和一次性使用医疗用品销售；个人卫生用品销售	怡康、怡悦	

表 3-5　陕西省批发零售业自主品牌企业详表

类别	企业名称	地区	主营业务	品牌名称	品牌 Logo
食品、饮料批发	西安新华印务有限公司	西安	蔬菜、农副产品等	土门新华批发市场	XH
	陕西朱雀实业集团有限公司	西安	新鲜蔬菜批发；新鲜水果批发；水产品批发；鲜蛋批发；食用农产品批发；鲜肉批发；日用杂品销售；农副产品销售；食用农产品零售；新鲜蔬菜零售；鲜肉零售；新鲜水果零售；鲜蛋零售；日用百货销售；日用品销售；水产品零售	朱雀农产品批发市场	
	西安市胡家庙粮食仓库	西安	农副产品（除专控）的销售	胡家庙粮油批发市场	—
	陕西禾和农业科技集团西安胡家庙果品批发市场	西安	干鲜果品批发	胡家庙果品批发市场	—
	西安国亨实业有限公司	西安	农副产品的销售；日用百货的销售	西北国亨食品交易中心	guohong
	西安新北城农副产品交易市场管理有限公司	西安	农副产品仓储服务；农副产品销售	新北城农副产品市场	—

续表

类别	企业名称	地区	主营业务	品牌名称	品牌 Logo
食品、饮料批发	西安粮油批发交易市场有限公司	西安	粮油信息咨询；粮油包装器材的销售	西安粮油批发交易中心	—
	西安丰庆食品有限公司	西安	日用百货、五金电器、塑料制品、土产杂品、计算机辅料的销售	丰庆路食品批发市场	—
	西安欣桥实业发展有限公司	西安	农副产品、蔬菜的仓储、销售；建筑材料、化工产品（危险、易制毒、监控化学品除外）、五金交电产品、电子产品、金属制品、塑料制品、酒店用品、日用百货、水产的销售	欣桥	—
	西安方欣食品有限公司	西安	冷冻食品的冷藏、批发与零售；水产品、调味品、干鲜果品、水果、蔬菜的冷藏、批发与零售	方欣炭市街	
纺织、服装及家庭用品批发	陕西斯克赛德贸易有限责任公司	西安	日用百货销售；建筑材料销售；家具销售；电子元器件批发；计算机软硬件及辅助设备批发；金属制品销售；机械设备销售；五金产品批发；文具用品批发；针纺织品及原料批发；服装服饰批发	斯克赛德	

续表

类别	企业名称	地区	主营业务	品牌名称	品牌 Logo
纺织、服装及家庭用品批发	陕西西北轻工批发市场经营管理有限公司	西安	品牌家电、小家电、日用化工、箱包皮具、时尚女装、精品男装、品牌童装、眼镜，高档礼品，办公文教，儿童玩具、儿童用品，文体用具，琴行乐器，工艺画框，喜庆用品，仿真花卉，微型植物、床上用品专营区和窗帘布艺、酒店用品	西北轻工批发市场	
	西安贝斯特康复路商贸广场有限公司	西安	百货批发、零售	康复路商贸广场	
	陕西银邦置业有限责任公司	西安	家用电器销售；电气机械设备销售；机械设备销售；建筑材料销售	西北商贸中心	
	西部小商品批发城有限公司	西安	日用百货、服装、鞋帽、家用电器、电子产品、照相器材、工艺美术品的批发和销售	西部小商品批发城	—
	陕西康复路丹尼尔商城有限公司	西安	五金交电、服装、鞋帽、百货、针纺织品、文件用品的批发与零售；摊位租赁	尼尔商城	
	西安通源实业发展有限公司	西安	针纺织品销售；服装服饰批发	文艺南路纺织品批发市场	—

续表

类别	企业名称	地区	主营业务	品牌名称	品牌 Logo
机械设备、五金产品及建材批发	西安贝斯特建材有限公司	西安	建筑装饰材料、涂料、家具、窗帘、水暖器材、电线电缆、灯具、工艺品、石材、玻璃制品、金属材料、机械设备、五金交电、管材管件、不锈钢制品、塑料制品、阀门、仪器仪表、电梯、锅炉、空调、防腐保温材料、涂料、陶瓷制品的销售	贝斯特	
	西安市长安区兴邦建材市场有限公司	西安	建筑材料、食品、五金交电、家具、农副产品、日用百货的销售	—	—
	西安大明宫建材实业（集团）有限公司	西安	原木、锯材批发、零售；建筑材料、装饰材料（除木材）、金属材料（除专控）、百货批发、零售；五金工具的批发、零售；汽车用品、汽车装饰材料、汽车配件的批发、零售	大明宫建材市场	
	西安玉祥工业品批发市场	西安	五金、建材批发	玉祥	
	西安秦北市场管理有限公司	西安	汽车用品、汽车装饰材料、汽车配件、五金、水暖、建材、家具、灯具、装饰材料的批发、零售	秦北汽车用品批发市场	

续表

类别	企业名称	地区	主营业务	品牌名称	品牌 Logo
机械设备、五金产品及建材批发	西安太华电动自行车批发市场有限公司	西安	汽车装饰用品销售；服装服饰零售；家用电器销售；电动自行车销售；摩托车及零配件零售；助动自行车、代步车及零配件销售；新能源汽车整车销售；汽车新车销售；二手车经销；二手车经纪；智能车载设备销售；汽车零配件零售；汽车零配件批发	太华	—
	陕西兴龙建设集团有限公司	西安	建筑材料、装饰材料、金属材料的批发零售；家具、办公用具的销售	韩森寨服饰家居城	
	陕西和记万佳商业广场有限公司	西安	日用百货批发、零售；家具、建材、灯具、家饰的设计、批发、零售	和记万佳建材家居城	
	东方家园家居建材商业有限公司	西安	零售、批发建筑材料、装饰材料、五金交电、化工轻工材料、建筑机械、家具、饮食炊事机械、卫生洁具、机械电器设备、花卉、花肥、日用杂品、百货；家居装饰	东方家园建材家居广场	
其他类批发业	西安藻露堂药业集团有限责任公司	西安	医疗器械销售；医护人员防护用品批发；化妆品批发；劳动保护用品销售；日用百货销售；室内卫生杀虫剂销售；地产中草药购销；医用口罩批发；消毒剂销售；计算机软硬件及辅助设备批发；农副产品销售；卫生用品和一次性使用医疗用品销售；药品批发；第三类医疗器械经营；消毒器械销售；保健食品销售	藻露堂	

续表

类别	企业名称	地区	主营业务	品牌名称	品牌 Logo
其他类批发业	西安万融投资管理有限公司	西安	古代书法，绘画、瓷瓶、瓷碗、连环画，和田玉，木雕等	八仙庵古玩商城	—
	西安市西大街综合管理委员会办公室	西安	特色工艺品、仿真古董、唐装等	化觉巷古玩街	
	陕西省文物总店有限公司	西安	珠宝玉器、瓷器、字画、碑帖、杂件、文物复仿器、工艺品、金银首饰的销售；揭裱字画	陕西省文物总店	
	陕西亮宝楼实业有限公司	西安	工艺美术品及收藏品批发；工艺美术品及收藏品零售；珠宝首饰零售；办公用品销售；文具用品零售；日用百货销售；服装服饰零售；日用品销售；互联网销售	亮宝楼	
	西安华东数码城有限公司	西安	电子产品销售及维修	华东数码城	—
	西安交通大学	西安	电子产品销售及维修	交大电脑城	—
综合零售	世纪金花股份有限公司	西安	家居用品销售；珠宝首饰零售；办公用品销售；棉、麻销售；服装服饰零售；鞋帽零售；针纺织品销售；家用电器销售；日用品销售；化妆品零售；箱包销售；皮革制品销售；金银制品销售；农副产品销售	世纪金花	

类别	企业名称	地区	主营业务	品牌名称	品牌 Logo
综合零售	陕西中大国际有限公司	西安	日用品销售；服装服饰零售；珠宝首饰零售；鞋帽零售；五金产品零售；日用家电零售；钟表销售；文具用品零售；针纺织品销售；家具销售；化妆品零售；食用农产品零售	中大国际商业中心	中大国际 ZHONG DA INTERNATIONAL
	老城根文化产业集团有限公司	西安	日用品零售与批发；箱包、化妆品、玩具、家用电器、五金交电、针纺织品、服装鞋帽、家具、家居用品、床饰用品、健身器材、洗涤用品、通信器材、文具用品、体育用品、珠宝、黄金、玉器、首饰、旅游纪念品的销售	老城根GPARK	老城根 Gpark
	陕西金莎国际商业管理有限公司	西安	建筑材料、装饰装修材料、机电设备、灯光音响设备、家具、服装、日用百货、饰品、化妆品、保健品、五金交电、电子产品、家用电器、办公设备、黄金珠宝的销售	金沙国际	
	西安爱家实业有限公司	西安	百货、服装服饰、五金交电、通信器材（除专控）、家具、皮件、灯具灯饰、厨具、鲜花、陶瓷制品、橡胶制品、珠宝玉器的销售；卷烟、雪茄烟、电子出版物的零售；预包装食品、散装食品、冷冻（藏）食品、粮油制品、保健用品销售；果蔬制品、蛋及蛋制品、肉及肉制品、水产及水产制品、农副产品销售	朝阳国际广场	

续表

类别	企业名称	地区	主营业务	品牌名称	品牌 Logo
综合零售	西安海港城购物广场有限公司	西安	日用百货、计算机软硬件开发；建筑材料、家用电器、五金交电、消防器材的销售	海港城购物广场	—
其他类零售业	陕西禧福祥品牌运营有限公司	西安	日用百货、针纺织品、服装服饰、皮革制品、洗涤用品、化妆品、家用电器、非金属制品、电子器材、软件的销售	禧福祥	陕西禧福祥集团 Shaanxi Xi Fuxiang group
	西安秋林商贸有限责任公司	西安	珠宝首饰零售；钟表销售；金银制品销售；茶具销售；化妆品零售；针纺织品销售；服装服饰零售；鞋帽零售；箱包销售；文具用品零售；五金产品零售；家用电器销售；日用品销售；食品经营；酒类经营；等等	秋林	Q
	陕西众信医药超市连锁股份有限公司	西安	化学药制剂、中成药、生化药品、抗生素、中药材、中药饮片、生物制品（除疫苗）、医疗器械零售、卫生材料、消毒用品、计生用品；等等	众信	ZHONG XIN 众信
	陕西广济大药房医药有限公司	西安	医护人员防护用品零售；医用口罩零售；日用口罩销售；卫生用品和一次性使用医疗用品销售；等等	广济	陕西广济大药房医药有限公司
	陕西和生亚欧贸易港有限公司	西安	农副产品的开发和销售	和生国际食品交易中心	和生国际

续表

类别	企业名称	地区	主营业务	品牌名称	品牌 Logo
其他类零售业	陕西省汽车工业贸易集团有限公司	西安	新能源汽车整车销售；汽车新车销售；汽车旧车销售；润滑油销售；汽车零配件销售；轮胎销售；汽车装饰用品销售；等等	陕西省汽车工业贸易集团	
	西安易圣大药堂有限责任公司	西安	化学药制剂、中成药、生化药品、抗生素、中药材、中药饮片、生物制品（除疫苗）的零售；保健食品销售；二类医疗器械；三类一次性使用无菌医疗器械的零售；等等	易圣堂	

（二）陕西省批发零售业自主品牌企业重点介绍

1. 陕西西北轻工批发市场经营管理有限公司

陕西西北轻工批发市场经营管理有限公司（以下简称"西北轻工批发市场"）是着力打造西北轻工批发市场而专门组建的公司。

西北轻工批发市场是目前西北地区规模最大、经营品种齐全的轻工业品专业批发市场，是在享誉西北 13 年的老轻工基础上升级改造而成的现代化市场。市场坐落于历史悠久、人流如织的长乐路中段，扼守西安东大门，毗邻城东客运站和城东物流中心，距离火车站仅 10 分钟车程。地铁 1 号线口岸直达，更有数十条公交线路途经市场，交通便捷，四通八达。

西北轻工批发市场总建筑面积 10 万平方米，总营运面积近 8 万平方米。主体建筑为地上五层和地下一层。市场内部配套齐全，装备了 18 部自动扶梯、2 部观光电梯、5 部货运电梯，以及远大中央空调、新风系统、自动防火喷淋、实时监控、自动报警、语音广播、公共会议、可视电话等。此外，还增设了周边其他市场所不具备的自动化大型停车场、专业标准化仓库、网络交易平台、货运中心、商务中心、餐饮娱乐中心等一系列人性化配套设施，综合竞争实力在整个西北地区名列前茅。

西北轻工批发市场地下一层为 10000 平方米的停车场及 7000 平方米的仓库；地上一层主要经营家用电器、日用化工、高档礼品、日用百货、小商品等；二层主要经营箱包皮具、精品服饰、男女皮鞋、童装童鞋等；三层主要经营办公文教、体育用品、仿真花卉、玩具童车、工艺礼品等；四层主要经营床上用品、窗帘布艺、针织品、酒店用品等；五层主要是综合办公区、商务中心、投诉中心、安防中心以及餐饮娱乐、休闲茶艺等经营管理配套服务设施。

西北轻工批发市场秉承"厚行于信，博施于民"的企业价值观，本着"与时俱进，开拓创新"的指导思想，凭借优秀的企业文化，依托高效的创新机制，以敢为人先、勇于进取的精神，用最大的努力、真诚的服务，朝着规范化、现代化的方向稳步发展。

2. 西安大明宫建材实业（集团）有限公司

西安大明宫建材实业（集团）有限公司（以下简称"大明宫建材实业（集团）"）致力于为建材、装饰材料、家居产品的流通及百货、餐饮、娱乐行业提供经营平台。集团在董事长、总裁席有良的带领下，实现近 20 年的跨越式发展，现集团总注册资金 2.38 亿元，总资产超过 18 亿元，旗下拥有十家全资子公司，明确以建材家居连锁经营为主，以住宅房地产开发为辅，"双业并举"的发展战略。

集团所属建材家居专业卖场和建材市场总经营面积已达 200 余万平方米，容纳商户数千家，经营十万余种建材装饰材料，汇聚名优品牌、环境舒适优美。"大明宫建材家居"山西、宝鸡、汉中、榆林等商业品牌连锁相继签约、建设、营运，西安"东西南北中"连锁经营的战略布局形成，以大明宫建材市场为龙头的建材市场群，扶持和带动周边相继开办 40 多个建材市场，促进当地餐饮、娱乐、运输、修理、酒店等配套产业蓬勃发展。随着品牌影响力、商业运营力、资源汇聚力的不断提升，大明宫建城家居城在全省9个城市乃至全国商业品牌连锁发展的浪潮中突飞猛进、蒸蒸日上，全国性扩张的宏伟蓝图已初具规模。

席有良本人荣获"2005年全国劳动模范""全国用户满意杰出管理者""2006年陕西十大经济风云人物""西部大开发突出贡献奖""陕西推动力人物"等光荣称号。大明宫建材实业（集团）先后被国家、省、区、市授予中国西部信用建设示范单位、中国企业信用3A级单位、全国就业和社会保障先进民营企业、中国农业银行3A级信用客户、2005年陕西经济领跑企业、2011年度最具影响力品牌等200多项荣誉和奖励。

二十年的风云际会，大明宫建材实业（集团）已确定西北建材家居领袖之势、引领全国建材家居风尚之先。集团将在各级政府的关心和支持，以及各界朋友的鼎力相助下，将继续秉承"服务品质第一、品牌影响力第一"宏伟愿景和"至诚至善、合规合矩、有情有利、同心同赢"的核心价值观，向规模化、连锁化、国际化强企发展，以创造性的眼光、全球视野继续朝着中国家居建材领军企业迈进，为建设西安国际化大都市做出更大贡献。

3. 陕西银邦投资发展有限公司

陕西银邦投资发展有限公司（以下简称"西北商贸中心"）投资14亿元建设的"西北商贸中心"，是第七届西洽会成功签约的最大招商引资项目，被西安市新城区政府列为两级重点建设项目，项目于2006年建设完成交付，并于2007年4月12日开始试营业。

西北商贸中心率先引进先进的经营理念，充分发挥在西安市及西北地区的规模、品质优势及引导作用，并率先提出"零售＋批发"的双业态组合经营模式，借助批发辐射面广的特点，顺应商圈零售化趋势，补充该地区消费空缺，满足消费结构的快速升级，借助项目规模的总体优势，迅速占领西北地区服饰品零售、批发的行业制高点，成为辐射陕、甘、宁、青、新、藏、豫、川的商贸交易中心、品牌孵化和行业推广中心。而康复路上的西北商贸中心，其最大的优势体现在"批发＋零售"模式，西北商贸中心秉承康复路市场价格低廉、物品丰富的优势传统，并为康复路传统市场带来全新的购物环境、全优的货品品质、全面的经营范围的未来发展、优势所在。西北商贸中心传承康复路传统优势，定位为服务普通大众为主的超大型、综合性、平价的批发、零售商城。

4. 世纪金花股份有限公司

世纪金花股份有限公司（以下简称"世纪金花"）于1998年5月始创于中国西安，是一家以经营国际、国内精品品牌商品为主，集日用百货、高端家居精品、精品超市等多种功能于一体的高端大型连锁商业企业。2000年，世纪金花在西部商业企业中率先通过了ISO9000质量体系认证，企业先后获得"全国百城万店无假货示范店""中国商业品牌企业""中国商业信用企业""a级纳税人""金鼎百货店精品店""中国商业服务业改革开放30周年功勋企业""CCTV中国·西安最具影响力企业"，以及"中国·西安最受职业经理人尊敬企业"和"女性最向往企业"等荣誉。

世纪金花成立伊始，按照"建立在商品经营之上的品牌经营"的经营理念，打破了传统百货业的经营模式，塑造了时尚、健康、精致、品位的高端零售百货形象和模式。随着时代的发展，世纪金花尝试打破已有格局，向"全业态购物中心"转型。2013年1月，世纪金花星光城开业，作为地标购物广场的starcity是一个集时尚百货、主题功能店、创意潮流商品于一体的大型购物中心，与世纪金花此前门店相比，业态更加多元化，短短一年内，作为旗舰店珠江时代广场再次开业，则成为世纪金花全业态发展的扛鼎之作。而世纪金花在西安钟楼开出第一家店之后，又相继开出西安高新购物中心，位于经开区倡导"新北城，大未来"的赛高购物中心以及西大街高端家居圈的美居生活家。不止于西安，世纪金花亦把触角伸及西北地区，分别在乌鲁木齐和银川投建购物中心。随着世纪金花版图的扩张，截至目前，世纪金花从一家购物中心崭露头角，已辐射到整个西北地区，可以看出"省会城市开大店，地级城市开时尚流行店"目前是世纪金花面向西北地区发展的主要思路。

5. 西安藻露堂药业集团有限责任公司

西安藻露堂药业集团有限责任公司成立于1987年7月，是西安医药行业的龙头骨干企业，为国内外广大用户提供优质医药原料产品和服务，在行业内拥有较高知名度，深得新老客户的喜爱。

公司自创立以来，经历过辉煌，也经历过挑战，通过公司各个部门所有员工的共同努力，在2004年首次通过国家GSP认证。公司业务在全国已形成成熟强大的销售网络，有较强的全国市场产品推广能力，为双方强强合作打下良好的基础，实现优势互补，资源共享。

西安藻露堂药业集团康复医药有限公司是国家定点供应单位，业务遍及全国二十余个省份的四千余家医院、医药生产、经营、科研单位。由于品种全、质量优、服务灵活受到广泛好评。

公司始终坚持专业化、规范化、服务化的发展路线，贯彻"质量就是生命，责任重于泰山"的经营宗旨，致力于医药行业的发展。坚持"众志成城、跨越无限"的企业精神，形成了创新求实的组织氛围。同时倡导"以人为本、团队合作"的理念，通过机构设置科学化、岗位设计专业化、工作流程标准化、知识培训日常化，激发员工潜能，实现价值创造的最大化，为企业的跨越式发展提供了有力保障；以集体的智慧和力量实现公司的战略目标，已形成一支奋发向上、努力拼搏，敢于迎接新挑战，精力旺盛的年轻团队。

面对新的机遇和挑战，公司将一如既往地遵循"以管理为经、以创新为纬"的经营哲学，充分发扬团队精神，全面提升企业文化，奋力拼搏，开拓创新，为医药事业的发展做出更大的贡献。

四、陕西省批发零售业品牌发展存在的问题及对策建议

（一）存在的问题

（1）品牌知名度有限。陕西的地理位置决定了陕西是西部大开发的重要节点之一，在西部大开发战略开始实施以后，陕西作为西部的龙头省份更是得到了国家的大力扶持，各级重点项目纷纷布局陕西。但是陕西的批发零售类企业却没有利用便利的地理位置优势走出陕西，大部分企业的知名度范围仅局限于陕西境内，和国内部分大型批发零售企业相比，在消费者认知度方面还存在一定差距。

（2）品牌影响力有待提升。陕西省内的批发零售业"超市不超、连锁不连"的现象较为普遍，零售业大多以"单店"为主，组织化程度较低，规模化程度偏小，专业化程度不足，导致大部分品牌影响力有限。

（3）品牌服务能力较为欠缺。批发零售业企业的核心竞争力源于高品质的服务能力，近年来尽管服务质量有了很大改观，但整体水平还是不高，服务制度体系还不够成熟，存在经营者服务意识不强、销售人员专业素质低下、服务配套设施缺乏、服务体系单一等问题。

（4）专业人才缺乏。批发零售业的从业人员绝大多数是初中毕业，学历水平较低，行业的快速发展需要一定规模数量、专业素质过硬的专业人才，才能在企业管理、市场营销和技术创新等方面提供全方位支持。

（二）对策建议

（1）依托地缘优势，主打品牌经营。充分利用陕西省的地理位置优势，对企业的供应链进行调整，在人力、物力、财力上降低交易成本，在保证质量的前提下选择合适的价格战略，扩大竞争优势；充分利用陕西省的交通网优势，结合"互联网+"的流行趋势，向电商平台发展，缩短和消费者之间

的距离。

（2）发挥规模效应，提升品牌竞争力。具有良好商誉的大型零售商，应积极通过兼并、收购、无形资产和有形资产的参股控股、租赁托管等方式联合其他零售商组成分布合理、连锁经营的零售商业集团，规模化经营指引品牌发展。

（3）加强人才队伍建设，打造优质服务品牌。采用内部培养与外部引进并行的方式建设人才队伍；建立培训—实践—考核全流程的服务管理机制，培训过程要引导员工建立服务意识、品牌意识，提高员工的业务能力；实践过程要始终保持密切联系，及时发现工作中存在的部分问题；考核过程要建立相应的激励机制，充分调动员工积极性。

第二节　陕西省物流业

一、物流业概念界定及分类标准

物流业在《中华人民共和国国家标准物流术语》中的定义是指物品从供应地到接收地的实体流动过程，根据实际需要，将运输、储存、装卸、搬运、包装、流通加工、配送、信息处理等基本功能实施有机结合。物流业是融合运输、仓储、货代、信息等产业的复合型服务业，是支撑国民经济发展的基础性、战略性产业。加快发展现代物流业，对于促进产业结构调整、转变发展方式、提高国民经济竞争力和建设生态文明具有重要意义。物流业涵盖铁路运输业、道路运输业、水上运输业、航空运输业、管道运输业、多式联运和运输代理业、装卸搬运和仓储业、邮政业共 8 个中类。

本报告中所筛选的企业主要参考《国民经济行业分类》的分类标准，并综合考虑陕西省物流业相关企业的企业数量、资产规模、经营状况等方面适当调整为 6 个中类，如表 3-6 所示。

表 3-6　陕西省物流业企业分类

大类	中类
物流业	铁路运输业
	道路运输业
	航空运输业
	多式联运和运输代理业
	装卸搬运和仓储业
	邮政业

二、陕西省物流业发展现状

（一）行业政策

2021 年是"十四五"规划的开局之年，党中央、国务院高度重视构建现代物流体系，物流产业地位稳中有升。交通运输部、国家发展和改革委、商务部、农业农村部等多部委针对我国物流产业的发展规划、体系构建、组织管理、服务标准等多个方面密集出台了一系列政策，为我国物流产业健康发展提供了坚实的政策保障。

党中央、国务院印发《国家综合立体交通网规划纲要》，提出到 2035 年要建成"全球 123"快货物流圈，国内 1 天送达、周边国家 2 天送达、全球主要城市 3 天送达。《"十四五"现代流通体系建设规划》对现代流通体系建设进行了战略性布局、系统性谋划，提出一系列可操作、可落地的重点任务，为进一步扩大流通规模，提高流通效率，推动流通领域创新，激发流通企业活力提供有力支撑。《"十四五"冷链物流发展规划》提出到 2025 年布局建设 100 个左右国家骨干冷链物流基地，同时针对冷链物流"最先一公里"和"最后一公里"等行业难题提出了科学可行的指导方案，规划提出打造"三级节点、两大系统、一体化网络"的冷链物流运行体系。国家发展改革委发布"十四五"首批国家物流枢纽建设名单，国家物流枢纽增至70家，支持重大物流基础设施互联成网，形成枢纽经济新增长极。国务院办公厅印发《推进多式联运发展优化调整运输结构工作方案》，提出到2025年，多式联运发展水平明显提升，基本形成大宗货物及集装箱中长距离运输以铁路和水路为主的发展格局。

2021年末，陕西省发展改革委印发《陕西省"十四五"物流业高质量发展规划》（以下简称《规划》），提出全面加强陕西省现代物流供应链体系建设，推动物流业高质量发展。《规划》部署提升国际物流服务能级、系统推进物流行业降本增效、培育壮大物流市场运营主体、健全逆向物流服务体系、健全应急物流保障服务体系五方面的重点任务，规划实施完善冷链物流基地、园区和设施，推动传统商贸物流提档升级等四大重点工程，进一步优化省内物流节点布局，完善"通道＋枢纽＋网络"运行体系，夯实物流业高质量发展的基础支撑。

（二）行业规模

2021年，我国物流呈现坚实复苏态势，实体经济持续稳定恢复拉动物流需求快速增长，物流供给服务体系进一步完善，供应链韧性提升，有力地促进宏观经济提质增效降本，物流实现"十四五"良好开局。全年物流业总收入11.9万亿元，同比增长15.1%，各季度物流业总收入均保持15%以上增速，市场规模稳步扩大。物流业景气指数中的物流服务价格指数全年平均为50.1%，高于上年1.5个百分点，物流供需关系有所改善，公路、快递等完全竞争行业供大于求、恶性低价竞争等局面有所缓解，年内物流服务价格处于较高水平。2023年物流业务活动仍将趋于活跃，物流产业转型升级加速，预计全年物流有望延续稳中有进的发展态势。

陕西省物流业发展环境和条件不断得到改善，现代物流产业规模逐渐增大。以西安为中心的铁路、高速公路、航空为主的现代交通网络体系已基本形成，中欧班列"长安号"已开通西安至白俄罗斯、俄罗斯、米兰、拉脱维拉等11条干线，覆盖丝路沿线44个国家和地区，开行量、重箱率、货运量等核心指标均位居全国前列。陕西物流大数据服务平台、陕西电子口岸等信息平台相继建成运营，西安新筑铁路物流中心、京东"亚洲一号"仓、传化城市物流中心、长安现代物流园等物流基础设施重点项目也在顺利推进，这些重大基础设施为物流业发展创造了良好的条件，大大减少了物流成本。现代型物流企业初露端倪，物流行业发展的联结纽带、物流供应链延伸促进产业链升级作用得到部分地区重视。截至目前，全省A级物流企业有224家，5A级有17家，数量居西北第一位。

2019年，陕西省社会物流总供给继续扩大，物流相关业运行较好地满足了生产、消费、固定资产投资等经济社会发展的需求。但与全国相比，陕西省物流行业的发展仍存在总额小、物流业运营效率不高、所属行业占全省生产总值份额较少、缺少大型供应链服务型企业支撑带动，省内省际流动经济、外向型经济发展动能发挥不够等问题。

三、陕西省物流业品牌企业发展现状

（一）陕西省物流业品牌企业存量

依据《物流企业分类与评估指标》国家标准，按照《物流企业综合评估暂行办法》《物流企业综合评估申报与审核暂行办法》《物流企业综合评估复核工作实施办法》的有关规定，中国物流与采购联合会自2005年开始开展A级物流企业综合评估工作，经过历年来的评估和复核工作，截至2022年3月，陕西省现存A级物流企业224家。其中：5A级物流企业17家、4A级物流企业49家、3A级物流企业148家、2A级物流企业8家、1A级物流企业2家。通过对国家5A级、4A级物流企业以及部分重点物流企业在陕非自主品牌与陕西本土品牌企业的主营业务所处行业进行划分（见表3-7、表3-8）。

表 3-7　陕西省物流业非自主品牌企业简表

大类	中类	企业名称
物流业	铁路运输业	中国铁路西安局集团有限公司
	道路运输业	中外运物流西北有限公司
	装卸搬运和仓储业	中铁物资集团西北有限公司
	邮政业（3 家）	西安顺丰速运有限公司 西安志成德邦物流有限公司 西安中通吉物流有限公司

表 3-8　陕西省物流业自主品牌企业简表

大类	中类	企业名称
物流业	道路运输业 （29 家）	陕西煤业化工物资集团有限公司、陕西商储物流有限公司、延安利源物流有限公司、陕西通汇汽车物流有限公司、陕西延长石油物流集团有限公司、西安自贸港建设运营有限公司、宝鸡华誉物流股份有限公司、商洛陆港实业（集团）有限公司、陕西红光钢铁物流有限责任公司、陕西西部物流有限公司、延安市汽车运输（集团）有限责任公司、陕西易通国际货运有限公司、陕西大件汽车运输有限责任公司、陕西铁易达物流有限责任公司、陕西华阳物流有限公司、西安胜途汽车服务有限公司、陕西国储物流股份有限公司、陕西华秦汽车贸易有限责任公司、中国诚通供应链服务有限公司、陕西明亨物流有限公司、陕西威远供应链管理有限公司、西安高科物流发展有限公司、西安托普旺物流有限公司、西安国际陆港多式联运有限公司、陕西秦龙物流有限公司、西安中港智慧物流有限公司、榆林市货达物流有限公司、西安华通货运有限公司、陕西广通运输发展有限公司
	航空运输业	西部机场集团航空物流有限公司

191

大类	中类	企业名称
物流业	多式联运和运输代理业（8家）	陕西鸿盛实业集团有限公司、陕西卡一车物流科技有限公司、西安国际陆港投资发展集团有限公司、陕西贝斯特物流有限公司、西安华瀚航空客货服务有限责任公司、西安国际港务区海得邦物流有限公司、陕西易运国际物流有限公司、陕西辉煌物流有限公司
	装卸搬运和仓储业（4家）	陕西新贸物流配送连锁有限责任公司、西安新航国际物流有限公司、陕西中兵物资有限公司、陕西润海物流有限公司
	邮政业	陕西黄马甲快递有限公司

各行业中5A级物流企业及具有代表性的企业，其所属品牌名称、主营业务、成就汇总如表3-9、表3-10所示。

表3-9　陕西省物流业非自主品牌企业详表

企业名称	地区	主营业务	品牌名称	获奖名称	品牌Logo
中国铁路西安局集团有限公司	西安	铁路客货运输及相关服务业务；铁路运输设备、设施、配件的制造、安装、维修、租赁；铁路专用设备及相关工业设备的制造、安装、维修、销售、租赁；承办陆运进出口业务的国际货物运输代理业务；国内货运代理业务等	西安铁路局	国家5A级物流企业；全国就业先进企业；全国国土绿化突出贡献单位；陕西省先进集体	
中外运物流西北有限公司	西安	经营范围包括货运配送、仓储、公铁联运、普通货运、搬运装卸；预包装食品批发与零售；物流信息咨询；集装箱保管、物流服务管理、国际货运代理、国际货物联运代理等	中国外运	国家5A级物流企业	

续表

企业名称	地区	主营业务	品牌名称	获奖名称	品牌 Logo
中铁物资集团西北有限公司	西安	物资流通、仓储及相关服务以及相关的环境管理体系活动	中铁物资	国家 5A 级物流企业；西部物流百强企业	中铁物资集团西北有限公司 CHINA RAILWAY MATERIAL GROUP NORTHWEST CO. LTD
西安顺丰速运有限公司	西安	普通货物运输；国际快递（邮政企业专营业务除外）；国内快递（邮政企业专营业务除外）；承办空运、陆运进出口货物及过境货物的国际运输代理业务等	顺丰	国家 5A 级物流企业	SF

表 3-10　陕西省物流业自主品牌企业详表

企业名称	地区	主营业务	品牌名称	获奖名称	品牌 Logo
陕西煤业化工物资集团有限公司	西安	立足陕西煤炭及煤化工产业链的物资集采供应服务，面向社会积极开拓供应链综合服务、第三方物流、电子商务、保税仓储、货运代理等物流增值服务，延伸发展招投标代理、工程造价、工程监理及煤矿安全评价等工程咨询服务业务	陕西煤化	国家 5A 级物流企业；西部物流百强企业；2015 中国物流杰出企业；全国物流行业先进集体	陕西煤化
陕西商储物流有限公司	西安	主营业务：商品储存、公路运输、城市配送、分拣包装、流通加工、动产质押、采购交易等物流服务以及驾驶员培训、物业服务、商业地产等	商储物流	国家 5A 级物流企业	S 商储物流

续表

企业名称	地区	主营业务	品牌名称	获奖名称	品牌 Logo
延安利源物流有限公司	延安	主营煤炭商贸＋物流、仓储配送、铁路敞车运输、35 吨敞口集装箱运输、石油物资仓储配送、货车省内短驳运输、信息化、汽车后市场等业务危险品	延安利源物流	国家 5A 级物流企业；全国先进物流企业；西部物流百强企业	
陕西通汇汽车物流有限公司	西安	陕汽物流仓储配送、货物运输及各子公司的零部件集散运输业务	通汇物流	国家 5A 级物流企业；全国物流行业先进集体；2017 中国物流企业创新奖；2018 中国物流杰出企业；2019 中国物流社会责任贡献奖	
陕西延长石油物流集团有限公司	西安	进出口代理；道路货物运输（不含危险货物）；道路货物运输（含危险货物）；国际道路货物运输；出口监管仓库经营；港口货物装卸搬运活动；道路货物运输（网络货运）；报关业务	延长物流	国家 5A 级综合服务型物流企业；2019—2020 年度西部物流百强企业；全国化工物流金罐奖；陕西省物流行业优秀企业；西安市首批数字经济示范平台	

企业名称	地区	主营业务	品牌名称	获奖名称	品牌 Logo
西安自贸港建设运营有限公司	西安	道路货物运输（不含危险货物）；国际道路货物运输；保税仓库经营；出口监管仓库经营；海关监管货物仓储服务（不含危险化学品）；报关业务；机动车检验检测服务；等等	西安自贸港	国家 5A 级物流企业	
宝鸡华誉物流股份有限公司	宝鸡	从事现代智慧物流园区运营和管理的一体化物流服务商	华誉物流	国家 5A 级物流企业；中国西部物流百强企业；中国物流实验基地；现代物流工作重点联系企业	
商洛陆港实业（集团）有限公司	商洛	集铁路及公路联合运输、仓储、加工、包装、配送、贸易、信息处理等综合服务于一体的现代化专业物流公司	商山	国家 5A 级物流企业	
陕西红光钢铁物流有限责任公司	西安	主要经营普通货物运输；黑色、有色金属材料、不锈钢、特钢、金属制品、钢材的改制和深加工；仓储；金属回收；房屋出租；商务信息服务及有关物流园区的延伸服务	龙钢	国家 5A 级物流企业	

企业名称	地区	主营业务	品牌名称	获奖名称	品牌 Logo
西部机场集团航空物流有限公司	西咸新区	国内航线的航空货运销售代理业务；国际航线或者中国香港、澳门、台湾地区航线的航空货运销售代理业务；货运地面代理；仓储、包装、配送服务；等等	西部机场	国家4A级物流企业	
陕西鸿盛实业集团有限公司	西安	业务涉及物流运输、煤炭贸易、电子科技、通信工程、保险经纪等多个行业，对能源、化工、建材等行业的产业链上下游企业提供供应链的管理、金融、贸易、解决方案设计等服务，以及基于公路、铁路、水路的多式联运物流服务	鸿盛集团	国家5A级物流企业；物流创新企业	
陕西卡一车物流科技有限公司	西安	为大宗商品的用户提供一体化、全方位的物流解决方案，并最终为广大中小物流公司、车主、司机提供货源车源信息、全程跟踪监控、维修汽配服务、消费商圈优惠及金融增值服务	卡一车	国家5A级物流企业；2019年中国民营物流企业50强；中国物流杰出企业；5A级网络货运企业；首批西安数字经济示范平台、西安市大数据企业	

续表

企业名称	地区	主营业务	品牌名称	获奖名称	品牌 Logo
西安国际陆港投资发展集团有限公司	西安	业务涵盖港口建设与运营、国际物流、临港贸易、投资与金融服务、生产生活配套服务	陆港集团	国家 5A 级物流企业；西安市十佳高质量发展企业；2016 年度"新丝路"十大最具影响力企业	
陕西贝斯特物流有限公司	西安	货物运输、货运配载信息服务、仓储（危险品除外）、理货；货运信息咨询服务；配载服务；货运市场物业管理	贝斯特	国家 4A 级物流企业	
陕西新贸物流配送连锁有限责任公司	宝鸡	食品经营；酒类经营；住宅室内装饰装修；农药零售；粮油仓储服务；城市配送运输服务（不含危险货物）	新贸	国家 4A 级物流企业；国家龙头企业；全国商贸流通服务业先进集体；农业产业化经营重点龙头企业；农业产业化明星企业；全省商贸流通先进企业；内贸流通先进企业	

续表

企业名称	地区	主营业务	品牌名称	获奖名称	品牌 Logo
陕西黄马甲物流配送有限公司	西安	食品经营；出版物批发；出版物零售；食品互联网销售；货物进出口；技术进出口；道路货物运输（不含危险货物）；城市配送运输服务（不含危险货物）	黄马甲	国家 4A 级物流企业	

（二）陕西省物流业自主品牌企业重点介绍

1. 延安利源物流有限公司

延安利源物流有限公司于 2003 年 1 月成立，注册资本 1.5 亿元，拥有员工 280 人。公司独资运营延安利源物流园区，是国家和陕西省"十三五"综合交通运输规划重点建设物流园区，也是省市区三级重点物流园区，总占地面积约 500 亩，总投资约 6 亿元。公司已通过 ISO9001 国际质量管理体系认证，是全国 5A 级物流企业，先后被评为"全国先进物流企业""西部物流百强企业"。

已建成铁路专用线 7 条、铁路煤炭快速自动装车站，实现一次存煤 100 万吨、整列自动装车仅需 2 小时；建成多式联运运转中心，自有及吸引社会车辆近 1000 辆，成为集多式联运、仓储配送、信息服务等多种功能于一体的大型综合物流园区。目前，主营煤炭商贸＋物流、仓储配送、铁路敞车运输、35 吨敞口集装箱运输、石油物资仓储配送、货车省内短驳运输、信息化、汽车后市场等业务。

2. 陕西通汇汽车物流有限公司

陕西通汇汽车物流有限公司（以下简称"通汇物流"）成立于 2005 年，注册资本 2000 万元，总部位于陕西省西安市经济技术开发区。作为商用车领域"精益一体化物流"解决方案服务商,通汇物流不仅全面承担了陕汽物流仓储配送、货物运输及各子公司的零部件集散运输业务,同时还以陕汽为依托,不断加快市场化步伐,致力于打造品质服务最好、供应链效率最高、物流成本最优的现代化物流公司。

通汇物流拥有遍及全国的运输服务网络,具备为客户提供全面物流服务的能力。运输业务遍布全国 17 个省份的 30 个市区,拥有 2 个专业化物资中转站和 30 条运输专线。公司现有员工 1600 余人,其中专业技术和管理人员 100 余人;拥有 10 个物流中心、仓储作业面积达 25 万平方米,专用叉拖车 170 余辆,各类运输车辆 100 余辆,社会稳定车源 5600 余辆,年营业收入达 7.8 亿元,利税总额多年来持续增长。

公司成立以来,先后承接了陕西重型汽车有限公司、陕西汉德车桥有限公司、陕汽集团商用车有限公司、山东玲珑轮胎股份有限公司、陕西万方汽车零部件有限公司等 600 余家企业的物流仓储配送和供应链运输业务,同时,公司不断深化供应链服务,成功拓展了重型汽车总成装配、供方模块化生产、工位器具设计等多项物流增值项目。

3. 宝鸡华誉物流股份有限公司

宝鸡华誉物流股份有限公司是由陕西华誉物流优钢集团投资成立的知名现代综合性物流企业,建有宝鸡最大的现代化物流基地华誉物流基地。华誉物流基地于 2006 年投资建设,总投资 1.6 亿元,地理位置优越,是西北地区物流通道重要节点。基地内配备 1000 个车位停车场、现代化仓储库房、180 个经营商铺,本科以上员工占到总人数的 70%,专业技术员工 96 人。

公司定位为"物流服务平台运营商",在"诚实、进取、齐心协力、团结一致"的经营理念指导下,致力于整合物流服务、物流设施设备、管理服务和物流需求四大资源,通过为众多物流企业提供信息交易、运输配送、仓储转运、商务配套服务、停车住宿等系统服务,倾心培育专业第三方物流企业，从而推动物流产业发展，优化产业结构和促进社会分工合作体系，促进区域经济的和谐快速发展。

在集团的大力支持和全体员工的不断探索下，公司积极创新，不断改进、完善运作模式，以提供"现代化、专业化"物流服务为目标，已经发展成为宝鸡市物流业龙头企业，135 家来自省内外的物流企业进驻基地，形成了以地区货运专线为主、零担配送为辅、辐射全国的发展模式，年营业收入2.8 亿元，实现地方税收 2000 多万元，极大地提升了区域物流运作效率，降低了 15%~20% 社会物流运营成本，带动了周边地区相关行业的发展，解决下岗就业 2000 多人，对把宝鸡建设成为陕甘宁毗邻地区现代商贸物流中心起到了很大的促进作用。

4. 陕西卡一车物流科技有限公司

陕西卡一车物流科技有限公司（以下简称"卡一公司"）成立于 2015年，经营范围涉及大宗商品物流运输、供应链服务、互联网科技等领域，是一家 5A 级综合性现代物流企业，通过对传统物流与互联网技术的深度融合，构建了大宗商品物流服务平台，平台通过"线上平台、运营管控、线下服务"的三维立体式运营管理模式，有效地推动了流通领域的提质、降本、增效，引领物流行业的发展。

公司通过"诚信、创新、合作、共赢"的经营理念，对大宗商品物流资源进行有效的整合，建立了由百余个物流联运网点、公铁集运站、大型仓储物流中心等物流节点组成的线下物流服务网络，同时组建了拥有 2000 多家指定加油、加气、维保、车辆审验、ETC 等服务网点的车辆服务生态圈，构建了以陕西为中心，辐射全国的大宗商品物流供应链综合服务保障体系。

卡一车公司通过"卡一车智慧物流服务平台"及线下资源的整合，构建了基于大宗商品的物流供应链服务保障体系。为供应链上下游企业及物流运输企业提供物流运输、商品贸易、供应链金融等服务。公司基于网络货运的合作模式，线下运输车辆进行加盟注册，审核通过后即可在网络平台进行接单，运费由平台支付给运输司机。企业用户在网络平台进行注册，注册后与卡一车签订对应业务合同，由企业用户在平台发布自己所需的服务订单，由加盟车辆自主选择承运。卡一车平台对车主、企业方双方进行业务担保，同时利用强大的网络平台资源和智能调度指挥系统，确保运输业务安全、高效地完成。

卡一车运用科技手段，不断提升管理，企业得以快速发展，逐步成为西北地区服务范围广、物流资源多、行业有影响的大宗商品物流服务平台。现有加盟车辆近 30 万辆，平台企业会员 2000 多家，运输线路 1000 多条，年承运总量 5000 万吨，货值超 300 亿元。通过平台的业务整合和高效运营，为供应链上下游企业节省了物流成本，在单车运营效能提升、空驶率降低等方面有显著成绩。

5. 西安国际陆港投资发展集团有限公司

西安国际陆港投资发展集团有限公司（以下简称"陆港集团"）成立于2009 年 6 月，是经西安市人民政府批准，由西安国际港务区管委会投资的大型国有独资企业。经过十余年发展，西安国际陆港集团已发展成为中国内陆港综合运营服务商，创造了"港口后移、就地办单、多式联运、无缝对接"的内陆港模式，是中国内陆港建设运营的开辟者和先行军。目前，西安国际陆港集团控参股子公司 40 余家，员工超千人，形成了以临港经济板块为核心的五大产业格局，业务涵盖港口建设与运营、国际物流、临港贸易、投资与金融服务、生产生活配套服务。

陆港集团以港口建设与运营为基础，提供专业化、一体化服务。目前已完成西安综保区，肉类、粮食、整车三大进境指定口岸及综合口岸，仓库、厂房、冷库，多式联运示范基地等重点项目建设，打造"西安港"完善的硬件基础设施组团。持续开展港口、口岸基础设施建设及运营工作，组建国际化、专业化的口岸运营团队，为客户提供口岸通关、物流运输、集拼箱、装卸搬运、仓储服务、信息处理等供应链一体化服务。

陆港集团以国际物流为纽带，构建国际多式联运大通道。以中欧班列为核心，整合区域资源，打造覆盖亚欧大陆、辐射全球的国际多式联运货运网络。目前，已形成以"西安港"为中心的立体多式联运通道体系。向西利用海铁联运，实现与欧洲、非洲大陆的高效连通；向东与国内沿海港口紧密衔接，连接美洲与大洋洲；向北通过边境口岸，连接中蒙俄经济走廊；向南与陆海新通道对接，实现铁海、公海联运至东盟各国并进一步辐射全球。

陆港集团以临港贸易为核心，打造贸易全产业链。依托港口资源优势，坚持"运贸结合，以运促贸，以贸引产"发展理念，全面开展大宗商品贸易、跨境电商零售、进出口商品展示展销等业务，打造具有内陆港特色的临港贸易的全产业链及生态链。目前，已形成以粮食、肉类、整车贸易为主，平行车进口、二手车出口为特色的大宗贸易体系，并打造了"洋货码头""Ulife 西安港进口商品直营店"等线上线下展示交易平台，实现"买全球、卖全球、享全球"。

四、陕西省物流业品牌发展存在的问题及对策建议

（一）存在的问题

（1）品牌战略缺失。陕西省大多数物流企业是由传统储运企业转型改制后形成的，发展模式更多表现为经营服务垄断时期的粗放型，内部管理、市场开拓和业务经营更多考虑的是短期盈利，品牌建设没有提升到企业发展的中心位置，品牌管理也没有提升到战略管理的高度，没有系统地去建立、维护品牌。

（2）品牌定位不明确。陕西省大多数物流企业很少对品牌核心价值进行定位，品牌没有一个深层、明确、具体的内涵，品牌形象苍白、无个性、无

法使消费者在接触品牌时产生应有的联想，品牌价值并未形成有效的积累，配套战略都显得苍白，缺少依据和针对性。

（3）品牌营销宣传不够。陕西省大多数物流企业在已有固定的大量业务面前，很少考虑营销宣传，现有的广告媒体几乎看不到陕西省物流企业的身影，这与国际物流企业营销水平相差甚远，也与物流产业国际化趋势下物流综合服务的发展道路不匹配。

（二）对策建议

（1）加强品牌意识，树立科学的品牌战略观。物流企业需重视对品牌形象的塑造，在当今市场竞争如此激烈的环境下要做好企业品牌策划，持续稳定发展品牌策略。没有名牌，企业就无法领取市场通行证；没有规模，名牌就不能扩大对市场的占有率，只有名牌与规模联动，才能最大限度地提高经营利润。

（2）依托地缘、政策优势，提升品牌核心价值。陕西省作为古代丝绸之路的起点以及"丝绸之路经济带"的新起点，其在发展"一带一路"建设中有着非常突出的区位优势。陕西省物流企业应准确定位，积极融入"一带一路"的时代大背景，积极高效合理地对资源进行配置，全力维护和宣扬品牌的核心价值。

（3）提高服务质量，提升品牌形象。物流业属于服务性行业，物流品牌本质上是服务品牌，优质的服务是物流品牌的内在属性，对塑造物流品牌的形象起着十分重要的作用。当前的物流消费市场要求物流企业能够提供个性化、情感化乃至智能化的全方位物流服务。为此，物流企业要不断更新服务理念，推出新的服务标准，增强服务技能，建立起以客户为中心的服务体系，不断提高服务水平，才能赢得客户对品牌的信任，才能在客户心目中塑造良好的品牌形象。

（4）注重品牌文化的投入，构建完善的品牌推广体系。物流企业产品由于其无形性、知识性和现场性，给客户的更是一种文化性、心理性消费。陕西省物流企业要注重品牌文化的投入，尤其是对于企业形象识别系统的设计，商标新颖生动、符号方便记忆、附着载体规范多样等多种途径彰显文化内涵，善于抓住时机与媒体建立良好的关系，善于挖掘老客户资源，从而用较少的投入取得最佳的宣传效果。

第三节　陕西省商务服务业

一、商务服务业概念界定及分类标准

商务服务是指企业管理组织、市场管理组织、市场中介组织所从事的经营性事务活动，直接为商业活动中的各种交易提供服务，其中既包括个人消费的服务也包括企业和政府消费的服务。商务服务业作为现代新兴的生产服务业，具有以下特点：

一是高成长性。商务服务业成长性强，尤其是在工业化中后期表现出较高的增长速度。

二是具有高人力资本含量、高技术含量、高附加值"三高"特征。商务服务业提供的服务以知识、技术和信息为基础，对商业活动的抽象分析和定制化程度高，以知识要素投入生产过程，表现为人力资本密集型。

三是具有顾客导向型的价值增值效应。商务服务企业通过与顾客的不断交流和合作，提供专业化的增值服务，使其自身蕴含的价值效应得以放大和增强。知识、经验、信息、品牌和信誉既是知识密集的专业服务公司赖以创造价值的要素，也是专业服务公司各条价值链的主体部分。

四是强集聚性和辐射力。商务服务业高度聚集于国际大城市，强力辐射相关工业产业。

国际上商务服务业通常采用大商务的概念，不仅包括我国统计意义上的商务服务业，还包括计算机与软件服务和科学研究、技术服务。例如，OECD 国家商务服务业（Business Services）又叫产业服务或企业服务，包括计算机软件与信息服务、研发与技术检验服务、经营组织服务（包括管理咨询与劳动录用服务）与人力资源开发服务。北美产业分类体系（NAICS）中商务服务业主要包括法律服务业、会计服务业、建筑和工程服务业、计算机系统设计和相关服务业、管理和技术咨询服务业、公司企业管理等。我国统计口径的商务服务业基本上采用的是小商务的概念。根据《国民经济行业分类》，商务服务业主要包括组织管理服务、综合管理服务、法律服务等 9 个中类。

　　本书所筛选的企业主要参考《国民经济行业分类》的分类标准，并综合考虑陕西省商务服务业相关企业的企业数量、资产规模、经营状况等方面进行适当的调整（见表 3-11）。

表 3-11　陕西省商务服务业企业分类

大类	中类	说明
商务服务业	广告业	在报纸、期刊、路牌、灯箱、橱窗、互联网、通信设备及广播电影电视等媒介上为客户策划、制作的有偿宣传活动
	会议、展览及相关服务	以会议、展览为主，也可附带其他相关的活动形式，包括项目策划组织、场馆租赁、保障服务等
	其他商务服务	主要涉及组织管理服务、法律服务、咨询和调查、知识产权服务、人力咨询服务等

二、陕西省商务服务业发展现状

（一）行业政策

　　商务服务业是现代服务业的重要组成部分、是经济社会发展的龙头，商务服务业地区集中度较高，基本集中于经济发达地区，同时商务服务业国际化程度较高，在服务业对外开放领域仅次于房地产，加快发展商务服务业，积极开发新的服务渠道和服务产品，对于扩大服务消费规模以及服务业高质量发展作用明显。近年来我国商务服务业在全部服务业中的比重在不断提高，但总体规模仍然较小，是服务业发展相对薄弱环节。商务部等主要部门出台了多项规定，采取有效措施，优化商务服务业发展环境。2019年，国家发展改革委就《产业结构调整指导目录（2019年本，征求意见稿）》进行了修订，列举9项商贸服务类鼓励类，包括物流设施建设、农贸连锁经营及综合服务、生活用品连锁经营、农产品拍卖服务等。2022年，商务部全国服务贸易和商贸服务业工作电视电话会议指出，我国服务贸易发展好于预期，服务消费稳步复苏，我国服务贸易和商贸服务业恢复发展和趋稳向好的总体态势没有改变，仍将处于大有可为的重要战略机遇期。

随着"一带一路"建设深入推进，以及自贸试验区、西安国家中心城市等重大机遇，陕西正加快走向对外开放最前沿，2012年，陕西省出台了《陕西省人民政府办公厅关于加快发展高技术服务业的实施意见》，提出陕西省高技术服务业发展的总体思路，重点发展信息技术服务、技术转移服务、中介咨询服务、知识产权服务等八大领域的高技术服务业，形成"市场驱动、企业推进、政府引导、社会参与"的发展格局。2016年，陕西省发布《陕西省人民政府关于加快发展生产性服务业的实施意见》，明确金融服务、现代物流、电子商务、研发设计、人力资源服务、信息技术和会展服务七大领域重点突破，提出培育30个产业聚集度高、发展特色鲜明的生产性服务业集聚区，形成50家品牌效应明显、营业收入超10亿元的生产性服务业企业集团；2017年，陕西省发展改革委印发《陕西省"十三五"服务业发展规划》，明确指出大力培育商务咨询服务，引导商务服务企业大力发展战略规划、营销策划、市场调查、管理咨询等提升产业发展素质的咨询服务，积极发展资产评估、会计、审计、税务、勘察设计、工程咨询等专业咨询服务。地市方面，榆林市出台《榆林市激励商贸服务业高质量发展若干措施》，明确从发展首店经济、激发夜间消费潜力等六个方面给予企业奖励和补贴，推动榆林商贸服务业高质量发展。陕西省持续推进服务业统计改革发展并出台实施方案，不断健全服务业重点产业统计监测，不断完善高技术服务业、战略性新兴服务业、生产性服务业、生活性服务业等重点产业统计监测，积极拓展服务业重点产业统计监测领域等，将全面提高陕西省服务业统计现代化水平，更好满足建设现代化经济体系和实现经济高质量发展的需要。

（二）行业规模

商务服务业是一个新兴产业，不仅在引导生产、促成消费等方面效果显著，而且它本身也直接为商业活动中的各种交易活动提供服务，直接促进商品流通与服务交换，并且有着很大的"乘数效应"，有力地推动相关产业的发展。陕西省商务服务业市场潜力巨大，总体规模不断壮大，各构成行业稳步发展，发展形式也呈现多样化的格局，西安市是商务服务业企业集聚地，对全省商务服务业的发展发挥聚集和辐射作用。截至 2018 年底，陕西省商务服务业企业法人单位数量 49865 个，从业人员 450227 人，总资产达16428.28 亿元。2019 年陕西省服务贸易规模指数和地位指数全国排名均为第13 位，服务贸易产业基础指数居全国第 15 位，服务贸易综合环境指数居全国第 13 位，居全国第三梯队首位。

陕西省商务服务业发展迅速，尤其是广告业、会展业增长速度较为迅猛。广告企业数量不断扩大，服务品质日趋专业化，成为商务服务业的一支主力军，会展经济发展初具规模，产业体系正在逐步形成。近年来，陕西省以欧亚经济论坛、丝绸之路国际博览会暨中国东西部合作与投资贸易洽谈会（西洽会）、中国杨凌农业高新科技成果博览会三大具有国际影响力的展会品牌为龙头，同时打造中国西安国际科学技术产业博览会暨硬科技产业博览会等自主展会品牌；西安市荣获"中国十大会展名城""中国最佳会展目的地"等殊荣，在国际会议城市排名中，列北京、上海、杭州之后的中国第四位，是全球 100 强会展目的地城市。随着"一带一路"建设和西部大开发建设的深入开展，陕西会展业叠加优势将进一步凸显。

三、陕西省商务服务业品牌企业发展现状

（一）陕西省商务服务业品牌企业存量

本报告根据企业注册资本、产业规模、主营业务水平以及排名获奖等因素综合考虑，并结合实际调研情况综合分析，在陕西省众多商务服务业法人单位中初步筛选出具有一定品牌影响力的相关自主品牌企业，如表 3-12、表 3-13 所示。

表 3-12　陕西省商务服务业自主品牌企业简表

类别	企业名称
广告业 （12 家）	陕西广电融媒体集团有限公司（陕西广播电视台）、陕西西部广告传媒有限公司、陕西华商传媒集团有限责任公司、陕西泰达工程广告有限公司、陕西缘兴广告有限公司、陕西省交通广告传媒有限公司、西安中善品牌设计有限公司、陕西沙龙传媒有限公司、西安深视广告有限公司、陕西恒达广印发展有限公司、陕西南风广告照明装饰工程有限公司、陕西汉三宝广告文化传播有限公司
会议、展览及相关服务 （8 家）	陕西省会展中心集团有限公司、西安曲江国际会展（集团）有限公司、西部国际会展有限公司、西安丝路国际会展中心有限公司、百思特国际会展有限公司、陕西新时代会展有限公司、陕西杨凌天艺会展文化发展有限公司、政华国际会展有限公司

续表

类别	企业名称
其他商务服务（16家）	希格玛会计师事务所（特殊普通合伙）、西安永秀企业管理咨询有限公司、西安方元市场研究有限责任公司、西安麦迪逊科技服务有限公司、陕西易华企业管理有限公司、西安思益管理咨询有限公司、陕西韬达律师事务所、陕西永嘉信律师事务所、陕西稼轩律师事务所、陕西丰瑞律师事务所、陕西法智律师事务所、陕西洪振律师事务所、咸阳市政府投资引导基金管理有限公司、西北（陕西）国际招标有限公司、陕西创联技术转移服务有限公司、西安红日知识产权服务有限公司

表 3-13　陕西省商务服务业品牌企业详表

类别	企业名称	地区	主营业务	品牌 Logo
广告业	陕西广电融媒体集团有限公司（陕西广播电视台）	西安	陕西广电融媒体集团（台）是按照省委、省政府要求，整合原陕西广播电视台和陕西广播电视集团而成，是具有特殊意识形态属性的大型现代主流媒体集团，下辖独资、控股和参股运营公司 14 家二级公司，拥有省级新闻网站——西部网，移动新媒体"陕西头条""起点新闻""闪视频"和 1000 多万粉丝用户的官方微博、微信等新媒体平台以及"爱系列"客户端	SMC 陕西广电融媒体集团有限公司 SHAANXI MEDIA CONVERGENCE
	陕西西部广告传媒有限公司	西安	西部传媒是陕西省省属大型广告传媒集团，广告传媒领域综合性的投资运营管理公司，旗下拥有 1 家分公司、1 家全资子公司、4 家控股子公司、4 家参股公司以及多个正在筹建的由创业团队主导的轻资产运营模拟公司化项目组，涉及品牌营销、数字营销、会展营销、海外营销、内容营销、移动互联网媒体运营、户外媒体运营、基金运营、投资管理等多个业务领域	WESTERN MEDIA 西部传媒

续表

类别	企业名称	地区	主营业务	品牌 Logo
广告业	陕西华商传媒集团有限责任公司	西安	华商传媒集团以《华商报》为基础，目前经营管理六报三刊五网和十多家公司。西安《华商报》位居区域市场第一，"全国都市报 30 强"；周报《南非华人报》(约翰内斯堡)、西安《消费者导报》发展态势良好；期刊《钱经》《自驾游》《大众文摘》等已形成一定影响力；华商网、辽一网、新文化网、橙网，关注率高，影响力大	
	陕西泰达工程广告有限公司	汉中	集广告制作、策划、发布代理，品牌推广，钢结构工程制作、施工，亮化工程施工，电子工程、安防工程、电子信息工程于一体的综合性广告机构	
	陕西缘兴广告有限公司	西安	缘兴广告是一家专注于开发并运营城市高端综合停车场媒体，旨在打造的"车主精英阶层媒体圈"，并以"地库传媒"为品牌，致力于"高端停车场媒体运营商"的塑造和停车场媒体网络的建设与运营	
	陕西省交通广告传媒有限公司	西安	公司隶属于陕西交通控股集团有限公司旗下陕西交控服务集团板块，是经陕西省交通运输厅批准，负责对全省高速公路沿线广告资源实施统一规划、统一设置、统一建设、统一管理、统一经营的专业化广告传媒服务运营商。经营管理着陕西省内 6000 余千米、遍布全省 10 市 1 区的高速公路沿线广告资源，拥有大型跨线桥、LED 显示屏等 1000 多个广告位，以及西安北至机场城际铁路平面广告媒体 1700 余面	

续表

类别	企业名称	地区	主营业务	品牌 Logo
广告业	西安中善品牌设计有限公司	西安	一家以专注餐饮品牌的策划设计公司，专注于餐饮领域为餐饮客户创造品牌体现价值，提供品牌全案策划、年度营销设计策划、VI 视觉设计、空间设计、品牌策划运营、主题餐饮策划、落地装修施工安装等	
	陕西沙龙传媒有限公司	西安	成立于 1993 年，中国一级广告企业媒体服务类。2013 年被陕西省委、省政府评为"陕西省文化企业十强"之一。2014 年沙龙传媒整合"互联网 +"思想，创立沙龙艺术，以传统为支撑，以科技为工具，沙龙传媒、沙龙掌拍科技有限公司、沙龙艺术网三大业务版块初步形成了闭环和创新业态	
	西安深视广告有限公司	西安	成立于 2000 年，中国二级广告企业媒体服务类，是城市商业文化运营商，优质户外媒体供应商，策划、创意、设计推广商；装饰、展览展示制作商	
	陕西恒达广印发展有限公司	安康	成立于 2015 年，陕西一级广告企业设计制作类，安康本土成长而起的文化产业综合机构，公司以创意设计、广告标识设计制作、数字印刷、数字化档案整理、办公设备文具销售、智能监安防、自助共享打印研发与运营为一体的综合服务企业，为客户提供一站式办公文化服务。公司荣获中国快印行业"TOP100"品牌、中国快印最佳店面奖	

续表

类别	企业名称	地区	主营业务	品牌 Logo
广告业	陕西南风广告照明装饰工程有限公司	渭南	成立于 2006 年，陕西二级广告企业综合服务类，集广告、策划、设计、制作、媒介销售、代理发布为一体的广告公司	
	陕西汉三宝广告文化传播有限公司	西安	成立于 2006 年，是一家户外媒体投资开发、平面广告策划代理等业务的专业化公司。公司荣获陕西省广告业 A 级企业、省广告综合实力前十强、陕西省十佳广告公司等荣誉	HAN SAN BAO
会议、展览及相关服务	陕西省会展中心集团有限公司	西安	成立于 2000 年，是陕西省委、省政府批准成立的国有独资企业，是丝绸之路国际博览会暨中国东西部合作与投资贸易洽谈会常设机构。主要负责组织承办省政府举办或以省政府名义组团参加的各类经贸展销活动；承接国内外来陕举办经贸展销活动的单位委托办理的有关业务；自办各类经贸展销活动；开办会展相关业务	
	西安曲江国际会展（集团）有限公司	西安	成立于 2006 年 9 月，注册资金 5000 万元，是以展览项目策划运营、会议活动承接与申办组织、会展场馆管理运营、展台及展厅设计搭建等为主营业务方向的全产业链综合服务型会展企业集团。全国文化产业 30 强企业西安曲江文化产业投资（集团）有限公司旗下全资国有企业，拥有 19 家成员企业，总资产超过一亿元，西北行业领军企业和西安会展龙头企业。会展集团于	QICEG

类别	企业名称	地区	主营业务	品牌 Logo
会议、展览及相关服务	西安曲江国际会展（集团）有限公司	西安	2016 年成功加入 ICCA、IFES、IAEE 三大国际会展行业组织，同年通过质量、环境、职业健康安全管理体系认证，2019 年通过国家级、省级会展服务标准化试点项目验收，是陕西省服务名牌企业、西安市文明单位	
	西部国际会展有限公司	西安	一家集会展承办、会议组织、会展广告、展览展示、活动策划、品牌推广等于一体的综合性专业会展服务机构，培育出"中国西部国际物流产业博览会""中国（西安）智慧交通博览会""中国（西安）电子商务博览会"等品牌展会项目	
	西安丝路国际会展中心有限公司	西安	成立于 2017 年，注册资本为 200000 万元。位于浐灞生态区欧亚经济综合园区核心区，包括"西安丝路国际展览中心"和"西安丝路国际会议中心"，以欧亚经济论坛为依托，围绕国家"一带一路"建设，建设集生态化、国际化、智能化于一体的会议中心、展览中心、旅游商贸中心、星级酒店等会展综合体，打造丝绸之路沿线文化、商贸、科技等展览、交流、交易为主题的大型会展平台。西安乃至西部地区最重要的会展中心，将以承接国际高端会务和外事国务活动为目标，建设集会、展、节、赛、演于一体的会展中心	—

续表

类别	企业名称	地区	主营业务	品牌 Logo
会议、展览及相关服务	百思特国际会展有限公司	西安	成立于2019年，注册资本为8000万元，前身为西安百思特展览装饰工程有限公司，是一家致力于为客户提供具营销价值的会展综合服务企业。公司下属子公司部署陕甘青宁，经营范围涉及展会策划与运营、品牌创意宣传推广、博物馆展陈设计实施、公关活动策划、海外营销推广等领域	百思特国际会展 BEST INTERNATIONAL EXHIBITION
	陕西新时代会展有限公司	西安	成立于2020年，注册资本为5000万元，是一家集专业展览会策划承办及展览展示配套服务于一体的综合性会展产业集成服务商，经营范围包含：会议及展览服务；组织文化艺术交流活动；组织体育表演活动；广告设计、代理；图文设计制作；项目策划与公关服务；咨询策划服务；市场营销策划；企业形象策划；体验式拓展活动及策划；体育赛事策划；个人商务服务	
	陕西杨凌天艺会展文化发展有限公司	杨凌示范区	成立于2018年，注册资本为5000万元，天艺会展精诚深耕会展行业十八余载，以主场搭建、舞美搭建、展厅施工、标识标牌制作、商场美陈、城市亮化为主营业务。先后获得"中国展览馆协会会员单位"、全国会展工作委员会工程"一级资质"、西安市会展行业协会"会长单位"、陕西省会展行业协会"理事单位"、西安市展览工程企业"一级甲等资质"、西安市会展协会展览工程"五星级工厂"、"陕西省展览行业优秀企业"、欧亚经济论坛"优秀搭建商"、豫晋陕会展行业联盟"最佳会展服务企业"等荣誉称号	TIANYI 天艺会展

续表

类别	企业名称	地区	主营业务	品牌 Logo
会议、展览及相关服务	政华国际会展有限公司	西安	成立于 2017 年，注册资本为 5000 万元，专业从事国内、国际展览及会议的策划、组织、承办、现场服务	
其他商务服务	希格玛会计师事务所（特殊普通合伙）	西安	全国最早成立的八家会计师事务所之一，综合实力连续多年位居全国行业前 30 强，成为西部地区行业内最具影响力的专业服务机构。现已形成了以证券期货相关业务为龙头，集财务审计、管理咨询、工程咨询、税务咨询、司法鉴定等于一体的多元化专业服务体系	
	西安永秀企业管理咨询有限公司	西安	成立于 2011 年，主要经营企业管理咨询；企业形象策划；商务信息咨询；会展会议服务；系统内员工培训；房屋租赁	
	西安方元市场研究有限责任公司	西安	成立于 1999 年，提供全面的市场调查服务，包括产品市场调查、竞争对手调查、渠道研究、消费者研究等的专业市场研究公司，在西北地区最早成为中国市场研究行业协会常务理事会员单位	
	西安麦迪逊科技服务有限公司	西安	麦迪逊 IPO 孵化工厂是中国西部首家具有自主研发、自我知识产权及大数据体系支撑的大型综合服务平台	
	陕西易华企业管理有限公司	西安	成立于 2012 年，专注于为客户提供一站式企业服务，为企业提供人力资源、工商财税、企业网站搭建、400 电话等一条龙优质服务。本公司致力打造全国中小型企业服务供应商	

续表

类别	企业名称	地区	主营业务	品牌 Logo
其他商务服务	西安思益管理咨询有限公司	西安	成立于2012年，经陕西省科技厅批准进驻陕西省科技资源统筹中心，主要为企业和政府提供科技政策、战略规划、公司发展、成果转化等咨询服务	
	陕西韬达律师事务所	西安	成立于2015年，是经司法部名称核准、陕西省司法厅批准设立的合伙制律师事务所。2018年韬达律所经国家知识产权局批准，已取得专利代理资质；2020年度、2021年度中国律所百强	
	陕西永嘉信律师事务所	西安	成立于2001年，是一家以民商事法律服务为专业定向，在陕西居于领先地位的综合性律师事务所。2010年改制为特殊的普通合伙制律师事务所。现有从业人员200余人，拥有60名合伙人，146名执业律师，53名律师助理和行政人员，2020年度、2021年度中国律所百强	
	陕西稼轩律师事务所	西安	经陕西省司法厅批准设立的以公司、商事法律服务为主的综合性法律服务机构，以企事业单位、政府机构为主要服务对象，致力于企业法律风险防控，服务领域涵盖公司法人治理、企业投融资、金融证券、知识产权、房地产与建筑、劳动人事、民商事诉讼和仲裁、刑事辩护及重大商务谈判等法律业务。2020年度中国律师事务所百强	

类别	企业名称	地区	主营业务	品牌 Logo
其他商务服务	陕西丰瑞律师事务所	西安	创立于 1988 年，是陕西省司法厅直属的合伙制律师事务所，原名陕西第三律师事务所、陕西嘉瑞律师事务所，陕西地区综合型、大型律师事务所，作为包括中共陕西省委，陕西省人民政府，陕西省人大常委会，中钢集团、陕西文化产业投资集团等在内的数百家行政事业单位和企业常年的法律顾问。2020 年度中国律师事务所百强	陕西丰瑞律师事务所 SHAANXI FOREVER LAW FIRM
	陕西法智律师事务所	西安	原西北政法学院创办的陕西第四律师事务所，成立于 1988 年，是陕西省司法厅直属律师事务所，2021 年度《中国律所百强》上榜律所	SHAAN XI FA ZHI LAW F 陕西法智律师事务
	陕西洪振律师事务所	西安	成立于 1997 年，首先在陕西省实行企业化运行、实行律师薪金制度管理的法律服务机构，"陕西省律师事务所规范化建设先进律师事务所""西安市优秀律师事务所"和"西安市市级文明律师事务所"，2021 年度中国律所百强	洪振律师事务所 HONG ZHEN LAW FIRM
	咸阳市政府投资引导基金管理有限公司	咸阳	成立于 2017 年 8 月 9 日，是市政府授权市财政局出资设立的国有独资企业，市财政局协助市政府履行管理职责。公司注册资本 10 亿元，主要从事基金投资运营管理；财政投资、投资管理、股权投资及资产管理；资产重组与并购；财务咨询、资信调查和市政府批准的其他业务，负责引导基金和公益类、准公益类子基金的日常投资和运营工作	

类别	企业名称	地区	主营业务	品牌 Logo
其他商务服务	西北（陕西）国际招标有限公司	西安	西北（陕西）国际招标有限公司是根据国务院国发〔1985〕13号文件的决定，由原国家经委〔1986〕38号文于1986年1月20日批准成立的八大区域性专职招标代理机构之一。历经三十余年的发展，现已成为具有招标代理、工程造价咨询、工程监理、全过程工程咨询等业务的智库型咨询企业	
	陕西创联技术转移服务有限公司	西安	成立于2009年，是陕西省一级知识产权代理服务机构；公司于2013年通过陕西省知识产权局评审，成为陕西省指定的知识产权贯标辅导机构。公司主要代理知识产权相关业务和疑难复杂案件，包括专利、商标、版权等，同时协助客户办理知识产权在国内外的申请确权及后期维权等业务	
	西安红日知识产权服务有限公司	西安	成立于2016年，致力于在知识产权领域提供专业服务的一家公司，主要为中国区企业提供全面的法律与技术支持	

（二）陕西省商务服务业自主品牌企业重点介绍

1. 陕西西部广告传媒有限公司

陕西西部广告传媒有限公司（以下简称"西部传媒"）成立于2011年4月，实收资金1亿元，是陕西省人民政府直属的大型国有文化企业"陕文投集团"的全资子公司、中国广告协会会员单位、陕西省广告协会副会长单位。作为广告传媒领域综合性的投资运营管理公司，西部传媒坚持产品服务与资本运作双轮驱动，秉承"开放合作、共赢共好"的经营理念，贯彻"内生孵化"与"外延发展"的经营战略，积极推进国有资本与社会资本的融合，推动混合所有制改革，构建数字广告传媒行业的产业孵化平台、人才集聚平台、资源整合平台、企业融资平台和品牌创建平台。目前，公司旗下拥有1家分公司、1家全资子公司、4家控股子公司、4家参股公司以及多个正在筹建的由创业团队主导的轻资产运营模拟公司化项目组，涉及品牌营销、数字营销、会展营销、海外营销、内容营销、移动互联网媒体运营、户外媒体运营、基金运营、投资管理等多个业务领域，致力于成为为用户提供以数字驱动的整合营销传播服务提供商。

"西部传媒"拥有多种媒体资源，其中户外媒体包括铁路媒体、高速公路媒体、智慧云亭、梯影及校园媒体、道闸及其他媒体；数字媒体包括一点资讯和36氪。一点资讯是一款为兴趣而生、有机融合搜索和个性化推荐技术的兴趣引擎，团队致力于基于兴趣为用户提供私人定制的精准资讯，并成长为移动互联网时期一代内容分发平台。一点资讯作为国际领先的资讯类产品，依靠强劲实力迅速位居新闻资讯应用前三。截至2017年5月，一点资讯安装量超过3.3亿户，月活跃用户超1.7亿户。36氪为中国科技、创业投资机构和专业人士提供具备全球视野的全景式科技、创投最前沿资讯，让一部分人先看到未来的同时，深度参与科技创新产业链的内容服务商、产业链资源整合者、创新生活方式缔造者。

2. 希格玛会计师事务所（特殊普通合伙）

希格玛会计师事务所（特殊普通合伙）（以下简称"希格玛"）是全国最早成立的八家会计师事务所之一，中国会计师事务所百强之一。在服务经济社会发展的过程中实现了快速成长，积累了良好的专业基础、人才基础、管理基础和市场基础，综合实力连续多年位居全国行业前30强，成为西部地区行业内最具影响力的专业服务机构。希格玛所现已形成了以证券期货相关业务为龙头，集财务审计、管理咨询、工程咨询、税务咨询、司法鉴定等于一体的多元化专业服务体系，服务对象包括中央企业、跨国公司、地方国企、民营企业、事业单位和各级政府，在北京、上海、新疆、甘肃、宁夏、四川、河南、江苏、安徽、深圳、福建等地设有分所。

希格玛积累了大量成功案例，多次为陕西建设机械、陕煤股份、延长石油、开源证券、宝塔山油漆等知名企业提供服务。已经获得财政部和中国证监会授予从事证券、期货相关业务审计资格；国务院国资委入围会计师事务所；国防科工局备案的军工涉密业务咨询服务单位；中国银行间市场交易商协会会员单位；工业和信息化部中介机构备选库入库单位；财政部投资评审中心入围的社会中介机构；国家烟草专卖局入围的会计师事务所；国家卫生健康委员会入围的会计师事务所；中华全国供销合作总社入围的会计师事务所；中国石油天然气集团公司财务中介机构备选库；国家住房和城乡建设部授予工程造价咨询和招标代理甲级资格等多项资质，成为西部最有影响力的会计师事务所品牌。

3. 西安曲江国际会展（集团）有限公司

西安曲江国际会展（集团）有限公司，成立于2006年，是西安曲江文化产业投资（集团）有限公司旗下全资国有企业，是以展览项目策划运营、会议活动承接与申办组织、会展场馆管理运营、展台及展厅设计搭建等为主营业务方向的全产业链综合服务型会展企业集团。作为西北行业领军企业和西安会展龙头企业，累计承接各类展览及会议活动5700余场，接待人流量4920万人次，先后获得国际国内行业奖项及省市区级荣誉表彰280余项；助力曲江新区获得"改革开放40年突出贡献会展强区""新中国70周年·中国最佳会展产业集聚区"等殊荣，在吸纳就业、公益事业、服务社会等方面，实现了良好的社会效益。西安曲江国际会展（集团）有限公司于2016年成功加入ICCA、IFES、IAEE三大国际会展行业组织，同年通过质量、环境、职业健康安全管理体系认证，2019年通过国家级、省级会展服务标准化试点项目验收，是陕西省服务名牌企业。

西安曲江国际会展（集团）有限公司经营板块主要包括文博会公司、西安曲江国际会议中心、西安国际会议中心、文化CBD展示中心、展览业务中心、数字展馆等主要部分，同时拥有"中国西部文化产业博览会""第15届中国西安国际科学技术产业博览会暨硬科技产业博览会""西安数字互动娱乐文化周"等自办展项目，2020年，西安曲江国际会议中心荣获中国会议中心排行榜第七名。

四、陕西省商务服务业品牌发展存在的问题及对策建议

（一）存在的问题

（1）品牌建设意识不强。陕西省商务服务业大多数企业对品牌建设不够重视，品牌效应未能充分发挥，严重削弱了自身的竞争力。广告业、企业管理服务、咨询与调查等方面都缺少规模较大的相关企业，会展业虽具有一定的规模，但会展的质量和数量以及对外扩张的能力还有待提升，无法形成具有较大影响力的品牌。

（2）品牌建设环境有待改善。商务服务业准入标准不够明确，行业的准入门槛比较低，并且缺乏健全的企业信用信息体系与完善的激励机制和自律机制，行业内存在一些品质、规模都较差的服务提供商，存在大量的失信行为，不利于行业的健康发展。比如，广告业，广告是企业进行宣传的一种手段，但是由于缺乏有效的管理手段也使得垃圾广告泛滥成灾；各种广告的电子邮件影响人们正常的邮件收发，也损失了大量的治理费用；网络广告的插入，给用户上网带来很大的烦恼。

另外，陕西省商务服务业的管理体系与统计制度也亟待完善与优化。商务服务业涉及多个行业门类，分属不同的政府主管部门而缺少统一管理，统

计平台建设较为落后，统计数据的收集难度较大，风险监测与分析跟进不力，都不利于商务服务业的长期发展。

（二）对策建议

（1）重点培育，提升品牌核心价值。培养品牌意识，培育重点企业，提高企业品牌影响力。陕西省在会展、会务服务等方面具有明显的比较优势，会展品牌已成系列，已构成陕西商务服务业的核心竞争能力。随着"一带一路"建设的深入推进，要不断加强外部合作，扩大开放领域，实现全方位、多层次的开放合作体系；要充分运用会展业资源优势，借助欧亚经济论坛、西洽会等品牌展会不断扩大会展业企业品牌影响力，在企业管理服务、咨询和调查、广告业等领域要培育重点企业，打造具有竞争力的自主品牌。

（2）多方发力，优化品牌建设环境。积极发挥政府主导力量，健全市场运行机制，完善商务服务业管理体系，为商务服务业建构一个政策环境稳定、市场透明、服务高效便捷、风险可预期的支持体系和营商环境。

充分发挥行业协会的桥梁和纽带作用，引导商务服务企业在自愿的基础上建立行业协会，在市场准入、信息咨询、规范经营行为、实施国家和行业标准、价格协调、调解利益纠纷、规避行业损害调查等方面发挥自律作用，强化政府、中介组织、行业协会和现代服务业企业之间的沟通联系以及服务业各行业间的协调配合，切实维护和保障行业内企业的合法权益。

（3）创新发展，提升品牌服务能力。陕西省商务服务企业要加快改革创新步伐，建立现代企业制度，优化企业组织结构，逐步形成一批具有市场竞争力的大公司、大集团，逐步形成一批经营方式灵活、服务品种多样、具有自身特色的中小企业，逐步形成一批能承接国际业务的优秀中介机构，改变商务服务业务"小、散、弱"的局面；要坚持自身孵化与引进吸收相结合的发展战略，以发展楼宇经济、总部经济和会展经济为商务服务业的龙头，努力打造一批总部经济发展带、集聚区和商务服务主题楼宇，凸显商务服务业主题楼宇的集聚效应，提升商务服务业的辐射力和核心竞争力；要发挥地域优势，本着优势互补、资源整合的原则，主动接收上海、苏南地区以及南京的商务服务业的辐射，依托金融、信息、物流等综合性服务功能，不断提升商务服务业的承接能力以及经济能级，不断提升商务服务业的综合服务功能。

第四节　陕西省家政服务业

一、家政服务业概念界定及分类标准

家政服务业是指以家庭为主要服务对象，以家庭保洁、衣物洗涤、烹饪、家庭护理、家电清洗、家庭空气治理、婴幼儿看护等家庭日常生活事务为主要服务内容，由家庭服务经营者提供的营利性服务活动，包括居家服务（保姆）、钟点工、计件工等。

根据调查情况发现陕西省家政服务业企业都为自主品牌企业，主营业务比较相似，因此，本报告不再对所筛选的企业进行细分。

二、陕西省家政服务业发展现状

（一）行业政策

习近平总书记在党的十九大报告中指出，"中国特色社会主义进入新时代，我国社会主要矛盾已经转化为人民日益增长的美好生活需要和不平衡不充分的发展之间的矛盾。"人民的美好生活成为总书记一直关注的重点，习近平总书记多次强调，"人民对美好生活的向往，就是我们的奋斗目标。"因此，幸福产业作为满足人民美好生活需要的基础产业以及服务业的重要组成部分，有着不可忽视的重要地位，发展幸福产业有利于提高服务业发展质量，幸福产业的发展质量在很大程度上影响着服务业发展质量。

2007 年，商务部召开"全国家政服务业现场经验交流会"，此次交流会深入贯彻落实党的十七大精神，意在总结和交流各地发展家政服务业经验，推动和促进家政服务业更好更快发展。2010 年 9 月，时任国务院总理温家宝主持召开题为《国务院会议关于家政行业政策措施》的国务院常务会议，会议确定了家政服务业下一步将从加强统筹规划、规划市场秩序、加强就业服务和职业技能培训、切实维护家庭服务从业人员合法权益、加大财税等政策扶持力度等方面入手，推动我国家政服务业的发展。2021 年国务院办公厅发布《关于促进家政服务业提质扩容的意见》，提出 36 条具体政策，将通过发展员工制企业、推动家政进社区以及开展家政培训提升行动等方式，实现家政服务业高质量发展。此外，随着经济的快速发展及生活水平的提高，产后护理越来越普遍，要求也越来越高，月子中心市场的发展潜力也随之越来越大。我国目前出台的《产后母婴康复机构管理和服务指南》《母婴保健服务场所通用要求》都为行业发展提供了依据。

陕西省顺应时代发展，在国家政策的引导下，坚持市场运作与政府引导相结合，大力推进家庭服务业市场化、产业化、社会化；坚持政策扶持与规范管理相结合，积极实施扶持家庭服务业发展的产业政策，倡导诚信经营，加强市场监管，规范经营行为和用工行为；坚持满足生活需求与促进经济结构调整相结合，通过发展家庭服务业，为家庭提供多样化、高质量服务，带动相关服务行业发展，扩大服务消费；坚持促进就业与维护权益相结合，努力吸纳更多劳动者尤其是农村富余劳动力转移就业，妥善处理家庭服务机构、家庭与从业人员之间的关系，维护从业人员合法权益。2012 年 2 月，陕西省人力资源和社会保障厅发布《关于加快发展家庭服务业意见的通知》（以下简称《通知》），《通知》表明到 2015 年陕西省将建立发展家庭服务业的政策体系和监管机制，形成以知名度高、信誉好的家庭服务企业为骨干，服务门类齐全、规范的家庭服务市场，供需基本平衡。到 2020 年，市场化、产业化、社会化机制形成，惠及城乡居民的家庭服务体系比较健全，能够基本满足家庭的服务需求，总体发展水平与全面建成小康社会的要求相适应。2012~2018年，陕西省先后发布了《家政服务指南——母婴护理》等7项地方标准，有力促进了家政产业的健康发展。表3-14为国家层面家政服务业相关政策。

表3-14　国家层面家政服务业相关政策

发布时间	发布部门	政策名称
2019年6月	国务院	《关于促进家政服务业提质扩容的意见》
2019年7月	国家发展改革委、商务局	《关于开展家政服务业提质扩容"领跑者"行动试点工作》
2019年8月	国家发展改革委	《关于开展家政服务领域信用建设专项行动的通知》
2020年8月	国务院	《"十四五"规划》
2021年10月	商务部	《家政兴农行动计划（2021–2025年）》

（二）行业规模

传统家政服务只是为家庭提供简单的服务，如保姆、钟点工等。随着居民对家政服务内容及质量要求的不断提高，如今的家政服务已由简单的家庭服务延伸到人民群众日常生活的方方面面，涉及20多个领域200多个服务项目。在陕西省政府的大力发展下，陕西省家政服务业态形式多样，覆盖面广，基本囊括了国家关于家政服务行业的11大类112小项，且重点业态凸显。

2015年陕西省有5家企业年营业额达到1000万元以上，被国务院发展家庭服务业促进就业部际联席会议办公室认定为全国家政服务业"百强"企业；有47家家政服务企业年营业收入100万元以上，被认定为全国家政服务业"千户"企业。在2011年、2012年、2015年连续三次举办的全国家政服务企业"千户百强"创建活动中，陕西省均位列西部省份前茅。

截至2018年，陕西省家政服务业注册企业2703家，涌现出一批优秀企业品牌，如宝鸡市惠普妇女创业服务有限公司旗下的"西秦大姐"品牌、汉中东方清洗家政服务有限公司旗下的"汉水妹子""汉家嫂"品牌、铜川市妇联巾帼家政服务有限公司旗下的"小芳月嫂"品牌、陕西康嫂家政服务有限公司旗下的"康嫂"品牌、西安三秦妹子家政服务有限公司旗下的"三秦妹子"品牌、陕西妇联巾帼秦嫂家政有限公司旗下的"秦嫂"品牌等。这些标杆企业的引领对于规范家政服务市场、促进行业健康发展起到了积极作用。

三、陕西省家政服务业品牌企业发展现状

（一）陕西省家政服务业品牌企业存量

本报告根据企业注册资本、产业规模、主营业务水平以及排名等因素综合考虑，并结合实际调研情况综合分析，在陕西省众多家政服务业企业法人单位中初步筛选出具有一定品牌影响力的相关企业（见表 3-15）。

表 3-15 陕西省家政服务业自主品牌企业简表

大类	企业名称
家政服务业（36家）	陕西好又爱家政服务有限公司、宝鸡市好育佳家政服务有限公司、宝鸡市好阿姨家政服务有限公司、陕西慈亲家政服务有限公司、西安百分百家政服务有限公司、安康市博思特家政服务有限公司、三原丽帮家政服务有限公司、神木市林缘家政服务有限公司、泾河新城巾帼家政服务有限公司、富平县艺德家政服务有限公司、陕西妇联巾帼秦嫂家政有限公司、西安婴之宝母婴服务有限公司、汉中巾帼养老家政服务中心、宝鸡丽佳爱康家政服务有限公司、西安百姓家政服务有限公司、西安爱森特家政服务有限公司、凤翔县雍城家政服务有限公司、延安市乐贝儿家政服务有限公司、西安萱美家政服务有限公司、神木月儿湾家政服务有限公司、西安紫薇雅清居家政服务有限公司、西安金宝美家政服务有限公司、延安市圣情家政服务有限公司、宁陕县文苗劳务保洁有限公司、陕西邦洁物业管理有限公司、韩城市尚嘉家政服务有限公司、宜川县金地家政服务有限公司、西安满天星家庭服务有限公司、定边县洁美园家政服务有限公司、渭南市众德物业保洁有限公司、汉中市立清清洗家政服务有限公司、韩城市宗祥家政清洁服务有限公司、镇巴宜新家政服务有限责任公司、汉中事无忧家政服务有限公司、陕西尼特保洁服务有限公司、安康市金诚家政服务有限公司

陕西省家政服务业品牌企业的主营业务、品牌名称以及品牌 Logo 如表 3–16 所示。

表 3–16 陕西省家政服务业自主品牌企业详表

企业名称	地区	主营业务	品牌名称	品牌 Logo
陕西金贝儿母婴家政服务有限公司	西安	家庭服务；婴幼儿摄影服务；玩具、服装、鞋帽、日用百货、工艺品、婴儿用品的销售；产后形体恢复训练及相关咨询服务；母婴家政服务信息咨询	陕西金贝儿母婴家政服务有限公司	GoldenSunny
渭南市博思特家政服务有限公司	渭南	家政服务；园林绿化工程的设计、施工、养护；休闲养老及日间照料；残疾人居家托养服务；家庭护理；母婴护理；育婴护理；早教服务；月嫂服务；家庭烹饪；单位、家庭保洁；外墙清洗；搬家；宠物托管；家电维修服务；劳保清洁用品、孕婴及老年人用品、宠物用品及日用品代购配送及销售	秦岳大姐	
			博思特	博思特
西安好月嫂家政服务有限公司	西安	托育服务（不含幼儿园、托儿所）；家政服务；病人陪护服务；居民日常生活服务；中医养生保健服务（非医疗）	乐宝	乐宝 LEBAO
西安蜗牛家庭服务有限公司	西安	室内外保洁服务；家政服务；装饰装修工程的设计、施工；园林养护	蜗牛家政	woniujiazheng
铜川市妇联巾帼家政服务有限公司	铜川	家政服务，养老托管，室内外保洁，家庭保洁，家庭烹饪，家庭护理	小芳月嫂	小芳月嫂 Xiaofang Baoyaole

续表

企业名称	地区	主营业务	品牌名称	品牌 Logo
宝鸡市惠普妇女创业服务有限公司	宝鸡	家政服务；月子服务；养老服务；保洁服务	西秦大姐	
咸阳爱心家政服务有限公司	咸阳	家政服务、楼宇清洗、清洁保护、陪护	爱心家政	
西安金宝美家政服务有限公司	西安	家政服务；专业保洁、清洗、消毒服务；养老服务	金宝美	
陕西巾帼依诺家政服务有限公司	西安	家政服务；养老助残服务；保洁服务；环境污染治理；家庭保健	巾帼依诺	
			如亲	
			家事宝	
陕西妇联巾帼秦嫂家政有限公司	西安	家政服务（除病床陪护）	秦嫂	
西安助友家庭服务有限公司	西安	家政服务；专业保洁、清洗、消毒服务	西安助友家庭服务有限公司	
西安市总工会中顺家政服务有限责任公司	西安	家政服务；保洁服务；健康养生服务；产康服务；家庭收纳服务；家庭管家服务；搬家服务	西安市总工会中顺家政服务有限责任公司	

续表

企业名称	地区	主营业务	品牌名称	品牌 Logo
西安百姓家政服务有限公司	西安	家政服务（除病床陪护）；保洁服务；园林绿化	纺织月嫂	
西安安子新家庭服务有限公司	西安	医疗护理服务；家政服务	西安安子新家庭服务有限公司	
西安安心月子服务有限公司	西安	家政服务（除病护）	西安安心月子服务有限公司	
咸阳星光家政服务有限公司	咸阳	家政服务、家庭保洁、单位保洁托管、搬家；绿化工程、楼宇清洁	星光大姐	
延安市宝塔区圣情家政服务有限公司	延安	家政服务、保洁服务、搬家服务	圣情	
杨凌如翼家政服务管理有限公司	杨凌示范区	家政服务；母婴、婴幼儿护理；居家养老服务；病残陪护；钟点、管家	农城如翼	
延安市宝塔区丁峰家政服务有限公司	延安	家庭服务；清洁服务；搬家服务	丁峰家政	
韩城市巾帼依诺家政服务有限公司	韩城	家政服务、家庭保健、家庭教育、养老服务	韩城市巾帼依诺家政服务有限公司	

续表

企业名称	地区	主营业务	品牌名称	品牌 Logo
铜川市家政服务网络有限公司	铜川	家政服务，养老服务	照进红嫂	照金红嫂
延安市巧媳妇家政服务有限公司	延安	家政服务；清洁服务	亮晶巧媳妇家政部	亮晶晶巧媳妇家政 LIANG JING JING QIAO XI FU HOUSEKEEPING
城固亿家家政服务有限公司	汉中	家政服务、清洗、消毒服务；居民日常生活服务；病人陪护服务	亿家家政	亿家家政
延安市乐贝儿家政服务有限公司	延安	家政服务；保洁服务；母婴用品、家用电器销售。以下经营范围仅限分公司经营：零售预包装食品、乳制品	康乐贝儿	康乐贝儿
			睿贝舒	睿贝舒
汉中东方清洗家政服务有限公司	汉中	城乡环境卫生服务，公共及单位物业管理服务，生活垃圾清运，景观绿化养护，家政服务，养老护理服务	汉家嫂	汉家嫂
			汉水妹子	汉水妹子
西安方兴保洁有限公司	西安	楼宇的室内外保洁、清洗、粉刷；装饰装修工程、园林绿化工程的设计、施工；家政服务（除病床陪护）	西安方兴保洁有限公司	

续表

企业名称	地区	主营业务	品牌名称	品牌 Logo
西安金牌清洁家政绿化物业管理有限公司	西安	家政服务（除病床陪护）；楼宇环境及设备的清洗；楼宇高空清洗、粉刷	金牌家政	
			凹凸传奇金牌家政	
			金牌清洗保洁	
			金牌企业	
			御宝轩	
			凹凸阁	
陕西亚丰物业管理有限公司	渭南	家政服务；洗染服务；园林绿化工程施工；城市绿化管理；餐饮管理；建筑物清洁服务	亚丰家政	
西安海鑫家政清洁工程有限公司	西安	承接室内外保洁清洗工程；家政服务（除病床陪护）	海鑫	
汉中市立清清洗家政服务有限公司	汉中	建筑物高空外墙清洗、安装、防水、拆卸、保洁工程；家政服务	立清家政	
城固燎原迁喜家政有限责任公司	汉中	家政服务、医院陪护；日常保洁、工业保洁、环保工程及技术服务、环卫清扫、垃圾清运、除甲醛、园林绿化设计工程维护	张骞迁喜	

企业名称	地区	主营业务	品牌名称	品牌 Logo
汉中满意清洁家政服务有限责任公司	汉中	家政服务；建筑物清洁服务	汉中满意清洁家政服务有限责任公司	
安康市汉滨区南蜂鸟家政有限公司	安康	家庭服务；搬家服务；室内环境美化服务；家政培训；保洁清洗服务；室内环境治理	南蜂鸟	

（二）陕西省家政服务业自主品牌企业重点介绍

1. 汉中市满意清洁服务有限责任公司

汉中市满意清洁服务有限责任公司创建于 2007 年 9 月，是由汉中市工商部门批准成立的，固定资金 200 万元，年营业额 720 万元，年缴税 40 余万元。

公司以培育专业保洁团队，提供专业标准的保洁服务为目标。坚持对员工进行严格的岗前技能培训、在岗技术跟踪、岗后技能考核和素质提升培训，使每位员工都能熟练地掌握每种保洁器械的使用方法，各种清洁剂的配比，规范作业、礼貌待人、严格遵守公共秩序和劳动纪律。务实做到："规范的施工工艺、严格的质量标准、具体的检查方法。"

经过公司 15 年来在家政保洁行业不断地钻研摸索、严格要求，积累了丰富的保洁实操经验，拥有了一支技术、服务意识强的员工队伍。公司现有专业技术人员 28 名，专业管理人员 5 名。经过专业培训的保洁人员已达到 280 人。能掌握建筑物清洁保养专业理论和施工工艺，由经过专业培训的从业人员使用专业的设备来承接建筑物及家庭的清洁保养工程。

公司成立 15 年来累计为 1.2 万余户家庭进行了 2 万余次专业的保洁和开荒服务，常年保洁客户近 320 家。承接了医院、公园、景区、大型住宅区、事业单位办公楼等大型保洁项目 20 余处，获得了客户一致的好评。解决了 280 余名农村剩余劳动力的就业问题，带领广大农村妇女通过学习专业的保洁技能，给广大市民送去了温馨与洁净。同时通过公司全体员工的不懈努力提升了保洁员的个人素养和公司声誉。

公司主要经营范围：企事业单位、园区、风景区和大型居住社区物业保洁、外墙高空清洗安装、地毯玻璃清洗、石材打蜡翻新、大型中央空调，换热器及油烟管道清洗、管道安装、防水工程。家政服务，保姆，钟点工服务，开荒清洁等。

2. 渭南市博思特家政服务有限公司

渭南市博思特家政服务有限公司位于东风街中段 161 号，占地面积约 5000 平方米。公司始创于 2004 年，注册资金 510 万元。自 2016 年以来，公司业务由起初单一的保洁服务发展成为现在集家政、养老、培训、物业托管、社会公益于一体的综合型服务公司。公司始终"以培训带就业，以技能促增收，以诚信务实为目标，以天下家庭幸福为己任"。先后累计培训家政服务人员 10 万余人，技能鉴定合格率为 95%。年平均安置下岗职工、农民工达 3000 多人。有力促进了当地创业、就业工作，带动了市场经济，推动了第三产业发展，走在了陕西乃至全国家政服务业的最前端。

公司先后获得：全国"家庭服务先进单位"、全国家庭服务业"千户企业"、全国"五一巾帼标兵岗"、全国"商贸流通先进集体"、国家服务业标准化试点单位、陕西"服务业名牌"、"十大著名家庭服务企业"、"陕西省家政培训示范基地"、"陕西省首批家政服务业标准化试点单位"、"陕西省家政职业技能鉴定考核基地"、"渭南市先进集体"、"渭南市质量管理奖"等多项荣誉。

3. 陕西金贝儿母婴家政服务有限公司

陕西金贝儿母婴家政服务有限公司成立于 2007 年 3 月，是陕西省母婴护理服务的开创者，也是省内专注母婴服务领域的专业机构，旗下设有金种子职业技能培训学校。公司拥有多年的母婴服务经验，创立了月嫂育儿嫂培训体系、服务保障体系、完善的流程标准，提升了行业标准，树立了良好的规范，旨在促进家政行业的规范和良性发展。公司秉承"贴近妈妈、宝宝、家庭需求"的经营理念，在十多年的发展历程中，实行品牌化经营、模式化管理、专业化培训、集团化发展的战略，服务团队由最初的几十人发展到今天的近 2000 人，服务内容也由初期较为单一的月子护理服务发展到今天的集产妇月子护理、新生儿护理、产后营养膳食搭配、产后形体恢复、产后心理疏导、婴儿纪念品制作于一体的综合性服务机构，目前公司会员客户已达 23000 多个，遍布世界各地。作为企业既为家庭提供优质的月子、育婴服务，也为下岗待业女性及农村女性解决了就业问题，减轻了国家和社会的压力，得到了广大用户及社会各界的高度赞同。

4. 陕西巾帼依诺家政服务有限公司

陕西巾帼依诺家政服务有限公司是集培训、职业介绍、家政服务、家庭保健、家庭教育、养老服务、计算机软硬件开发和销售、网络工程设计、开发和运营、家庭用品销售配送等于一体的专业家庭服务实体。

近年来，通过自身扩展和整合资源，完成了巾帼依诺家庭服务职业学校、西安市莲湖区如亲居家养老服务中心、西安明朗物业管理有限公司等全资公司及控股机构的创建和改造。同时，建立直营和加盟店 46 个，形成纵贯陕西的格局，成为陕西省规模最大、体系最完善、专业化最强、完全以家庭服务为核心的综合性家政企业。

2009 年，公司投资注册"西安市莲湖区如亲居家养老服务中心"，对莲湖区政府援助的"高龄、孤寡、特困、重点优抚对象"老人提供无偿服务和对有条件的老人根据需求提供有偿服务；同时，承担残疾人居家安养、老干部居家养老服务和莲湖区居家养老信息平台的社会化运营工作。

为了实现传统服务的模式创新，2010 年，借助家政服务体系建设试点项目，公司组成信息化小组，将计算机技术引入家政管理，自主研发了"巾帼依诺家政管理系统"、巾帼依诺网、居家养老服务信息平台，实现了总部与分部之间、分部与分部之间、网站与内部管理系统之间互联互通，巾帼依诺以服务信息系统平台研发—运营—主体服务的综合模式，快速切入家庭服务信息化研发和应用领域。

公司的理念是"家庭用户的需求，巾帼依诺的追求"。在经营中，根据用户的需求，不断开发项目，提升质量，确定了"一小""一老"的服务定位，形成了家政培训、母婴服务、养老助残、信息技术四大主体业务。

四、陕西省家政服务业品牌发展存在的问题及对策建议

（一）存在的问题

（1）行业发展缓慢，品牌建设起步晚。陕西省家政养老行业发展水平较低，具体可用八个字来概括，即"一低一高，两多两少"。所谓"一低"就是企业创业进入门槛低、资金少、经营面积小、硬件设施水平低、员工素质低、高端人才紧缺、市场机会识别能力差、经营理念空泛、企业应变能力差；"一高"就是企业的倒闭率高；"两多"是指生存型创业者多、急功近利者多；所谓"两少"就是机会型创业者少、做强做大乃至做出品牌者少。另外，由于家政服务业本身存在的行业特殊性，即利润产出低，故大部分企业并不愿投身于该行业中，民间资本和社会力量投入家政服务业潜力还没有充分释放，行业整体体量不足，故在品牌建设方面发展举步维艰，尤其是针对品牌评价的相关标准制定不够完善，因此品牌化发展在该行业内将会面临很

大的机遇和挑战。

（2）行业未充分得到社会及相关企业的重视，品牌孵化难。家政服务行业相关的法律法规和行业标准尚未形成完善的体系。虽然陕西省为了拉动家政服务行业发展出台了一系列政策，但是却仅停留在宏观指导层面，很少针对家政服务内容、服务范围、技能水平等方面制定相关的实施细则，对家政市场的约束力不足。另外，相关政府部门针对该行业还没有完善的政策扶持，激励调动作用有限，同时还存在部分优惠政策未完全落实到位的情况。再者，当前中介制和会员制是陕西家政服务企业的主要组织形式，具备成本投入小、运营风险低的特点。在这种企业组织形式下，企业员工来源渠道单一，只与从业人员签订劳务合同，而不签订劳动合同，对从业人员的管理十分松散。在家政服务企业的运营中，尚未针对从业，人员、家政服务质量、客户管理等层面制定相应的规章制度，使得家政服务水平难以提升，品牌建设相对薄弱，从根本上限制了品牌的孵化。

（3）协调机制尚未建立，品牌影响力受限。家政服务业发展涉及部门、行业较多，在政府层面尚未建立工作协调机制，不能有效整合相关力量，协调发展，针对家政服务行业相关进展未进行及时报道宣传，限制家政服务行业内品牌的宣传推广，导致即使产生品牌，也不能被大众及时地认识了解，进而使其品牌很难在该行业内培育生存下去。

（二）对策建议

（1）整合品牌营销传播，为家政服务品牌塑造提供契机。"工欲善其事，必先利其器"，品牌整合营销传播是企业建立和发展强势品牌的有效手段。陕西家政服务企业应该做好企业品牌整合营销传播工作。首先，陕西政府应坚持正确的舆论导向，大力宣传家政服务业在社会发展中的积极作用，树立一批管理先进、服务一流的企业作为家政服务业的先进典型，提高家政服务业的社会地位，增强广大群众对家政服务业的重要性、发展前景和市场潜力的认知，尊重家政服务人员的辛勤劳动，转变人们对家政服务业的偏见，引导家政服务业的产业化发展，营造有利于陕西家政服务业持续健康发展的良好环境；其次，陕西家政服务企业要积极加入陕西家政服务协会，参与协会举办的各种活动，以此来提升自身的知名度；再次，陕西家政服务企业也要合理利用各种媒介与传播方式进行整合营销传播；最后，陕西家政服务企业应充分利用互联网技术进行企业信息传播。

（2）开发具有品牌文化内涵的家政服务产品，为家政服务品牌塑造提供动力。当今企业间的竞争不仅存在于有形产品的竞争，还更多体现为售后工作（服务）、品牌、信誉、核心文化的竞争。因此，企业要获得可持续发展的机会，必须在运营机制、售后服务、创新能力上更胜一筹。陕西家政服务企业要根据市场需求大力开发多元化、高品质的服务产品，及时捕捉市场不断涌现的高层次需求，及时推出新的服务产品予以满足；要严格执行或高于相关的行业标准，为顾客提供高水平的服务产品，提升顾客满意度、企业品牌的知名度与美誉度；要将中国传统的"仁、智、勇、乐、雅"文化内涵注入品牌人格，创造"人无我有"优势局面，彰显特色优势，实现个性发展。

（3）提高从业人员的素质，为家政服务品牌塑造提供助力。家政服务企业产品质量的高低在很大程度上取决于从业人员素质的高低，从业人员素质高、理解能力强、执行能力强，家政服务企业的产品就容易得到研发和推广，企业文化发挥协调和激励作用的余地也就更大。陕西家政服务企业要定期开展各类培训，除掌握必要的业务能力、沟通能力、服务技巧外，还要将企业核心价值观内化于心，外化于行，真正提高从业人员素质。

（4）运用竞合协同进化策略，为家政服务品牌塑造提供保障。建立正规的、正式的行业协会，制定统一的行业规范，更好地发挥其协调和监督功能，为家政服务从业人员提供专业、规范的服务，改变家政市场恶性竞争的局面，是陕西家政服务企业发展的必由之路。在行业协会组织制定的框架内，各个成员企业之间既要相互协作、相互协调，又要以相关法律法规、行业标准和规范为准绳开展良性竞争。这种既合作又竞争的"竞合协同进化策略"可以使家政企业在行业内部产生合理的优胜劣汰。

第五节　陕西省金融业

一、金融业概念界定及分类标准

金融业是指经营金融商品的特殊行业，金融业分为货币金融服务、资本市场服务、保险业、其他金融业，其中，货币金融服务包含货币银行服务、非货币银行服务等；资本市场服务包含证券市场服务、非公开募集证券投资基金、期货市场服务等；保险业包含人身保险、保险中介服务等；其他金融业包含金融信托与管理业务、控股公司服务、其他未列明金融业等。

金融业具有指标性、垄断性、高风险性、效益依赖性和高负债经营性的特点。指标性是指金融的指标数据从各个角度反映了国民经济的整体和个体状况；垄断性是指金融业是政府严格控制的行业，未经中央银行审批，任何单位和个人都不允许随意开设金融机构，另外也指具体金融业务的相对垄断性；高风险性是指金融业是巨额资金的集散中心，涉及国民经济各部门；效益依赖性是指金融效益取决于国民经济总体效益，受政策影响很大；高负债经营性是相对于一般工商企业而言，其自有资金比率较低。

根据调查情况发现陕西省金融业企业自主品牌企业数量较少，主营业务比较相似，因此，本报告不再对所筛选的企业进行细分。

二、陕西省金融业发展现状

金融业在国民经济中处于牵一发而动全身的地位，关系到经济发展和社会稳定。经过改革开放四十多年的快速发展，我国已初步建立起了由中国人民银行进行宏观调控，由银保监会、证监会分业监管，国有商业银行和其他新型商业银行为主体，政策性银行、非银行金融机构、外资金融机构并存，功能互补和协调发展的新的金融机构组织体系，随着经济的稳步增长和经济、金融体制改革的深入，金融业有着美好的发展前景。

2021 年，中国人民银行发布的《中国货币政策执行报告》中指出：发挥好货币政策工具的总量和结构双重功能，注重充分发力、精准发力、靠前发力，既不搞"大水漫灌"，又满足实体经济合理有效融资需求，着力加大对重点领域和薄弱环节的金融支持，实现总量稳、结构优的较好组合。

2022 年，中国人民银行、国家外汇管理局发布《关于做好疫情防控和经济社会发展金融服务的通知》，提出了 23 条具体措施，聚焦当下经济运行中的痛点难点，体现了金融担当，应当努力用好、用足。人民银行、银保监会联合召开金融支持实体经济座谈会，会议强调要提高政治站位，坚决把党中央、国务院有关决策部署落到实处；要充分认识做好疫情防控和经济社会发展金融服务的紧迫性和重要性，坚持金融为民理念，强化责任担当；要用好、用足各项金融政策，主动靠前服务实体经济；要坚持房子是用来住的、不是用来炒的定位。

2022 年，陕西省首次制定地方金融领域的地方性法规，通过的《陕西省地方金融条例》指出：地方金融组织应当建立健全金融消费者、投资者适当性制度，如实、充分揭示金融产品和服务的风险；不得向金融消费者、投资者推介与其自身需求、风险承受能力等不相符合的产品和服务；不得捆绑搭售产品、服务或者设置违反公平原则的交易条件，依法保障金融消费者、投资者的财产权、知情权和自主选择权等合法权益。

目前，陕西省金融业支持经济发展的能力持续增强，基本形成了以银行、信托、保险、证券、基金、期货为主体，小贷、典当等多元金融机构为辅助，业态门类齐全的金融业发展格局。2021 年以来，陕西全省金融运行继续保持良好势头，全省人民币贷款余额突破 4 万亿元大关，为 40113.35 亿元，同比增长 15.09%，增速创近 5 年来新高，高于全国平均水平 2.2 个百分点。

三、陕西省金融业品牌企业发展现状

（一）陕西省金融业品牌企业存量

陕西金融业自主品牌企业如表 3-17 所示。

表 3-17　陕西金融业自主品牌企业详表

企业名称	主营业务	品牌 Logo
陕西投资集团有限公司	煤田地质、水文地质、矿产勘察的筹建；地质技术服务、地质灾害处理；测绘工程、工程勘察、地基与基础工程的施工；煤炭开采的筹建；电力、化工、矿业、新能源的开发；项目投资（仅限公司自有资金）；房地产开发与经营；酒店经营的筹建；贸易；铁路运销；省政府要求的对全省重点产业领域和重大发展项目的投资管理；煤炭批发经营	SIGC 陕西投资集团有限公司 SHAANXI INVESTMENT GROUP CO.,LTD.
长安银行股份有限公司	吸收公众存款；发放短期、中期和长期贷款；办理票据承兑；代理发行、代理兑付、承销政府债券；从事银行卡业务；办理收付款项业务；提供保管箱服务；办理总行在中国银行业监督管理委员会批准业务范围内授权的其他形式；办理国内外结算；提供信用证服务及担保；经中国人民银行批准后办理结汇、售汇业务	长安银行 CHANG'AN BANK

续表

企业名称	主营业务	品牌 Logo
西安银行股份有限公司	吸收公众存款；发放短期、中期和长期贷款；办理国内结算；办理票据贴现；发行金融债券；代理发行、代理兑付、承销政府债券；买卖政府债券；从事同业拆借；提供担保；代理收付款项及代理保险业务；提供保管箱业务；办理地方财政信用周转使用资金的委托贷款业务；外汇存款、外汇贷款、外汇汇款、外汇兑换、国际结算、外汇票据的承兑和贴现；结汇、售汇、代客外汇买卖；资信调查、咨询、见证业务；经中国银保监会批准的其他业务	西安银行 BANK OF XI'AN
永安财产保险股份有限公司	企业财产损失保险、家庭财产损失保险、建筑工程保险、安装工程保险、货物运输保险、机动车辆保险、船舶保险、能源保险、一般责任保险、保证保险、信用保险（出口信用险除外）、短期健康保险、人身意外伤害保险等保险业务，经中国银保监会批准的其他保险业务	永安保险 YONG AN INSURANCE
陕西省国际信托股份有限公司	资金信托；动产信托；不动产信托；有价证券信托；其他财产或财产权信托；作为投资基金或者基金管理公司的发起人从事投资基金业务；经营企业资产的重组、购并及项目融资、公司理财、财务顾问等业务；受托经营国务院有关部门批准的证券承销业务；办理居间、咨询、资信调查等业务；代保管及保管箱业务；以存放同业、拆放同业、贷款、租赁、投资方式运用固有财产；以固有财产为他人提供担保；从事同业拆借；法律法规规定或中国银保监会批准的其他业务	陕国投

续表

企业名称	主营业务	品牌 Logo
陕西金融控股集团有限公司	资本运作及资产管理；股权投资及管理；受托管理专项资金；信用担保和再担保；实业经营；投融资及金融研究；企业重组、并购咨询的经营业务	
秦农银行	吸收公众存款；发放短期、中期和长期贷款；办理国内结算；办理票据承兑与贴现；代理发行、代理兑付、承销政府债券；买卖政府债券和金融债券；从事同业拆借；从事借记卡业务；代理收付款项及代理保险业务；提供保管箱服务；经银行业监督管理机构批准的其他业务	
迈科期货股份有限公司	商品期货经纪、金融期货经纪、资产管理、期货投资咨询、风险管理	
神木农村商业银行	吸收公众存款；发放短期、中期和长期贷款；办理国内结算；办理票据承兑与贴现；代理发行、代理兑付、承销政府债券；买卖政府债券、金融债券；从事同业拆借；代理收付款项及代理保险业收付款项；提供保管箱服务	
度小满	提供银行存款、公募基金、券商集合资管计划、保险等多元化产品	
西部证券	证券经纪；证券投资咨询；与证券交易、证券投资活动有关的财务顾问；证券承销与保荐；证券自营；证券资产管理；融资融券；证券投资基金代销；为期货公司提供中间介绍业务；代销金融产品	

（二）陕西省金融业自主品牌企业重点介绍

1. 陕西省投资集团有限公司

陕西省投资集团有限公司（以下简称"陕投集团"），是陕西省人民政府直属的国有特大型企业，注册资本金 30 亿元。该集团受省政府委托全权经营已经形成的资产和资本，参与对全省重大发展项目进行投资开发和管理，已初步形成以能源重化工为主导，以金融服务业为支撑的多元化产业格局，并在这些领域内发挥着国有资本对省域经济的投资引导和结构调整的作用。截至 2009 年底，资产总额 400.96 亿元，拥有控参股企业 58 家，投资的领域涉及国民经济 12 个行业，包括电力、煤炭、化工、天然气、金融、房地产、酒店服务、文化产业等。

陕投集团以全省经济社会发展的要求为出发点，通过强化融资功能、加强资本运营、提高经济效益、完善以资产为纽带的母子公司管理体系，把公司打造成实力雄厚、管理一流、具有较强竞争力的国内一流投资控股公司，为把陕西建设成为西部强省作出应有的贡献。2019 年 9 月 1 日，2019 年中国服务业企业 500 强榜单在济南发布，陕西投资集团有限公司排名第 157 位。2019 年 12 月 3 日，陕西省企业家协会发布了 2019 陕西企业 100 强，陕西投资集团排名第 11 位，2018 年营业收入 371.8 亿元。

2. 长安银行股份有限公司

长安银行股份有限公司（以下简称"长安银行"）组建于 2009 年，注册资本 30 亿元。长安银行总部位于陕西省西安市，是由中国银行保险监督管理委员会批准，由宝鸡市商业银行、咸阳市商业银行、渭南市城市信用社、汉中市城市信用社和榆林市城市信用社五家地方法人银行业金融机构通过新设合并，联合其他发起人共同发起设立的。2017 年末，长安银行资产总额为 2094.91 亿元。2020 年末，该行资产总额已突破 3000 亿元，达到 3166 亿元。各项贷款余额 1845 亿元，同比增长 20.06%；各项存款余额 2345.10 亿元，同比增长 15.32%。

截至 2021 年 4 月，长安银行官网显示，该行下辖 10 家分行、14 家直属支行，开业网点 240 家，遍布省内 10 个设区市和杨凌示范区、西咸新区。

2019 年 12 月 3 日，陕西省企业家协会发布了 2019 陕西企业 100 强，长安银行排名第 30 位，2018 年营业收入 118 亿元。2020 年 3 月 9 日，"2019 年中国银行业 100 强榜单"发布，长安银行排名第 76 位。2021 年 8 月，长安银行总行小微金融部被命名为"第 20 届全国青年文明号"。2021 年 12 月，以 2020 年营业收入 1785792 万元位列"2021 陕西 100 强企业"榜单第 28 位；入选"2012—2021 连续十年入围陕西 100 强企业"名单。

3. 永安保险

永安保险创立于 1996 年，总部位于陕西省西安市。公司注册资本金 26.632 亿元，在全国 18 个省、区、市设有各类营业机构 778 个，其中分公司 22 个，拥有 1.5 万余名员工，总资产逾百亿元。永安保险产品有：企业财产保险、责任保险、家庭财产保险、工程保险、货物运输保险、人身意外险、短期健康保险等。

为了充分发挥服务社会的保障功能，永安保险先后与中国农业银行等 10 家商业银行总行建立了战略合作关系，与全球数十家再保险公司及安永、普华永道等专业咨询机构展开合作，增强了服务社会、保障经济建设的能力。2019 年 12 月 3 日，陕西省企业家协会发布了 2019 陕西企业 100 强，永安财产保险股份有限公司排名第 42 位，2020 年 12 月 24 日，陕西省企业家协会发布了 2020 陕西企业 100 强，永安财产保险股份有限公司排名第 35 位，2019 年营业收入 118 亿元。

四、陕西省金融业品牌发展存在的问题及对策建议

（一）存在的问题

金融业品牌建设的主要问题是品牌缺乏差异化、品牌形象不够清晰，这

主要缘于金融产品和服务的基本特征：

（1）同类产品之间高度同质化。金融企业很难通过产品的不同来构建并展示自己的差异化特点。

（2）产品与服务的高度抽象性。金融机构对客户的特别关照，很难被客户真正理解，客户难以确切感知品牌到底与自己有何相关，与自己有哪些特别的针对性。

（3）产品的广覆盖度。大多数金融企业都有多种多样的业务，如对公与对私的业务；经纪、资管与投行业务；等等，企业品牌必须能够覆盖这些产品线的营销沟通，为每一条产品线提供有力的背书，为各条产品线都能讲述企业品牌的统合性价值主张。

（二）对策建议

（1）强化公众关系。陕西省金融企业要有选择地对一些重大公众话题，鲜明地提出自己的价值洞察，以此增加对一些重要话题的介入，从而与公众产生比较深入的互动，让目标受众在公共话题领域中，感受到企业品牌的真诚与独特的看法或态度。这不仅有助于在生意之外，产生一种"我们是同一类人"的认同感，拉近彼此距离，而且在一定程度上，间接地打破产品同质化的障碍，增加受众对品牌的差异化记忆。

（2）增加局部互动。陕西省金融企业要显著增加与客户的多层次互动，通过推介会、市场形势解读、客户定期活动、社交媒体等形式，与各种类型的客户交流财富观、投资观甚至人生观，回答他们在产品利益及风险，以及相关的选择或操作方面的疑问；要将产品与服务人格化，用投资经理的推介带动产品与服务的推介，用可感可知的个人专业形象去消弭不熟悉和不确定带来的恐惧，让普通中产人士理解并接受抽象而复杂的金融产品与服务概念，并对企业产生亲近感。

（3）增设产品品牌。陕西金融业品牌建设应该把企业品牌作为皇冠级主品牌着力打造，而将产品品牌作为皇冠上的明珠。两者有分有合，使产品推广能受到企业品牌的大力背签，产品的成功，又反过来增加企业品牌的活力，拓展企业声誉和市场地位。

金融服务除功能性价值外，金融企业高管和品牌团队一定要看到它还有体验性价值和社会性价值。这三种价值，都可以用品牌所代表的意义来加以统领。唯有激动人心的意义，才能激发经久的非凡。所以，金融品牌工作的根本任务，是为金融机构的业务赋予一种简单而触及人心的意义，让它在当今社会与经济发展中，在人们的生活与工作中，获得一个确定的身份，以一种确定的角色来影响社会与经济发展的进程（见图 3-1）。

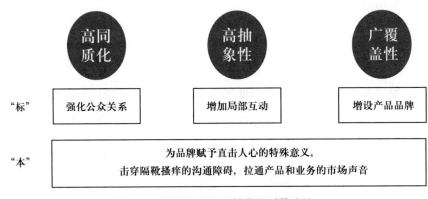

图 3-1　陕西金融业品牌发展对策建议

第六节　陕西省房地产业

一、房地产业概念界定及分类标准

房地产业是进行房地产投资、开发、经营、管理、服务的行业，是具有基础性、先导性、带动性和风险性的产业，具体内容主要包括：房地产开发经营、物业管理、房地产中介、房地产租赁经营等。

房地产开发经营是指房地产开发企业进行的房屋、基础设施建设等开发，以及转让房地产开发项目或者销售房屋等活动；物业管理指物业服务企业按照合同约定，对房屋及配套的设施设备和相关场地进行维修、养护、管理，维护环境卫生和相关秩序的活动；房地产中介服务指房地产咨询、房地产价格评估、房地产经纪等活动；房地产租赁经营指各类单位和居民住户的营利性房地产租赁活动，以及房地产管理部门和企事业单位、机关提供的非营利性租赁服务，包括体育场地租赁服务。房地产行业分类如表3-18所示。

表3-18　房地产行业分类

大类	中类
房地产业	房地产开发经营
	物业管理
	房地产中介服务
	房地产租赁经营

二、陕西省房地产业发展现状

（一）行业政策

自我国商业地产行业发展以来，国务院、国家发展改革委、中国人民银行等多部门都陆续印发了支持、规范商业地产行业的发展政策，内容涉及商业地产发展路线、商业地产行业融资规范、商业地产销售规范、用地政策等内容（见表3-19、表3-20、表3-21）。

表3-19　国家层面有相关商业地产行业的政策重点内容解读

发布时间	发布部门	政策名称	重点内容解读	政策性质
2019年5月	国家自然资源局	《国有建设用地使用权出让地价评估技术规范》	在中华人民共和国境内出让国有建设用地使用权涉及的地价评估以及因调整土地使用条件、发生土地增值等情况需补缴地价款的评估	规范类

续表

发布时间	发布部门	政策名称	重点内容解读	政策性质
2019年8月	国家自然资源局	《中华人民共和国土地管理法》（2019年修正）、《中华人民共和国城市房地产管理法》（2019年修正）	为了加强对城市房地产的管理，维护房地产市场秩序，保障房地产权利人的合法权益，促进房地产业的健康发展，于2020年1月1日起实施	规范类
2019年9月	国家自然资源	《关于以"多规合一"为基础推进规划用地"多审合一、多证合一"改革的通知》	①将建设项目选址意见书、建设项目用地预审意见合并。②将建设用地规划许可证、建设用地批准书合并。③将建设用地审批、城乡规划许可、规划核实、竣工验收和不动产登记等多项测绘业务整合，归口成果管理，推进"多测合并、联合测绘、成果共享"。④各地要依据"多审合一、多证合一"改革要求，核发新版证书	规范类
2019年11月	国务院	《关于在国土空间规划中统筹划定落实三条控制线的指导意见》	进一步明确了"三条线"划定的基本原则、具体要求和管制规则，为全国统筹划定三条控制线提供了政策依据	规范类
2020年4月	国务院	《关于构建更加完善的要素市场化配置体制机制的意见》	推进土地要素市场化配置。包括：建立健全城乡统一的建设用地市场、深化产业用地市场化配置改革、鼓励盘活存量建设用地和完善土地管理体制	支持类

续表

发布时间	发布部门	政策名称	重点内容解读	政策性质
2020年9月	国务院	《国务院办公厅转发国家发展改革委关于促进特色小镇规范健康发展意见的通知》	我国将严控特色小镇房地产化倾向，在充分论证人口规模基础上合理控制住宅用地在建设用地中所占比重。除原有传统民居外，特色小镇建设用地中住宅用地占比原则上不超过1/3	支持类
2020年10月	国务院	《中华人民共和国国民经济和社会发展第十四个五年规划和2035年远景目标纲要》	推进房地产税立法，健全地方税体系，逐步扩大地方税政管理权。实施房地产市场平稳健康发展长效机制，促进房地产与实体经济均衡发展	规划类
2021年3月	银保监会、住房和城乡建设部、中国人民银行	《关于防止经营用途贷款违规流入房地产领域的通知》	落实好党中央、国务院关于促进房地产市场平稳健康发展的决策部署。防止经营用途贷款违规流入房地产领域，更好地支持实体经济发展	规范类

表3-20　国家层面有关商业地产价格的政策解读

时间	政策名称	政策内容
2013年至今（推动农村集体用地向建设用地置换，支撑城市群建设）	《中共中央关于全面深化改革若干重大问题的决定》	建立城乡统一的建设用地市场。在符合规划和用途管制前提下，允许农村集体经营性建设用地出让、租赁、入股，实行与国有土地同等入市、同权同价

时间	政策名称	政策内容
2013 年至今（推动农村集体用地向建设用地置换，支撑城市群建设）	《全国国土规划纲要（2016-2030 年）》	到 2020 年，全国主体功能区布局基本形成，国土空间布局得到优化；到 2030 年，主体功能区布局进一步完善，以重点经济区、城市群、农产品主产区为支撑，重要轴带为主干的新型工业化、城镇化格局基本形成，人口售疏更加有序，城市文化更加繁荣，全方位对外开放格局逐步完善，国际竞争力显著增强，国土开发强度不超过 4.62%，城镇空间控制在 11.67 万平方千米以内
	《关于完善建设用地使用权转让、出租、抵押二级市场的指导意见》（国办发〔2019〕34 号）	以建立城乡统一的建设用地市场为方向，以促进土地要素流通顺畅为重点，以提高存量土地资源配置效率为目的，以不动产统一登记为基础，与国土空间规划及相关产业规划相衔接，着力完善土地二级市场规则，健全服务和监管体系，提高节约集约用地水平，为完善社会主义市场经济体制、推动经济高质量发展提供用地保障
	《土地管理法》修正案	明确以缩小土地征收范围、允许集体经营性建设用地入市为标志，以"扩权赋能"为基本取向的农村土地制度改革取得重大突破
	《关于授权和委托用地审批权的决定》	明确规定：①将国务院可以授权的永久基本农田以外的农用地转为建设用地审批事项以及试点将永久基本农田转为建设用地和国务院批准土地征收审批事项委托部分省、自治区、直辖市人民政府批准；②首批试点省份为北京、天津、上海、江苏、浙江、安徽、广东、重庆，试点期限 1 年

表 3–21　国家层面有关商业房地产融资政策解读

发布时间	发布部门	政策名称	重点内容
2018 年 1 月	上海银监局	《上海银监局关于规范开展并购贷款业务的通知》	并购贷款投向房地产土地并购或房地产开发项目公司股权并购的，拟并购土地项目应当完成在建工程开发投资总额的 25% 以上按照穿透原则评估并购贷款业务的合规性；对"四证不全"房地产项目不得发放任何形式的贷款；并购贷款不得投向未足额缴付土地出让金项目；不得用于变相置换土地出让金，防范关联企业借助虚假并购套取贷款资金，确保贷款资金不被挪用
2018 年 5 月	发展改革委、财政部	《企业发行外债登记管理办法》	房企境外发债不得投资境内外房地产项目、补充运营资金，仅限归还存量债
2019 年 5 月	银保监会	《关于开展银行业保险业市场乱象整治"回头看"工作的通知》	①禁止银行表内外资金直接或变相用于前融；②未严格审查房地产开发企业资质，禁止银行向"四证"不全及资金不到位的房企融资；③禁止资金通过影子银行渠道违规流入房地产市场；④禁止并购贷款、经营性物业贷款等贷款管理不审慎，资金被挪用于房地产开发
2019 年 11 月	国务院	《关于在国土空间规划中统筹划定落实三条控制线的指导意见》	进一步明确了"三条线"划定的基本原则、具体要求和管制规则。为全国统筹划定三条控制线提供了政策依据
2020 年 8 月	住建部、中国人民银行	——	明确了重点房地产企业资金监测和融资管理规则，为开发商划下了三条红线

续表

发布时间	发布部门	政策名称	重点内容
2020 年 12 月	中国人民银行、银保监会	《关于建立银行业金融机构房地产贷款集中度管理制度的通知》	房地产贷款余额占该机构人民币各项贷款余额的比例（以下简称房地产贷款占比）和个人住房贷款余额占该机构人民币各项贷款余额的比例（以下简称个人住房贷款占比）应满足人民银行、银保监会确定的管理要求，即不得高于人民银行、银保监会确定的房地产贷款占比上限和个人住房贷款占比上限，开发性银行和政策性银行参照执行
2021 年 3 月	中国银保监会、住房和城乡建设部、中国人民银行	《关于防止经营用途贷款违规流入房地产领域的通知》	从加强借款人资质核查、加强信贷需求审核、加强贷款期限管理、加强贷款抵押物管理、加强贷中贷后管理、加强银行内部管理等方面，督促银行业金融机构进一步强化审慎合规经营，严防经营用途贷款违规流入房地产领域。同时要求进一步加强中介机构管理，建立违规行为"黑名单"，加大处罚问责力度并定期披露

陕西省西安市人民政府办公厅于 2021 年 8 月 30 日发布了《关于进一步促进房地产市场平稳健康发展的通知》，其中主要涵盖扩大住房限购限售范围、强化住房限购措施、严格住宅用地出让、加强房地产金融管理、完善住房保障体系建设、规范房地产市场秩序等方面的内容。

（二）行业规模

房地产行业作为国民经济的重要组成部分，促进了国民经济的快速增长，同时当今社会人们对于改善居住条件、迁入城市户口的需求增强，在供求关系得到平衡的背景下，会激发房地产行业迅速发展，并且在此期间行业概貌愈加明显，出现了很多成功的房地产经营模式，整个行业已经逐渐地向适应社会主义市场经济的方向发展，呈现良好的发展态势。

2021年，中国房地产业的整体销售呈现出先发展后抑制的趋势。第二季度后，企业销售增速继续放缓，特别是下半年，市场降温明显，行业前100名房地产企业单月业绩增长率自7月由正转负以来，继续呈下降趋势，降幅不断扩大。截至11月底，近300家顶级房地产企业累计业绩同比出现负增长，且数量较往年大幅增加。大型房地产企业的总体目标完成率远远低于历史同期。1~11月大型房地产企业平均目标完成率仅为80.4%，明显低于近三年90%以上的平均水平。

从中长期来看，无论是从人均居住面积还是从新型城镇化等角度来看，未来中国房地产仍具有健康发展的空间。但未来房地产发展要坚决避免走过去催生泡沫和金融风险的老路，而是通过住房制度改革，房产税、遗产税等相关税收制度完善等方式，促使房地产回归居住属性，并且更好地发挥房地产拉动实体经济的功能，实现行业良性发展。

陕西房地产业从20世纪80年代中期开始起步，历经从无到有、从小到大、从乱到治，到现在已经步入良性循环的轨道，为陕西国民经济的发展、人民生活水平的提高以及城市面貌和基础设施的改善起到了举足轻重的作用。陕西省2020年房地产开发投资额4404亿元，全国各地区排名第14位，房地产市场整体体量在全国属于中上游水平。2021年，全省房地产开发投资增速小幅度回落，施工和新开工速度减缓，商品房销售面积和待售面积降幅不断扩大；受国内贷款、定金及预收款和个人按揭增长放缓影响，企业实际到位资金持续收紧。

三、陕西省房地产业品牌企业发展现状

（一）陕西省房地产业品牌企业存量

本报告根据企业注册资本、产业规模、主营业务水平以及排名等因素综合考虑，并结合实际调研情况综合分析，在陕西省众多房地产业企业法人单

位中初步筛选出具有一定品牌影响力的相关企业（见表 3-22、表 3-23）。

表 3-22　陕西省房地产企业非自主品牌简表

类别	企业名称
房地产开发经营（22家）	碧桂园控股有限公司、中国恒大集团、万科企业股份有限公司、保利发展控股集团股份有限公司、中海企业发展集团有限公司、绿地控股集团有限公司、世茂集团控股有限公司、中国华润有限公司、招商局蛇口工业区控股股份有限公司、新城控股集团股份有限公司、金地（集团）股份有限公司、旭辉集团股份有限公司、中国金茂控股集团有限公司、金科地产集团股份有限公司、江苏中南建设集团股份有限公司、阳光城集团股份有限公司、上海中梁地产集团有限公司、融创中国控股有限公司、龙湖集团控股有限公司、中国电建地产集团有限公司、华侨城（西安）发展有限公司、中国铁建房地产集团有限公司
物业管理（5家）	万科物业、龙湖智慧服务、金地物业、中海物业、陕西信元物业管理有限公司（中国电信）
房地产中介服务（4家）	陕西贝壳闹海房地产经纪有限公司、西安链家宝业房地产经纪有限公司、西安广发租房房地产经纪有限公司、西安居家无忧房地产经纪有限公司

表 3-23　陕西省房地产企业自主品牌简表

类别	企业名称
房地产开发经营（15家）	龙记地产集团有限公司、天地源股份有限公司、西安高科集团有限公司、陕西金泰恒业房地产有限公司、陕西建工安装集团有限公司、西安天朗地产集团有限公司、陕西荣民房地产集团有限公司、西安荣华集团有限公司、中华房屋土地开发集团公司、紫薇地产、陕西竹园村置业有限公司、西安立丰企业集团、西安高山流水房地产开发有限公司、西安利君地产开发有限公司、西安水务（集团）有限责任公司

续表

类别	企业名称
物业管理 （13家）	陕西融信物业有限责任公司、陕西丰泽物业管理有限责任公司、陕西龙裕智慧物业管理有限公司、陕西华衡国有物业管理有限公司、陕西兰海锦泰物业服务有限公司、陕西科海物业管理有限公司、陕西美伦物业管理有限公司、陕西迈科物业管理有限公司、西安经发物业股份有限公司、西安诚悦物业管理有限公司、西安曲江新区圣境物业管理有限公司、西安高科物业管理有限责任公司、西安锦江物业服务有限公司
房地产中介服务 （3家）	西安海沣置地房地产经纪有限公司、西安美城房地产顾问股份有限公司、西安邦房企业管理咨询有限公司

陕西省房地产业品牌企业的主营业务、品牌名称以及品牌 Logo 如表 3-24、表 3-25 所示。

表 3-24　陕西省房地产企业非自主品牌详表

分类	企业名称	地区	主营业务	品牌名称	品牌 Logo
房地产开发经营	碧桂园控股有限公司	广东	物业发展、建安、装修、物业管理、物业投资、酒店开发和管理等	碧桂园	碧桂园 世界500强企业
	中国恒大集团	广东	恒大地产、恒大新能源汽车、恒大物业、恒腾网络、房车宝、恒大童世界、恒大健康、恒大冰泉	恒大地产	恒大地产集团 EVERGRANDE REAL ESTATE GROUP
	万科企业股份有限公司	广东	房地产、商业、长租公寓、物流仓储、冰雪度假、教育	万科 VANKE	万科 让建筑赞美生命
	融创中国控股有限公司	天津	地产开发、物业服务、会议会展、旅游度假、主题乐园、商业运营、酒店运营、医疗康养、IP 开发运营、影视内容制作发行	融创 SUNAC	SUNAC 融创 至臻·致远

续表

分类	企业名称	地区	主营业务	品牌名称	品牌 Logo
房地产开发经营	保利发展控股集团股份有限公司	广东	房地产开发经营；物业管理；房屋租赁；建筑物拆除（不含爆破作业）；房屋建筑工程设计服务	保利发展控股	
	中海企业发展集团有限公司	香港	住宅开发；城市运营；创意设计；现代服务	中海地产	
	绿地控股集团有限公司	上海	房地产、基建为主业；消费、金融、健康、科创	绿地控股	
	世茂集团控股有限公司	上海	地产、商业、物管、酒店、主题娱乐、文化、金融、教育、健康、高科技等产业	世贸集团	
	中国华润有限公司	香港	住宅开发、商业地产、城市更新、物业服务、康养地产、长租公寓、产业地产、文化体育与教育地产、影院、建筑、机电、装饰、家具	华润置地	
	招商局蛇口工业区控股股份有限公司	广东	教育、文化、写字楼、园区、文创、特色产城、长租公寓、住宅、酒店、综合体、商业、游轮、养老	招商蛇口	
	龙湖集团控股有限公司	重庆	地产开发、商业运营、租赁住房、智慧服务、养老、产城	龙湖 LongFor	
	新城控股集团股份有限公司	江苏	房地产开发、投资、商业运营管理、康养服务	新城控股	

分类	企业名称	地区	主营业务	品牌名称	品牌 Logo
房地产开发经营	金地（集团）股份有限公司	广东	房地产开发、商用地产及产业园镇开发运营、房地产金融、智慧服务、体育产业运营、家装产业、代建产业、教育产业	金地地产	
	旭辉集团股份有限公司	上海	商业运营、城市综合运营服务、长租公寓、幼小初高教育、养老、住宅产业	旭辉集团	
	中国金茂控股集团有限公司	香港	物业前期规划、秩序维护、清洁服务、园艺绿化养护、房产经纪、楼宇智能化运维	金茂物业	
	金科地产集团股份有限公司	重庆	地产开发、科技产业投资运营、生活服务、文化旅游康养	金科JinKe	
	江苏中南建设集团股份有限公司	江苏	精品住宅、商业地产、特色小镇、旅游养生、产业园区	中南置地	
	阳光城集团股份有限公司	福建	地产开发、资产管理、产业运营、城市更新	阳光城YanGo	
	上海中梁地产集团有限公司	上海	房地产开发、资本运作、商业服务	中梁地产	
	中国电建地产集团有限公司	北京	房地产开发；销售商品房；房地产信息咨询；物业管理	中国电建	

分类	企业名称	地区	主营业务	品牌名称	品牌 Logo
房地产开发经营	华侨城（西安）发展有限公司	深圳	旅游设施的设计与销售；旅游项目的策划、设计；旅游信息咨询；房地产开发与经营；房屋经纪服务；餐饮娱乐的管理服务；文化活动的组织策划；舞美设计制作；演出场所经营；苗木栽培、园林工程设计；体育场馆的建设与管理；企业管理咨询；市场营销策划；旅游工艺品销售；货物进出口业务	华侨城	OCT 华侨城 优质生活创想家
	中国铁建房地产集团有限公司	北京	房地产开发；销售自行开发的商品房；物业管理；销售建筑材料、金属材料、装饰材料、五金交电、化工产品、机械电器设备、通信设备；信息咨询；技术开发；项目策划	中国铁建	CRCC 中国铁建
物业管理	万科物业	广东	包括多层小区、高层大厦、别墅、写字楼、社区商业、政府公共物业等多种类型。业务范围涵盖小区前期规划、秩序维护与清洁服务、园艺绿化设计及养护、设施设备集约化管理、楼宇智能化设计与施工、会所经营、房产经纪、家居装饰、社区资源经营等诸多领域	万科物业	VS vanke service 万科物业
	龙湖智慧服务	重庆	住宅、商业、文旅、办公、酒店、医院、学校、医养、案场、产业园、租赁住房、市政配套、智慧城市	龙湖智慧服务	LONGFOR 龙湖智慧服务

续表

分类	企业名称	地区	主营业务	品牌名称	品牌 Logo
物业管理	金地物业	广东	住宅物业、商业物业、楼宇工程和社区经营	金地智慧服务	金地智慧服务 Gemdale Smart Service
	中海物业	广东	企业形象策划；从事房地产经纪；体育场馆的管理与运营；日用百货、建筑材料、汽车配件、办公器械、纺织品、五金交电、化工产品（不含危险化学品）的批发、佣金代理（拍卖除外）	中海物业	中海物业 CHINA OVERSEAS PROPERTY
	陕西信元物业管理有限公司	陕西	物业管理；房地产经纪；房地产咨询；住房租赁；非居住房地产租赁	信元物业	信元物业
房地产中介服务	陕西贝壳闹海房地产经纪有限公司	上海	房地产经纪；房地产咨询；销售代理；信息咨询服务；广告设计、代理；广告制作；广告发布；科技中介服务；软件开发；技术服务、技术开发、技术咨询、技术交流、技术转让、技术推广；数据处理服务；企业管理咨询	贝壳	
	西安链家宝业房地产经纪有限公司	北京	房地产经纪；房地产咨询；广告设计、代理；广告发布	链家	链家 LIANJIA.com
	西安广发租房房地产经纪有限公司	陕西	住房租赁；物业管理；市场营销策划；会议及展览服务；信息咨询服务	广发租房	—
	西安居家无忧房地产经纪有限公司	陕西	房地产中介服务；房地产信息咨询；房地产营销策划；商品房代理销售；二手房按揭代理；代办房产过户手续；展览展示服务	居家无忧	—

表 3-25　陕西省房地产企业自主品牌详表

分类	企业名称	地区	主营业务	品牌名称	品牌 Logo
房地产开发经营	龙记地产集团有限公司	陕西	房地产开发、商业运营管理、工程建设、园林景观建设、装饰装修；股权并购基金、私募基金、财富管理；物资贸易、物业管理、智慧社区运营	龙记泰信 PUKEE	
	天地源股份有限公司	陕西	地产开发、地产运营、智慧服务、金融服务	天地源 TANDE	
	西安紫薇地产开发有限公司	陕西	商品住宅、保障型住宅开发、产业园区与城市公建配套、社区服务	紫薇地产	
	陕西金泰恒业房地产有限公司	陕西	高尚住宅、商业不动产、绿色建筑、产业园区、特色小镇	金泰恒业	
	陕西建工安装集团有限公司	陕西	国际、国内工程承包；产业投资、地产开发、运营维保、设备制造、物资贸易	陕建安装	
	西安天朗地产集团有限公司	陕西	投资、资本、地产、建设、科技、文旅、农业、康养、教育、物业、酒管、商管	天狼地产	
	陕西荣民房地产集团有限公司	陕西	金融、冷链物流、进出口贸易、现代服务业、新材料、房地产	荣民	
	西安荣华集团有限公司	陕西	商品房开发、销售；房地产咨询；房屋租赁；高科技产品的研制、开发；餐饮业	荣华控股	

续表

分类	企业名称	地区	主营业务	品牌名称	品牌 Logo
房地产开发经营	中华房屋土地开发集团公司	陕西	住宅和商业房地产项目以及土地的收购、开发、管理和销售	中华房屋	—
	陕西竹园村置业有限公司	陕西	物业管理；非居住房地产租赁、房地产开发经营	竹园地产	
	西安立丰企业集团	陕西	企业管理咨询；住房租赁；非居住房地产租赁；汽车租赁；停车场服务；物业管理	立丰国际	
	西安高山流水房地产开发有限公司	陕西	房地产开发、销售；物业管理	高山流水	
	西安利君地产开发有限公司	陕西	房地产开发、销售；物业管理；建材、水暖设备、机电产品、日用百货的批发、零售；商务咨询	利君地产	
	西安水务（集团）有限责任公司	陕西	投资、建设和经营管理原水、自来水、污水处理及中水回用；涉水土地储备开发；水产养殖；水利旅游；水利、热力发电；房地产开发；供水工程、污水处理工程、原水工程；中水深度加工	西安水务	
物业管理	西安经发物业股份有限公司	陕西	物业管理；非居住房地产租赁；办公设备租赁服务；休闲娱乐用品设备出租；信息咨询服务（不含许可类信息咨询服务）	经发物业	
	西安诚悦物业管理有限公司	陕西	物业管理服务；保洁服务；干洗服务；园林绿化	诚悦	

分类	企业名称	地区	主营业务	品牌名称	品牌 Logo
物业管理	西安曲江新区圣境物业管理有限公司	陕西	物业管理及咨询服务；市政工程施工；园林绿化服务；日用百货、建筑材料的零售；停车场服务；食用农产品销售；教育信息咨询；预包装食品的销售；礼仪庆典服务；洗衣服务；车辆租赁；房地产中介服务	圣境物业	
	西安高科物业管理有限责任公司	陕西	物业管理及咨询服务；房地产信息咨询；标牌制作；室内外装饰装修工程的设计、施工；房屋修缮；家用电器维修及设备安装；楼宇机电配套设备的维修；房屋建筑工程的建设监理咨询；楼宇清洗工程；家政保洁服务；园林绿化；花木工种植、销售；礼仪庆典服务；房屋中介服务及租赁；停车场经营；游泳馆经营	高科物业	
	西安锦江物业服务有限公司	陕西	高端住宅、写字楼、商业、企业总部、物流园	锦江物业	
	陕西融信物业有限责任公司	陕西	房地产开发经营；物业管理及咨询；房地产中介服务；保洁绿化；房屋租赁	融信物业	
	陕西丰泽物业管理有限责任公司	陕西	物业管理，房屋修缮，水、电、暖及消防设备的维修、保养；停车场管理；清洁保洁、园林绿化；市政设施维修；物业租售代理；企业管理；建筑装饰工程、土石方工程的施工；劳务派遣、劳务输出；人力资源管理；广告的设计、制作、代理、发布；酒店管理、餐饮管理；预包装食品、农副产品的销售及配送；不动产租赁	陕西丰泽物业	

续表

分类	企业名称	地区	主营业务	品牌名称	品牌Logo
物业管理	陕西龙裕智慧物业管理有限公司	陕西	物业管理；楼宇综合布线工程、停车场管理系统工程、园林绿化工程的设计、施工；企业形象策划；投资信息咨询（金融、证券、期货、基金投资咨询等专控除外）；房地产销售；技术防范工程设计、安装与维修；工程项目管理	龙裕智慧物业	—
	陕西华衡国有物业管理有限公司	陕西	物业管理；住房租赁；非居住房地产租赁；停车场服务；城市绿化管理；专业保洁、清洗、消毒服务；日用杂品销售；礼品花卉销售；家政服务；五金产品零售；热力生产和供应；供暖服务；家用电器安装服务；机械设备租赁；汽车租赁；礼仪服务；房地产咨询；建筑物清洁服务；装卸搬运；农副产品销售；普通机械设备安装服务；等等	华衡集团	
	陕西兰海锦泰物业服务有限公司	陕西	物业管理、酒店管理、餐饮管理服务；通信信息咨询服务；道路保洁服务；污水厂运行管理服务；供暖设备运行服务；园区、厂区综合管理服务；商业运营管理；客户引导；电子自助设备维护与保养；房产租售；广告位出租；广告发布；机械车库运营管理；园林绿化工程施工；绿化养护；汽车服务；中央空调通风系统清洗、消毒服务；劳务分包；亮化工程施工；机动车辆代驾服务；垃圾清运；停车场管理服务；劳务派遣	兰海锦泰	

分类	企业名称	地区	主营业务	品牌名称	品牌 Logo
物业管理	陕西科海物业管理有限公司	陕西	物业管理；清扫保洁；房屋修缮；设备运行维护；车辆运行看护；绿化养护、外墙清洗服务；园林景观、建筑装饰工程施工；搬家、装饰装修服务；绿化工程的施工；花木租售服务；家政服务、家电维修；卫生消杀、有害生物防治、生活垃圾经营性清扫及收集；停车场管理、仓储管理（易燃易爆危险品除外）；食堂管理服务；餐饮服务；酒店、公寓管理服务；楼房配套设备的运行管理和维修；消防管理；劳务分包、人才中介服务；五金交电、日用百货、建筑材料、劳保用品、办公用品、环卫设施的销售	科海物业	陕西科海物业管理有限公司
	陕西美伦物业管理有限公司	陕西	物业管理；代收电费、水费、暖气费、垃圾处置费；垃圾清运；企业管理咨询；商务信息咨询；保洁、会议、家政的服务；道路、园区、市政公用设施的卫生清洁；清洗及高空清洗、粉刷；房屋修缮；石材的铺设、翻新养护；生物害虫防治、消杀；植物病虫害防治、消杀；花卉苗木的租售；中央空调的安装、维修、清洗；机电、水电设备的安装；景观工程、园林绿化工程、改造工程、防腐防污工程、照明工程、装饰装修工程、管道安装工程的设计与施工；劳务派遣	美伦物业	美伦物业 M.L. PROPERTY

续表

分类	企业名称	地区	主营业务	品牌名称	品牌 Logo
物业管理	陕西迈科物业管理有限公司	陕西	物业管理；停车场服务；会议及展览服务；家政服务；城市绿化管理；日用电器修理；建筑物清洁服务；专业保洁、清洗、消毒服务；家用电器安装服务；家具安装和维修服务；非居住房地产租赁；房地产咨询	迈科物业	Maike 迈科物业
房地产中介服务	西安海洋置地房地产经纪有限公司	陕西	住房租赁；非居住房地产租赁；房地产咨询	海洋置地	
	西安美城房地产顾问股份有限公司	陕西	销售代理；信息咨询服务（不含许可类信息咨询服务）；市场营销策划；房地产咨询；房地产经纪；房地产评估	美城机构	美城机构 MEICHENGAGENCY
	西安邦房企业管理咨询有限公司	陕西	企业管理咨询、商务信息咨询；市场营销策划；广告的设计、制作、代理、发布；展览展示服务、会务会展服务；计算机及网络技术开发、技术咨询、技术服务、技术转让；房地产经纪、房地产信息咨询、房地产营销策划	邦房	邦房

（二）陕西省房地产业自主品牌企业重点介绍

1. 天地源股份有限公司

天地源股份有限公司（以下简称"天地源"）是西安高科集团有限公司旗下、在上海证券交易所上市的一家国有控股上市公司（股票代码：600665），注册资金为 8.64 亿元。天地源于 1992 年 12 月 21 日在上海注册成立，2003年9月12日重组上市，目前的注册地址为西安市高新区，拥有住房和城乡建设部颁发的房地产开发企业一级资质。

按照"立足于区域深耕，拓展全国"的主业发展思路，目前天地源布局以西安为总部中心的西部经济圈、以苏州为中心的长三角经济圈、以深圳为中心的粤港澳大湾区经济圈、以天津为中心的京津冀经济圈、以重庆为中心的成渝双城经济圈和以郑州为中心的中原经济圈，形成集地产开发、地产运营、智慧服务、金融服务等于一体的全国协同发展战略格局。

天地源以"文化地产引领者，美好生活运营商"为战略定位，在地产开发及综合服务中，通过文化赋能，将传统文化、地域文化、建筑文化和企业文化并联融合，为社会贡献更多更好的产品和服务，持续提升人居生活方式，在美好生活运营商的发展道路上行稳致远。

2. 西安紫薇地产开发有限公司

西安紫薇地产开发有限公司（以下简称"紫薇地产"）是西安高科（集团）公司直属核心企业，是一家具有国家一级开发资质的国有大型房地产开发企业。自1996年创立至今，紫薇地产在西安高新区管委会、西安高科（集团）公司领导下，凭借高质量的住宅产品和信誉，赢得了社会的广泛认可和信赖，紫薇地产及其所开发的项目多次荣获国家、省、市及有关部门的奖励。

目前，紫薇已经逐步形成以商品住宅、保障型住宅开发、产业园区与城市公建配套、物业管理、社区服务等多个业态纵深发展的多元化企业集团，七大开发板块普惠大西安，旗下二十余个社区、十多万户业主群体，累计完成开发面积逾1000万平方米，为西安人居环境优化、城市建设发展带来积极推动。

深耕西安，紫薇地产始终以对城市负责、对社会负责、对业主负责的国企品牌责任，不断丰富、提升区域和城市复合价值。全程全龄全方位的"紫薇之家·五优好宅"住宅生活体系，以人文优、社区优、产品优、配套优、服务优为准绳，融合居住者对生活方式的不断追求，不断升级"好房子"标准。

紫薇地产积极响应高新区"首善之区"发展目标，助力"五城同建"。以"做有社会责任感的开发商"为使命，不断营造人文关怀的高品质生活；以"新动力地产"为开发蓝图，构造产业发展最适合的承载空间；以"泛高新生活圈"为承载平台，打造满足理想居住的美好社区。

3. 荣华控股企业集团

荣华控股企业集团创立于 1994 年，是一家坚持以党建为引领，以服务老百姓为己任，致力于为天下百姓幸福生活提供综合解决方案的综合性企业。旗下涵盖健康颐养、乡村振兴、智慧物业、精品生活、金融投资等产业。集团以多产业板块协同发展，实现了现代化、国际化"城市配套生活引领者"的转型升级。

集团将继续深化"变革、转型、升级"进程，明确"城市配套生活服务者"的企业定位，坚持多产业协同发展的企业发展模式，让"养老社区""机构养老""居家养老""医养结合"四大业务板块协同发展，打造荣华大健康生态闭环；物业板块继续为业主创造价值，打造西北物业服务上市公司；农业板块秉承"乡村振兴"战略，以康养特色小镇为核心，打造"国家现代农业产业园 + 田园综合体 + 田园社区"的特色农业。

公司从创业伊始，一直把对弱势群体的帮扶与追求企业利润看得同等重要。多年来，先后出资与省、市有关部门举办了一系列社会公益活动："庆六一、手拉手、献爱心"活动、蓝田县贫困小学生助学活动、三八国际妇女节表彰及庆祝活动、"青年文明号"和"和青年岗位能手"活动、支持北京 2008 年申奥成功及陕西跳水事业、"青年企业家西部行"赴陕经贸洽谈会、"母亲水窖工程"、"母亲健康快车"活动以及支持陕西严肃音乐事业等，并为陕南抗洪救灾、渭南抗洪救灾、省抗击"非典"事业捐款捐物，累计达300 多万元。

4. 陕西华衡国有物业管理有限公司

西安华衡国有资本运营集团有限公司（以下简称"华衡集团"）是经西安市国资委批准并出资设立的国有独资公司，成立于 2007 年 12 月，西安市"国企之家"成员单位之一，2017 年被西安市政府列为西安市"三供一业"物业接收单位及西安市国有资本运营试点单位。

自成立以来，华衡集团始终以确保国有资产保值增值为己任，以改善民生、服务社会、提供优质公共服务为目标，努力打造独具特色、管理一流的国有资本运营管理平台，为大西安国家中心城市建设做出积极贡献。

根据西安市人民政府办公厅《关于印发国有企业职工家属区"三供一业"移交属地区县政府、开发区管委会管理实施方案的通知》（市政办发〔2020〕24 号）文件要求，华衡集团已将物业职能、资产、人员、工程全部移交至西安市 19 个区县、开发区，目前正在积极推进解决各项遗留问题，确保市委、市政府决策部署平稳落地。

陕西华衡国有物业管理有限公司是华衡集团旗下物业管理子公司，成立于 2009 年 12 月，注册资本 1.2 亿元，是西安市物业管理行业协会会员单位、陕西省信用企业、西安物业服务企业信用信息评选 30 强企业。陕西华衡国有物业管理有限公司以物业管理、服务及收费为主业，致力于整合西安市国有物业市场，努力打造西北第一国有物业管理平台，实现混改上市。作为华衡集团物业管理服务实施主体单位，目前已进驻并管理 847 处国有企业家属区，管理面积约 1960.63 万平方米，住户 24.06 万户。

四、陕西省房地产业品牌发展存在的问题及对策建议

（一）存在的问题

（1）品牌组织管理体系模糊。陕西省房地产大多数企业未成立品牌建设领导小组及相应工作小组，总部仅涵盖品牌管理职能，但是没有单独的部

门，只下设在行政部门内，管理职能较为薄弱；各区域公司均有营销部门间接负责品牌工作，并未设置客户服务部、品牌管理部等专管品牌工作部门，与总部对接存在职责不清、无固定岗位人员、对接混乱等情况发生，存在品牌出现舆情或危机时部门间相互推诿的隐患，直接影响总部对各区域公司品牌的统一管理。

（2）外地市场品牌传播力度有限、影响力不足。陕西房地产部分企业已经布局全国市场，尽管在外地市场已经经历了多年的发展，但是品牌在外地市场始终难以形成有效的影响力度。

（3）品牌内涵存在一定的同质化现象。房地产行业的主要开拓市场和盈利市场均在于住宅建设，全国知名的房地产公司在品牌内涵方面大多十分重视对消费者美好未来想象的引导，也有知名公司在品牌内涵中积极融入"文化"理念，品牌内涵趋同现象较为明显。

（二）对策建议

（1）提升品牌管理水平。品牌管理是围绕着品牌的核心竞争力，通过品牌创新、品牌推广、商标管理等内容来增加品牌的知名度、美誉度，实现品牌价值的保值增值，巩固和提升企业产品和服务的市场地位，并最终转化为可持续的经济效益。品牌管理不应仅停留在对品牌形象的维护，或者是广告传播、促销推广上的策划，它应该是对品牌所代表的生意进行经营，对新产品开发、营销服务和ROI进行管理，对市场、销售、利润和品牌资产进行全面负责。成立专门的品牌管理部门或设立品牌管理岗位，设立专门的客户服务组织（如万科的万客会等），加强物业管理工作，是品牌管理的基础性工作。如今有的房地产公司已经开始仿效快销品行业专门设立产品经理来负责某一系产品（精确的产品细分）的品牌管理工作。监督建立卓越的产品质量体系，参与不断创新的产品开发，检查贯彻全员全面的服务意识，提升客户满意度，是品牌管理工作者的主要职责。

（2）注重提炼品牌的核心价值。品牌核心价值除要考虑公司的企业文化外，还得从消费者（对消费者的承诺）、公司发展战略，以及竞争对手的层面来考虑，既要体现公司的核心理念，又要有效区隔竞争对手，以便在消费者心目中形成独特的、消费者偏爱的品牌形象。

（3）坚持品牌建设的长期性。陕西省房地产企业应尽早做好品牌规划，选择差异化的品牌识别元素，坚持以此为基础的品牌传播和沟通策略。以消费者为核心，重组企业行为和市场行为，综合协调地使用各种形式的传播方式，以统一的目标和统一的传播形象、传播一致的产品信息，实现与消费者的双向沟通，迅速树立产品品牌在消费者心目中的地位，建立产品与消费者长期密切的关系，更有效地达到广告传播和产品行销的目的。

第四章

结　语

本报告对陕西省第三产业相关行业、相关企业进行了较为系统的梳理，围绕品牌建设问题进行了较为详尽的探讨，研究发现：尽管由于行业的差异性，品牌发展路径有所不同，但存在着一些共性问题：

（1）品牌建设意识不足，缺少长远性。

部分企业领导往往认为生产、研发、技术、销售的重要性更高，忽视了品牌的重要性，尤其是中小规模企业，更认为自己所在企业还面临着生存问题，谈品牌为时尚早，做品牌是以后的事。但国际上的大企业也都是从小企业开始的，往往从一开始就具有长远的品牌经营理念，如SONY，当时只是一个替人家生产电子晶体管的小企业时，就坚持正确的品牌运作方式，最终创建了一个世界级的品牌。

（2）品牌建设投入不足，缺少科学性。

部分企业"粗放"式品牌经营对企业资源造成了极大浪费，阻碍了企业的发展，但这并不应该成为更多企业放弃品牌经营的理由。实际上，如果采取了科学的方法和具有前瞻性的战略来管理品牌，科学地进行品牌建设，不仅能够"低成本办好事"，还能够让企业的投资更有效率。

（3）品牌建设没有系统性，缺少规划。

部分企业在品牌建设上做过一些努力，但往往缺少系统性。说到做品牌，很多企业片面地理解品牌做的只是品牌的一个方面、一个局部，而没有系统思考，没有完成顶层设计和规划，品牌的很多本质问题没有想清楚，品牌工作缺少核心指导思想。

（4）品牌建设只重"建设"，缺少管理。

部分企业往往只重视"建设"，总是在品牌的形象设计、传播、公关等工作上往前冲，在品牌建设工作的组织结构、职能设置、队伍建设、制度流程、评估考核、调研审计等方面却少下功夫。没有专门的品牌部门，所谓的品牌职能也只是展会、宣传、专利等几项，这些职能还往往散落在市场部、企业文化部、宣传部甚至技术部等不同部门，结果就是品牌职责不清，部门之间相互推诿；缺少专业的品牌管理队伍，人员配置不足，人员的专业性不够，只能做些简单的品牌工作，无法从更高的层面理解、规划和推动品牌建设。管理保障的缺失，十分不利于品牌建设。

（5）品牌建设没有与时俱进，缺少创新。

部分企业没有紧跟时代步伐，没有充分利用政策、区位优势，没有分享数字经济背景下体制创新、协同创新以及商业模式创新的红利，没有及时为品牌注入新鲜血液。

未来的工作中，本中心将立足于陕西省的发展战略和阶段布局，对陕西省第三产业展开更为深入的走访和调研，科学论证陕西省自主品牌的发展之路，为陕西省自主品牌能够闪亮西部、辐射全国、走向世界贡献力量！

参考文献

［1］姜长云.中国服务业［M］.太原：山西经济出版社，2020.

［2］董光器.城市总体规划［M］.南京：东南大学出版社，2017.

［3］刘伟.经济增长与结构演进［M］.北京：中国人民大学出版社，2016.

［4］王潇娴.品牌策划设计［M］.南京：南京大学出版社，2021.

［5］徐适.品牌设计法则［M］.北京：人民邮电出版社，2019.

［6］谢京辉，闫彦明，安翊青，蔡海荣，凌燕.上海品牌之都发展报告
［M］.上海：上海社会科学院出版社，2020.

［7］何吉涛，秦廷奎，朱王奇，张燕，杨敬武，刘宇骁，郭礼飞.供应
链管理［M］.北京：人民邮电出版社，2013.

［8］王红.我国旅游业发展中的政府角色变迁研究［M］.天津：南开大
学出版社，2014.

［9］胡小海.区域文化资源与旅游经济耦合研究［M］.南京：东南大学
出版社，2015.

［10］战焰磊.人力资源开发与产业结构调整的互动关系研究［M］.南
京：江苏人民出版社，2016.

［11］邓宇，袁志强.基于战略联盟的房地产企业盈利模式及其绩效影响
因素研究［M］.银川：阳光出版社，2019.

［12］陈绘."老字号"国货品牌形象设计创新模式研究［M］.南京：东
南大学出版社，2020.

［13］刘国华.品牌形象论［M］.北京：人民邮电出版社，2015.

［14］江平.城市品牌形象塑造与传播研究［M］.武汉：武汉大学出版社，2018.

［15］席佳蓓.品牌管理［M］.南京：东南大学出版社，2016.

［16］范香花，黄红霞，冯小霞，蔡溢.中国旅游酒店业发展研究［M］.成都：四川大学出版社，2018.

［17］潘君瑶.从文化资源到文化品牌［M］.成都：四川大学出版社，2018.

［18］张春法，高觉民，宗颖，霍焱.批发贸易［M］.南京：南京大学出版社，2021.

［19］李正波，邱琼，中国国际电子商务中心［M］//朱小良，王德利.电子商务与新零售研究.北京：中国人民大学出版社，2017.

［20］陈国嘉.移动物联网［M］.北京：人民邮电出版社，2016.

［21］吴国峰.企业品牌竞争力测评研究［M］.杭州：浙江工商大学出版社，2015.

［22］李自琼，彭馨馨，陆玉梅.品牌建设理论与实务［M］.北京：人民邮电出版社，2014.

［23］张敏，张国军.整合营销传播［M］.南京：南京大学出版社，2017.

［24］曾萍.现代企业文化理论与实务［M］.昆明：云南大学出版社，2014.

［25］韩中和.中国企业品牌国际化实证研究［M］.上海：复旦大学出版社，2014.

［26］刘磊，陈红.品牌广告案例赏析［M］.南京：南京大学出版社，2019.

［27］秦璇.从艺术资源到产业品牌［M］.南京：东南大学出版社，2019.

［28］陈雪钧，马勇，李莉.酒店品牌建设与管理［M］.重庆：重庆大学出版社，2015.

［29］熊文军.大数据视角的品牌微危机管理研究［M］.武汉：武汉大

学出版社，2020.

［30］王林梅.生态文明视域下长江经济带产业结构转型升级研究［M］.成都：四川大学出版社，2018.

［31］洪银兴.论创新驱动经济发展［M］.南京：南京大学出版社，2013.

［32］杨瑞龙，周业安.经济新常态下的中国经济增长［M］.北京：中国人民大学出版社，2019.

［33］朱建良，王廷才，李成，文丹枫.数字经济［M］.北京：人民邮电出版社，2017.

［34］暨南大学产业经济研究院，珠海市民营经济发展研究院.“十四五”时期珠海市产业发展探索［M］.广州：暨南大学出版社，2020.

［35］吴进红.绿色发展与产业结构变迁［M］.南京：南京大学出版社，2019.

［36］吴中超.产业结构与金融结构优化下区域创新产融模式研究［M］.成都：四川大学出版社，2018.

［37］中华人民共和国统计局.中国统计年鉴［M］.北京：中国统计出版社，2018.

［38］中华人民共和国统计局.中国统计年鉴［M］.北京：中国统计出版社，2019.

［39］中华人民共和国统计局.中国统计年鉴［M］.北京：中国统计出版社，2020.